主编简介

鲍日新 上海海事大学教授、硕士研究生导师、女教授联谊会会长、教书育人示范岗领衔专家。上海东方电视台、上海教育电视台主讲礼仪嘉宾。主编著作7部，发表论文80余篇。连续三届被评为上海海事大学“师德标兵”。2006年荣获“中国公共关系20年突出贡献奖”，2009年被美国软实力研究院、中华讲师网评为“全球十强华人礼仪讲师”、2010年被中国公关研究总会授予“中国十大公关杰出人物”称号。多次被日本东京新闻、香港大公报、上海解放日报、新民晚报等媒体采访报道。

教育理论与实践研究丛书

大学生解惑200问

鲍日新/主编

DAXUESHENG
JIEHUO 200WEN

中国书籍出版社
China Book Press

图书在版编目(CIP)数据

大学生解惑200问/鲍日新主编.—北京:中国书籍出版社,2012.7

ISBN 978-7-5068-2978-6

Ⅰ.①大… Ⅱ.①鲍… Ⅲ.①大学生—学生生活 Ⅳ.①G645.5

中国版本图书馆CIP数据核字(2012)第145922号

责任编辑/ 钱 浩

责任印制/ 孙马飞 张智勇

封面设计/ 中联华文

出版发行/ 中国书籍出版社

地 址:北京市丰台区三路居路97号(邮编:100073)

电 话:(010)52257143(总编室) (010)52257153(发行部)

电子邮箱:chinabp@vip.sina.com

经 销/ 全国新华书店

印 刷/ 北京彩虹伟业印刷有限公司

开 本/ 710毫米×1000毫米 1/16

印 张/ 20

字 数/ 360千字

版 次/ 2015年9月第1版第2次印刷

书 号/ ISBN 978-7-5068-2978-6

定 价/ 85.00元

前　言

亲爱的同学：

当你拿到这本书时，可能会产生这样的疑问：我们并不认识这些作者，他们根本不了解我，怎么能够解决我心中的迷惘？作为这本书的主编，我负责任地告诉你：这本书的作者就在你身边，他们不仅了解你，而且把你揣在了他们的心里。他们不是别人，就是你的老师。

作为老师，很想和你分享一个自己的感悟，因为这个感悟随着时间的推移是如此的强烈：在这个世界上只有两种感情可以类比，也最令人崇尚：一个是父母对孩子的感情。这种感情的伟大之处在于无私，有道是“可怜天下父母心”；另一个就是老师对学生的感情。这种感情的动人之点在于纯洁，期盼“青出于蓝而胜于蓝”的冰心独老师所有。垂目自忖，正是在这两种感情的沐浴下，本人才得以从少年到青年，从青年到壮年，每个阶段都能够身心俱健。每思至此，感恩万分。如今的我，既为人母，亦为人师，崇仰双亲，效仿师尊，从不敢懈怠。转眼半百已过，面对课堂中与自己儿子同龄的学生，突然感觉自己在学生面前具有了双重身份：老师和母亲。从未有过的慈爱、柔和、宽容之心在那一刻产生，从此难以抹去……

不知是师生的心灵感应，还是岗位的原因（我有幸受聘上海海事大学教书育人示范岗），与我谈心的学生突然多了起来。面对同学们的信任，越发感到自己责任重大，理解了“师者，传道，授业，解惑也”的真正含义所在。2003年第二学期的期中，我在全校选修课上给学生留了一个作业，题目是“谈谈你的迷惘”。“五一”前夕，200份作业摆在了我的面前，当阅读这些作业时，发现这些平时看似欢乐的学生，竟然人人有迷惘，而且相当一部分人深陷痛苦之中难以自拔。同学们的痛苦让我震撼，同学们的坦诚令我感动。为此，我取消了“五一”旅游计划，在每一份作业后面认真地回答了同学们的问题。就是从那一刻起，我才真正进入了与同学们交心的旅程，在教书育人谈心室和校园网名师在线栏目，面向全校，与学生面对面谈心、解惑。经过4年的积累，终于启动了“大学生思想问题解析研究”立项工程，并被列为上海市教育科学研究项目。于是，一个愿意走进大学生的生活、和大学生交心的老师团队出现了。我们这个团队中有教授、班级导师、辅导员，还有校领导、专栏作家，虽然大家不是一个学科，甚至不在一所学校，但对学生的爱是同等的，因为我们都是老师。

为了全面了解和你一样的大学生朋友们的心理需求，我们对上海五所大专院校（复旦大学、华东师范大学、海事大学、杉达学院、建桥学院）各个年级的学生做了问卷调研。共搜集学生思想问题908个，然后对问题进行“合并同类项”，最后形成七个角度、200个问题。为了弄清这些思想问题是否具有代表性，老师们从200个问题中随机抽取部分问题，设计成问卷，对上述院校进行新一轮的确认调研。调研数据表明，这些问题是大学生中公认的和共有的问题。得到信息反馈后，老师们开始敞开心扉，昼夜笔耕，倾其所悟，各抒己见，为大学生们解惑释疑。于是，就有了你手中的这本《大学生解惑200问》。闻书名，即可知此书之意：搭建起老师和你心理沟通的桥梁。当你打开此书时，所感受的一定不是文字本身，而是一颗颗真诚爱你的心，而且这些爱心会在四年的大学生活中始终伴随着你：

当你走进大学校园的那一刻起，你会发现周围的一切都是新的，如何尽快适应新的环境，使自己新生活的起步又快又稳？开卷可见“步入大学”，里面就是你要得到的答案。

学生以学为本，而学习好不仅要有意识，更要有方法。这些一路在书山学海里遨游过来的老师们，将用他们的丰富经验，告诉你如何“学习成才”。

有人的地方就有人际矛盾。大学不是真空，不可避免地会遭遇人际的烦恼。不用担心，专家会告诉你：只要有正确的处世观念，搞好“人际关系”的方法唾手可得。

社会需要复合型人才。多才多艺、身心健康是大学生迎接未来挑战的必备素质。你要想知道为什么和怎么做吗？这本书的第四部分就是传授给你如何“全面打造”自我的妙计良方。

不想当元帅的士兵不是好士兵。不在班级里担任点职务，没到社团里跌打滚爬地锻炼一回的大学生，将使大学生活留下一个永恒的缺憾。然而，“干部工作”是一门科学，做扮演好学生干部这个角色，还真要仔细听听老师们的意见和建议啊！

异性相吸，男女之恋，是挡不住的春光。遭遇爱情，是幸福，也可能是痛苦；成家是爱的归宿，也是对真爱的挑战。年轻的你怎能把握住如此玄妙的问题？还是让情感问题专栏作家帮助你走好“爱情探秘”之旅吧！

大学毕业走出校门就是社会，社会是复杂的。如何迈好这步入社会的第一步，关乎你的前途和命运。本书的终曲就是老师们对你“涉世之初”可能遇到的各种问题的预见（实际上是毕业学子回馈的真实情况），以及如何让你少栽“跟头”的种种叮咛与嘱咐。

话说至此，你应该猜出了本书的理想：期盼你“一书在手，四年无忧”。即使不能达到这个最优效果，起码也能让你“一书在手，遇事少忧”。今天老师只是把实践经验传授给你，而真正让你成长的不是懂得这些道理，而是实践这些道理，用事实印证这些道理的正确与否。真正的老师是实践，真正的老师是自己。

偶尔打开电视，一个关于西部“共同关注”的栏目正在播放一位嘉宾的感言，我觉得说得很有哲理，就把它作为我们这个谈话的结尾，与你共勉：

没有比脚更长的路，

没有比人更高的山，

没有比自我教育更好的大学。

鲍日新

目　录
CONTENTS

一、步入大学

1. 进入大学如何确立目标?

在新生入学教育活动中，赵老师为刚走进大学校门的同学，进行了一堂生动的讲座，刘云听后很有感触，课下又找到赵老师进行咨询。

学生：刚一走进大学校门，觉得又新鲜又陌生，只想苦读了十二年，这下可该歇歇劲，喘喘气了。听了您的讲座，才感觉如不立即明确在大学里的奋斗目标，四年光阴真是转瞬即逝呀!

赵老师：是的。有这样的同学，一年级喘喘气，二年级不着急，三年级才发力，四年级来不及。等他进入状态时，才发现和同学们相比已经差得很远，离毕业已经很近了。

学生：是不是一进大学就要做出毕业以后的打算？现在不外乎考研、留学、就业、创业四条路。我一时拿不定主意怎么办?

赵老师：这种目标属于长远目标，一时拿不定主意不要着急。我所强调要有目标主要是在提高素质上，自己不要放松，可先有具体的小目标。有一位大专生范佳欣同学，在入学不久，就给自己规定了大学里要做的二十件事。

学生：他是怎么规定的?

赵老师：我筛选了一下，觉得其中十四件比较有参考价值：

● 学好专业知识，同时广泛涉猎其他专业知识，未来需要一专多能人才。

● 以一等奖学金为目标，拼命学习一段时间，从结果中了解自己的能力、实力、潜力。

● 读几部古今中外名著，陶冶情操，树立正确的人生观。

● 在某段时间内，背一本汉语英语小词典，磨炼自己的毅力，培养不达目的不罢休的精神。

● 尽量多考取一些技术等级证书，这是能力的证明，也是就业的有力武器。

● 利用假期，自己联系打工，了解复杂的社会，体验挣钱的艰辛。

● 和值得信赖又有见地的老师同学交朋友，请他们指点迷津，异性朋友还可以使自己的性格更完善。好女人可让男人更成熟更有理性，好男人可让女人的心变得更开阔。

● 培养一种良好的兴趣和爱好，丰富你的生活，让你的人生与众不同。

● 将自己平日的花销依次削掉三分之一、二分之一、三分之二，看自己是否依然活得很好，从而增强自己的理财能力。

● 参加几次自己不胜任的活动，测试一下自己的可塑性和判断力。

● 经常做善事，培养自己的爱心，力求养成习惯，好习惯可使人受益终身。

● 争取在一段时间内当个学生干部，锻炼自己的组织能力和果断处理突发事件的能力。

● 经常和反对你的同学聊天，认识完善充实自我。

● 多参加社团活动，提高语言表达能力和社交能力。

在专科生谋职难的情况下，他又以自己编制的一份“求职报”，展示了自己丰富的内涵，最终被铁道部19局正式录用。

学生：他制定的蛮具体，让人看了就有一种马上想实践的冲动。

赵老师：但愿你不要只是一时的激动。

学生：那我们开始说的那四种长远目标，什么时候选择确定比较好？

赵老师：你在提高自身素质，实践具体目标的过程中，可以和老师同学商讨，自己再全面思考，尽量加快速度。目标确立得越早，精力越集中，准备就越充分，实现目标的把握就越大。长远目标要有一定的高度，才能充分激发自己的潜力，使自己有足够的动力。这好比你要做一次远足，目标到北京和到本市郊区，准备的行囊一定不是等量的。

学生：您这样一说，我心里就有底了。

赵老师：好，我希望尽快看到你确立的目标，还有你为实现目标而付诸的行动！

2. 如何调整因不如在中学时受关注而产生的心理落差

学生：我是一名大一学生，从小学到中学，我的学习成绩一直名列前茅，在班上担任学生干部一职，是老师的得力助手，还多次在校级各种比赛中拿奖，为班级争得荣誉，老师和同学们都非常喜欢我。当我揣着一颗踌躇满志的心进入大学校园后，发现大学里人才辈出，很多人比我优秀，有的学习成绩优秀，有的体育好，有的文学修养高，有的口才好，有的学生则频频参加各种活动。自己在这里根本就不突出，更别说得到老师和同学的喜爱了，上次竞选班干部落选更是让我感到从未有过的失落，我该怎么办才好?

罗老师：很多大一新生都会遇到这种因“昔日风光不再”而不受人关注的困扰，面对这个问题，新生们要正确认识、评价自我，给自己重新进行角色定位，扬长避短。给你以下几点建议：

一要正确认识自我，自己只是校园中普通的一员。中学时代你有可能是学校的校园明星，大学却不一样，走进大学的学生都如你一样经受过“千军万马过独木桥”式的高考洗礼。站在大学校园，又是一个新的开始，每个人都是平等的，新的竞争中大家处于同样的起跑线，自己只是站在起跑线上的普通一员。

二要正确地接受自我，客观地看待自己和他人的优势。大学是全国优秀青年的聚集地，每个人都具备许多优点，在某一方面不如别人是很正常的。我们应把有限的精力放到某一具体问题上，用不着为与自己无关的问题徒伤脑筋。一个人能力再强也不可能事事都超过别人。我们要心悦诚服地看待别人的优势，虚心学习别人的优点，以彼之长补己之短，而不能耿耿于怀。你不是说自己也曾经多次在各种比赛中拿奖吗？为什么不让自己的这种才能在大学里得到展示呢？据我所知，目前大学校园里开展的各种校园文化活动还是很多的，新生歌手大赛、主持人大赛、征文比赛、演讲比赛、辩论赛都开展得有声有色，为学生提供了很多展示自我风采的舞台，平时可多留意宣传大版上的活动内容，根据自己的特点、精力适当安排自己参加其中的一些活动。

三要确立一个新的学习和奋斗目标。大学里分数不再是决定一切的唯一砝码，大学是培养学生综合素质和能力的地方，所以在大学这一新环境中，要为自己的人生做出新的规划，确立新的学习和奋斗目标，最好有自己的近期目标和长远目标，让自己的生活充实而有意义。

四要坚持自己的目标，讲究一定的方法。在大学里，要学会三样东西，即“学会学习”、“学会生活”、“学会工作”。中学时，教师不厌其烦地“传道、授业、解惑”，负责的态度一点也不亚于父母对你的关心。大学则实行学分制，学习完全靠个人，所谓“师傅领进门，修行靠个人”，所以在大学里要培养自己的自学能力。中学时候，家长给自己包办了太多的东西，在大学，生活上要学会独立；同时还要安排一定的时间学会如何工作，工作中最能锻炼和培养人的各种能力，如交际能力、组织能力、协调能力等等，适当地参加社团活动，参与一些学校提供的社会实践活动，既开拓自己的视野，又能学到很多书本上学不到的东西。

学生：嗯，听了您的一番话，感觉一下子豁然开朗了，大学是海，我是其中的小水滴，它能包容我，也能锻炼我，现在感到自己要做的事情太多了。

罗老师：我相信，你会很快适应自己的大学生活，并在适应的过程中正确认识和评价自己，接受自己，从而超越自我，很好地接受来自各方面的挑战。

3. 考入的大学和所学的专业不理想怎么办?

学生：老师，我现在非常苦恼。我是刚入校的新生，中学毕业于一所重点高中，中学阶段我的成绩一直出类拔萃，老师和父母，包括我自己，都认为上一所名牌大学没有问题，但是，高考中却因发挥失常而无奈与名牌大学失之交臂，走进了现在的学校，而目前学的专业——会计学也是由父母决定的。进入大学，才发现会计学需要每天和数字打交道，而我一直比较喜欢语文和英语，考大学时，我最想读的也是中文系或者英语系。上课听不懂，我就用听歌、看电影、上网来麻痹自己，结果第一学期期末考试数学不及格，我也知道这样下去是对自己的不负责任，我该怎么办才好呢?

罗老师：你能将自己的困惑说出来，就说明你是一个对自己非常负责任的学生，对自己的现状非常担心，迫切地想改变目前这种状态，这种想解决问题的想法是非常好的。老师有几点想法，可以和你交流一下。

首先是否可以尝试着面对现实，学会接受。

大学学习最根本是要学会一种学习的能力。据我所知，国内外许多成功的人士后来所从事的职业，很多都不是当初自己所选定的专业。他们的成功并不在于专业选择，而在于他们在大学里学到了以后发展所需要具备的各种素质和能力，善于活用所学的有关知识，如世界首富比尔·盖茨学的是法律，惠普公司总裁卡莉·奥里纳女士大学时获得的就是历史学学位。

此外，你可以比较一下，如果你想另择新校，再次参加高考至少要浪费几年的时间，此外还要担负能否考上的风险；同时转换专业在目前的大学里一般也是件比较困难的事情，倒不如采取“既来之，则安之”的态度，尝试着平静心态，坐下来，理性地对待自己的专业，尝试着面对它，看是否能接受它。

其次是在理性面对的基础上，学会自我调节，适应现实。

● 尝试着“爱你所选”。其实，很多大学新生进入新的环境，不喜欢自己的专业是因为大学的专业和中学的课程相差太大、课程特点和学习形式不一样而产生不适应的感觉，所以你可以尝试着去更多地了解目前的专业情况，比如，多向老师了解本专业的现状及其未来发展趋势；多与同学、前辈交流对学习的看法，扩大自己对专业信息的了解。也许会对专业有新的认识，从而改变你对它的一些绝对性认识。

● 还要明白一个道理：一个人对专业的喜欢与否，与有没有能力学好这一专业也并不完全是一回事。喜欢的，并不一定表明你有能力把它学好；暂时不喜欢的，也不表明你不具备学好它的能力，任何事情都不是绝对的。一次考试的失利并不能说你没有学好这门功课的能力，也许当你沉下心来，理性地对待它的时候，也能把它学好。同时，知识是相互通融的，在大学学习，不仅是掌握某一个专业领域中的知识，更重要的是从知识的学习中获得思考问题、解决问题的素质和能力。

● 可以进行第二次选择，但是要慎重对待。如果在对专业有理性认识后发现确实不是兴趣所在，也可以通过自身的努力去改变这种不理想状况。事实上，大学里独立学习的时间还是比较多的，只要你能合理支配时间，可以通过考研、读双学位、根据兴趣辅修其他专业课程等方式来重新选择，总而言之，不要让大学生活虚度。但不管怎样，目前专业课的学习也不能消极对待，它可能直接关系到你能否顺利毕业，也就关系到你以后的继续深造和就业。对再次选择的专业也要有充分的认识，多向专业老师和高年级的同学了解信息，避免再次选择的盲目性。

4. 如何适应大学不再有人“管”的生活

交通运输学院06级新生组织了一次主题为“如何开始我的大学生活”班

级讨论，罗老师接受邀请，和同学们一同交流，有位同学的提问引起了很多新生的共鸣。

学生：罗老师，刚上大学，确实让人兴奋，因为耳边终于没有爸爸妈妈的唠叨，也没有老师的叮咛了，刚开始还挺高兴的，可过了段时间，发现自己在生活上老是丢三落四。现在我也是每天上课学习，也依旧是担心考试成绩，所不同的是，大学里上网的时间和睡觉的时间多了很多，反而不适应了。

罗老师：其实，不光是你，大学新生一般都会有和你一样的感受，进大学之前，有家长、老师监督你，用你们的说法是"老管着"，但是来到大学，突然发现没人"管"了。其实，这是环境发生改变而产生的不适应，所以首先我们分析一下，大学与中学相比，发生了哪些变化：

● 生活环境发生变化

上大学之前，很多家长为了让你专心学习，替你包办了很多你早应该独立做的事情，许多同学上大学以前，一直在家和父母同住，即使住校离家也不太远，一般一个月都能见到自己的父母。许多同学没有做过家务，过着"衣来伸手、饭来张口"的生活，甚至有些同学的洗脸水还要父母为他准备好，造成其自理自立能力差。但是大学里，生活上却要远离父母的照顾，凡事都要自己动手。

● 学习环境发生变化

中学老师是"传道、授业、解惑"，学习计划、学习安排都由老师掌握着，家长也经常督促你学习。但是进入大学后，大学里的教师授课、教学方法和专业知识内容具有其特有的规律和特点，主要传授学习方法，引导学生进行分析、归纳、推导，知识的获取更多的要靠自己去做。大学课堂学习、考试少很多，这样会多出来很多需要自己合理支配的时间。

在生活环境和学习环境突然发生改变的情况下，很多学生就会产生没人"管"的感觉，感觉不知道要做些什么，怎样做。生活上不适应，学习上不知不觉放松自己的情况就会发生，就会产生如你所说的睡觉、上网的时间多了，而这些无疑是无益于你的学习和成长的。

学生：哦，原来我这种情况还是挺普遍的，那我应该怎样做呢？

罗老师：从两方面入手。

一是要有意识地培养自己的独立意识，生活上要独立。今后的路是要靠自己走出来的，父母可能照顾你一时，但不能照顾你一辈子，现实社会里，靠谁都不如靠自己，无论在哪里都是适者生存。从现在开始，养成良好的生活习惯还不晚，从洗一双袜子、一双鞋开始，慢慢你会发现，生活上的自理并不是什么难事，从这些一点一滴的小事做起，管好自己的生活。

二是要有自控能力，学会合理支配自己的时间。大学学习的概念不仅仅指课堂里的内容、教科书里的内容，还包括深化知识内涵，扩充知识结构的内容，例如可以通过利用图书馆、做实验和同学、师长广泛交往，互相切磋、聆听各类讲座、讲坛，搞社会调查等途径摸索出最合适自己的学习方法。可以参加丰富多彩的课外活动及各类竞赛，丰富自己的业余生活。

还可参与一些学生组织和社团活动，锻炼自己的交际能力、组织能力、领导能力，培养团队精神，这些可都是书本上学不到的知识。总而言之，大学是培养学习能力、工作能力、生活能力的地方，大学四年是培养独立学习最长的时间，一定要好好规划和利用大学宝贵的四年时间。

学生：四年时间，看起来挺长，其实在人的一生当中又是很短的一段时间，从我进入大学开始，一切都要靠自己了，大学四年是何等重要，是让我学会如何生活、如何学习的宝贵四年，我一定会好好计划的。

罗老师：说得对，老师相信，你很快就能重新忙碌起来，每天都过得充实而有意义。

5. 大学的辅导员与中学的班主任一样吗？

学生：在我们的成长过程中，校园是一个非常重要的环境和场所，而中学的班主任和大学的辅导员则都是我们学习、成长过程中非常重要的人。但两者又有什么不同呢？

李老师：中学的班主任和大学的辅导员确实在我们的成长过程中起着重要的作用，从工作的主旨上看，二者是一样的，都是为学生服务，而由于班主任和辅导员出现在我们不同的年龄阶段，所以工作的方法或者说工作的要点有所不同。

首先，压力源不同，使得工作重心有所侧重。中学阶段我们面临的主要压力来自升学，中学的班主任期望学生考入好的高中、一流大学。因而班主任在我们的印象中主要就是教导、监督、引导我们好好学习的老师。而大学阶段则不同，我们主要的压力来自于就业。大学生都渴望将来能有一份好的工作、一个美好的未来，这就要求辅导员给予大学生正确的引导和指教。虽然大学一般都会有类似就业指导中心一样的机构，但部分学生会不好意思或觉得麻烦一般不会去咨询。这时，辅导员就是最好的咨询老师。

其次，二者的工作内容有所差异。中学时候是学生思想比较活跃的时期，也是形成自己的人生观、价值观的重要阶段。无疑，中学的班主任除了教书，传授知识外，还要在思想上引导学生，使中学生对自己、对别人、对社会有个初步的感性认识，从而形成正确的人生观念。而大学里的辅导员主要工作就是思想政治教育。大学阶段是塑造人格，正确形成人生观、价值观的最后的重要阶段，也是思维比较活跃、想法会比较多的一个重要时期，这就要求辅导员充实自己，做好思想教育工作。帮助大学生培养起良好的政治素质、道德素质和心理素质。

再次，年龄上的差异使得工作方法会有不同。一般来说，中学的班主任都是年纪和自己父母相当的中年人，而且也会有自己的孩子（当然不排除刚刚大学毕业就担任班主任的情况），所以他们在引导、教育学生的时候大都会以长辈的口吻来教育学生。而辅导员差不多都是和学生年龄相仿的青年，他们会以朋友的身份来给学生一些指导和帮助，这样更有益于工作的开展和学生的成长。

最后，大学的辅导员都是和学生吃住在一起的，所以辅导员会给学生们最大的生活上的帮助。例如，学生家里出了事情，辅导员会首先提供力所能及的帮助；帮助特困生完成学业，为他们提供勤工助学的机会、岗位；努力帮助学生解决生活上出现的各种实际问题等等。

6. 如何正确对待从学长那里获得的各种信息?

学生：从踏进大学校门起，我们就开始接收来自学长们的信息，正面的、反面的，令我们无所适从。经常就同一件事，不同的学长给予不同的答案，或积极的，或消极的，对于我们而言，总是缺少正确对待的眼光，经常犯晕乎。几个同学凑到一起谈论一些事情的时候，争论马上就出来了，观点大部分是从所谓的学长那里出来的。不可否认的是这种影响是很大的，有时候关乎我们的前途和决定。

李老师：确实如此，我也是从你们现在的时光走过来的，你们的情况我也遇到过。我可以体会到你们的感受。一般来说，从新生入学，这种困惑就有了。通常，就是对学校的介绍，或者是把学校吹得天花乱坠，当然这种情况比较少；或者是把学校贬得一钱不值，再顺手告诉你几个学校的小“漏洞”，例如，学校哪里适于玩乐，哪个老师爱点名，哪个老师的课可以逃，供你以后“滑头”之用。不知不觉间，在你心怀感激的那一刻，你的大学四年就被影响了。所以对于那些学长的信息，要有选择性地听，带着怀疑的态度去听，随时准备去验证，再吸收进来。

给你如下建议：

● 无论何时何地，对热情给你提供信息的学长，应该感激地对待。学长说什么，我们都要虚心听教，毕竟这也是他们的经验之谈。至于他们提的内容，我们端正自己的态度，取其精华，去其糟粕。

● 如果你想听取学长的意见的话，有必要了解一下这位学长的背景。例如，有位学长跟你讲有关学习的话，告诉你一些省事的小窍门，假如他自己是每学期挂好几门大红灯笼的话，这样的小窍门不听也罢。反过来如是一位品学兼优的好学生，就有听的必要了。

● 尽量多提问，但要分清询问的对象。比如，向成绩比较好的学长询问学习的妙法，将有助于你的学习成绩的提高；向经常参加活动的学长请教生活的问题，将有助于提高你的生活技能。有了这些指导，无疑你的大学生活会很轻松。更好的方式是直接去问自己的导师、辅导员、班主任，他们的意见你们大可以放心受教。

● 把自己得到的信息多和同学、辅导员讨论沟通，或许同样的问题，会得到不同的答案。这样可以第一时间避免不良信息对你的影响。

● 平常多和外界交流，和自己的同学、老师、社会上的工作者多沟通，不仅有助于自己知识的提高，眼界的开阔，还可增强判断事物的能力。这样我们可以尽可能多地避免外界负面的影响，加强自己的主观评判能力，培养自己的个性，做一个优秀的大学生。

● 希望大家提高认识，正确对待那些从“学长”那里获得的信息。在求助于他人帮助的同时，别忘记自己本身。

7. 如何尽快地融入班级?

隆老师的课颇受学生们的欢迎，同学们都喜欢找她聊天。这天傍晚，大一学生刘兰找到了隆老师。

学生：老师，我们进校已经快两个月了，我感觉很苦恼，因为总觉得自己很难融入现在的班级里去，好像自己是个可有可无的人。

隆老师：大学是一个新的环境，班集体是大学生活的基本单位，是大学生社会化的主要场所。通常人与环境有三种选择：一是改变环境，让它适应自己；二是改变自己，去适应环境；三是选择逃离现有环境。你认为你能选择什么呢？

学生：只有改变自己，适应环境了。

隆老师：没错。有一个印度人练习搬山术，苦练了若干年，发功准备搬山，发了半天功发现山没动，他向师父抱怨，搬不动山。师父对他说，山搬不过来你过到山那边去不就行了吗？可见，面对新的环境时，最明智、最有效的办法就是改变自己，适应环境。

学生：那么老师，该怎么改变自己呢？

隆老师：首先你要做的是改变你的心态。因为心态具有两极性，积极的心态使你产生向上的力量，使你喜悦、生气勃勃，愿意主动和周围的人接近，缔造和谐。而消极的心态使你向下，使你忧愁、悲观、失望、委靡不振，甚至颓废，看周围的人都是坏人。所以要以积极的、入世的心态去面对新的班集体。

其次，你要做的是改变你的做法。老师给你两个建议：一是在人际交往中先迈出一步，交往就会变得很容易。在一个新的班集体里，你需要和更多的同学尽快认识、熟悉、成为朋友，这就需要你主动地去和大家交往，而不是被动地等着别人来和你交往，只要在班级里有了更多的朋友，你就不会感到自己是孤立的。二是积极参加班级的活动，使自己成为它的一员。一个从不愿参加集体活动的人，慢慢地就会被集体所遗忘，对于集体来说，他就变成一个可有可无的人。要知道班级的各种集体活动都是大学生人际交往的载体，在集体活动中，你能找到归属感、获得集体的接纳，获得同学的友谊和支持，当你以积极的做法去主动适应环境时，你就会发现，融入一个新的班集体并不难。

学生：老师，我知道该怎么做了，谢谢您！

隆老师：不用谢，希望下次你来找我时能告诉我你已不再苦恼。

8. 如何结交新朋友?

晚上，隆老师主讲的选修课“沟通技巧”刚结束，学生李菲来到讲台前，说想和老师聊聊。

学生：隆老师，您是“沟通专家”，我想问您，怎样才能交到新朋友？

隆老师：专家谈不上，以我的经验，首先在人际交往中应积极主动，大胆地迈出第一步，交往就会变得很容易。大凡缺少朋友的人常常感叹世界上缺少真情，缺少帮助；缺少爱，他们都被孤独感所困扰。其实，这些人之所以缺少朋友，仅仅是因为他们在人际交往中不能采取主动的态度，总是期待友谊从天而降。要知道，别人是没有理由无缘无故对我们感兴趣的，因此，如果想赢得更多的朋友，与更多的人建立人际关系，最有效的方式就是主动交往。

学生：可我不知道该怎么开始。

隆老师：很简单哪！比如你可以给别人一个灿烂的微笑，一个微笑包含着"我喜欢你"、"你使我感到快乐"、"我很高兴认识你"等含义，它可以一下子就拉近你和别人的距离。你也可以很自然地先和别人打招呼，比如，"你好，我是内蒙古来的，听你的口音也是……"等等。

学生：打招呼是不难，可怎样才能赢得别人的喜欢，愿意和你成为朋友呢？

隆老师：我认为有三点很重要：一是会和人交谈。说话时要亲切、随和、真诚、友好，不以自我为中心，不信口开河，不自以为是。在别人说话时，要认真地倾听，用微笑、点头、面部表情和语言告诉对方"你说得真好，我爱听"，那么，别人就觉得和你交谈是一件非常愉快的事情，别人就愿意和你接近，愿意成为你的朋友。二是关心对方和接受帮助。社会心理学家霍曼斯提出，人际交往在本质上是一个社会交换的过程。而人们都希望所做的交换对于自己来说是值得的。因此，人们都乐于结交能够为朋友付出的人。同时，别忘了有些时候，当对方想要帮助你时，要以平和的心态接受帮助，当朋友看到你得到他的帮助，会感到幸福与满足。三是物以类聚，人以群分。要想在宿舍、在班级、在社团结交到更多的朋友，必须要让别人觉得你和他是一类人，你不是另类。所以，在言谈举止上，在待人接物上，你都必须和那些你想结交成朋友的人寻找到共同、共有和共享的东西，那么，别人就很愿意接纳你，认同你，和你成为朋友了。

学生：老师，我发现有些人在人际交往中是很容易受人欢迎的，比如您，让别人一见就常常会产生好感，就容易交到朋友。

隆老师：我们在与人交往时，要想有效地吸引对方，赢得别人的喜欢，就必须努力改变自身的不足之处，塑造让别人喜欢的性格特质。比如，善解人意、不卑不亢、尊重他人，在言谈举止上让别人感觉舒服等等，只要经常正确地审视自己，不断克服自身的缺点，努力完善自己，自然就能和更多的人成为朋友了。

学生：老师您说得对，我会照您说的去做，去交更多的朋友。

隆老师：好吧，我等着听你的好消息！

9. 如何调整自己的饮食习惯?

吃过晚饭后，王老师到学校超市里买东西，排队结账时她发现四个大一的女生每人买了一大包食品，女生们看见王老师就热情地和她攀谈起来。

学生：王老师好！您吃过饭了吗？

王老师：我吃过了，你们呢？

学生：我们的晚饭在这儿呢！（学生指着大包的食品）学校食堂里的饭菜我们吃不惯，没办法，只好随便买点吃。

王老师：你们都是哪里的人呢？

学生：我们四个人一个东北、一个河北、一个四川，还有一个是贵州的，我们都吃不惯上海的饭菜，觉得没味道，太难吃了！

王老师：北方的口味咸，喜欢吃面食，四川人和贵州人都喜欢吃辣的，而上海菜的味道讲究清淡，我记得我刚来上海时也吃不惯的。不过，人的饮食习惯是可以改变的，经常吃就会慢慢适应，然后慢慢习惯，最后会慢慢喜欢上的。我现在就特别喜欢吃上海的饭菜，反倒不习惯吃北方的饭菜了。

学生：我们现在就觉得难吃，有时简直难以下咽！

王老师：人对环境的适应包括很多方面，其中就包括适应所在地的饮食习惯。俗话说："民以食为天"，吃饭可是我们生活中相当重要的事情，关系到我们的身体是否健康，精力是否充沛，营养是否均衡。你们在上海这个新环境里不是待几天、几个月，你们要度过至少四年的大学生活，所以，主动地、尽快地适应上海的生活对你们来说是很必要的。你们总是这样随便买点零食吃，或者到小饭馆里去吃一顿，毕竟不是长久之计。偶尔为之还可以，长期这样，既对你们的身体健康不利，又会延缓你们适应新环境的过程。

学生：老师您说得很有道理，可我们一进到食堂里就没食欲怎么办啊？

王老师：我记得刚来上海时我也和你们一样，一到吃饭时间就犯愁，不想去食堂吃，于是就经常叫外卖，或者去校外的小饭馆吃，由于饮食没规律，食品的卫生营养都得不到保障，结果两个多月的时间我的肠胃就很不舒服，而且人也胖了好多。后来我就告诉自己必须按时到食堂就餐，而且要求自己尽量不挑食，努力尝试吃各种菜肴，很快，我发现自己可以适应上海的饮食了，吃饭有规律了，营养跟上了，自己的肠胃病好了，人更精神了，而且身材也恢复了。现在，我在上海生活了这么多年，对上海的饭菜特别喜欢。所以，我希望你们向老师学习，不能因为现在不适应、不喜欢就采取不吃、不看的逃避方式，为了身体的健康，有时必须强迫自己去逐渐适应、逐渐习惯。况且，学生食堂里的饭菜花样还是挺多的，选择的余地还是有的，我不相信你就选不到一样让自己有食欲的菜！另外，老师建议你们可以几个人一起去食堂吃饭，大家在一起吃饭就是香！最后，也是最为关键的一点：在口味和健康之间，理性的人一定选择后者。我相信你们是理性的人，相信你们会很快适应上海的生活。

学生：老师说得对，我们会照您说的去做。

10. 为什么我会觉得新朋友不如老朋友?

晚上九点半，隆老师还在办公室里工作，管理系大一学生杨阳敲开了她办公室的门……

学生：隆老师，打扰您了，我来找您是因为我的心情很差。我觉得很孤独。

隆老师：你在学校里没有朋友吗?

学生：应该是有朋友吧，我们宿舍的两个同学，我们常一起吃饭、上课，还一起出去玩，在别人眼里我和她们是朋友，可我却总觉得我和她们的关系远远不如我和过去那些朋友那么铁，我好怀念过去的老朋友，可又不能和她们在一起。

隆老师：你的这个感觉很正常，我想很多人也都会有同感，正如中国有句老话说："衣不如新，人不如旧"，故人之间，非常熟悉，彼此了解，心灵相通，已经建立了深厚的感情和相互间的默契。而新朋友，毕竟因为交往的时间短，相互还不够了解，即便空间的距离很近了，但心灵的距离还很远。

学生：老师您说得太对了，我就是这感觉。

隆老师：但是，有一句话叫"活在当下"，你知道吗?

学生：我知道，老师，但我不是很清楚何为"当下"?

隆老师："当下"就是现在，即身边人、眼前事是最重要的。库里希坡斯曾说："过去与未来并不是'存在'的东西，而是'存在过'和'可能存在'的东西。唯一'存在'的是现在。"人不能总沉湎于过去，一个总是怀念过去的人自然会用一种距离的心态对待新朋友，甚至会用挑剔的眼光去苛求身边的人，那么，你自然会觉得新朋友不如老朋友了。

学生：您说得有道理，那我该怎么做呢？

隆老师：首先，要用新的眼光去要求新朋友，不要总在新朋友和老朋友之间做比较。我们常说人为什么会失望？因为所抱希望太大！如果你面对新朋友时，总是用考量老朋友的标准去要求新朋友，你抱着太大的希望，总想着如果是我过去的老朋友，她们会怎样怎样，那么你就很容易失望，甚至是绝望。其次，放开心怀去对待身边的新朋友，珍惜和她们的友情，努力加深和她们的关系，随着交往的深入和友情的积累，你和新朋友之间的了解、默契都会增强，你和新朋友的感情自然会日趋笃厚。再次，把用来怀念过去的时间用来感受现在，把自己对老朋友的热情、欣赏和爱心一样用来对待身边的新朋友，你会收获友谊和快乐的。最后，相信时间的力量吧！要知道，随着时间的流逝，新朋友也会变成老朋友的！

学生：老师我懂了，我现在就回宿舍找我的两个新朋友去！

11. 来到大学老想家怎么办？

晚上10点，导游系大一学生王格格来找隆老师，她的眼圈红红的，明显刚刚哭过，落座后，她用略带四川口音的普通话开始向老师倾诉。

学生：老师，我很想家，刚离开四川来上海时，我吃也吃不好，睡也睡不着，现在都来校两个月了，可我还是想家，我总想哭。

隆老师：很多初出家门的学子都有过想家的感觉，想念亲人，想念原来的生活方式，想念以前的居住环境，我记得十几年前，我从内蒙古考到北京师大时，也非常想家，也哭过的，不过后来就好了。

学生：可我到现在也好不起来，怎么办呢？

隆老师：以我的经验，首先要让想家的情感得到满足，心理学上讲情感的流露和满足对于保持人的心理健康来说是非常重要的。想家的时候，不要压抑自己的情感，更用不着骂自己没出息，要知道这种情绪很正常。当你想家时，可以打个电话，发个短信，给家里写封信，和爸妈说说心里话，给他们讲讲自己的快乐、自己的烦恼，这是一种非常好的倾诉方式。

学生：我家在农村，父母没什么文化，家里连电话也没有。

隆老师：那就多给父母写信吧！我上大学时，每学期都给家里写十几封信，我家也在偏远的农村，父母也没多少文化，但他们一定会给我回信，中国人常说见信如见人，通信会把我们的心和家人连接起来，情感会在孩子与父母间涌动。

学生： 老师您也是农村出来的吗？您不说我们一点都看不出来！

隆老师： 那时我想家时，就常常对自己说：我爱我的父母，爱我的家，我要改变自己的命运，也要改变我家的命运！那我就必须好好读书，集中精力去努力，这才是最好的报答父母的方式。

学生频频点头。

隆老师： 另外，情感的归属也非常重要，你想想看自己什么时候会特别想家？

学生： 嗯，生病的时候，孤独的时候，经济出现问题，还有，遇到挫折的时候。

隆老师： 当人脆弱时，尤其需要家的温暖和支持。所以，我们都需要让自己的情感有归属感。因此，让自己身边有朋友，让自己生活的宿舍变成一个温暖的家等，对你的情感找到归属都是有帮助的。

学生： 的确，老师，我没什么朋友，宿舍里关系也一般，在这里我没有温暖感。

隆老师： 那就让自己身边多些温暖吧！记住，老师就是你的朋友，你可以随时来找我。

学生： 真的吗？老师，太谢谢您了！

12. 如何面对大学生活的各种诱惑?

一位叫星翰的大一男生给隆老师发来了一封邮件，他写道：当我还在念高三时，我的表哥考上了复旦大学，可他进大学没多久就迷上了网络游戏，而且越陷越深，最后被学校退学了。现在我上大学了，在感受大学美好的同时，也发现大学里的各种诱惑还是很多的，打网络游戏，谈恋爱，和朋友们吃吃喝喝、歌舞升平，我很担心，怕自己无法抵制这些“诱惑”，再步了我表哥的后尘，那样，我父母该多伤心！老师，请您告诉我该如何面对大学生活的各种“诱惑”？隆老师认真地给星翰写了下面这封回信。

星翰同学：你好！

首先，我认为你是一个对自己很负责任的大学生，你怕自己无法抵制大学里的各种诱惑，怕父母伤心，所以向老师寻求帮助，这说明你的内心世界还是非常澄明的，你的思想还是渴望积极上进的，为此，老师感到很欣慰。

其实，不仅仅是现在的大学生活，将来你走向社会后，就会发现，生活中充满着各种“诱惑”，这些“诱惑”吸引着我们的双眼和大脑，麻痹着我们的神经，消磨着我们的意志，消解着我们对理想的激情与斗志。如果我们不能抵制这些“诱惑”，那我们的一生将会一事无成。

那么，如何面对各种“诱惑”呢？我认为我们可以在以下几个方面努力：

● 增强自己的自控能力，提高自己的定力。面对“诱惑”时，有的人意志薄弱、缺乏自控力，乖乖地做了“诱惑”的俘虏。但有的人却能在各种“诱惑”面前表现出坚强的意志力和自我控制力，他们对身边的“诱惑”可以不想、不听、不看，执著于自我的内心。像中国古代的柳下惠，能“坐怀不乱”，可见其非同一般的超强定力。所以我认为大学生要加强自我控制能力的培养，在成长过程中不断提高自己的定力，这样才能从容面对生活中的各种“诱惑”。

● 转移自己的注意力。俄国著名教育家乌申斯基曾说：“注意是一座大门。凡是从外界进入心灵的东西，都要通过它。”如果我们把自己注意力都转移到某种“诱惑”上，那久而久之，某种“诱惑”就会占据我们的大脑和心灵。看看那些沉湎于网络游戏的大学生，哪个不是把自己的全部注意力都转移到了游戏上？投入了大量的时间、精力，越打越上瘾，最后无法自拔。所以，大学生应把自己的注意力多用在学习、读书、参加社会实践等健康、有益、积极向上的活动上，那么，各种“诱惑”自然就吸引不到你了。

● 用先进的思想武装头脑。我们的大脑就像一个阵地，健康有益、积极高尚的思想和无聊颓废、消极低下的思想都想来占据。如果你不让健康有益、积极高尚的思想进入你大脑阵地，那么，无聊颓废、消极低下的思想势必乘虚而入。所以，大学生平时要加强修养，主动用先进的思想武装自己的头脑，用努力学习、认真读书、追求上进、活泼高雅等积极上进的行动充实自己的大学生活。

● 考虑后果，学会承担责任。许多大学生面对“诱惑”时，常常不计后果，冲动而为，对可能出现的严重结果常常估计不足，这种侥幸心理使得他们被“诱惑”牵着鼻子走向难以回头的路。所以，大学生在面对生活中的各种“诱惑”时，必须三思而后行，一定要多想想，考虑清楚，对可能出现的后果要认真掂量。同时，大学生要学会承担责任，别忘了自己不但要对自己负责，还要对父母负责，对家庭负责，对社会负责。如果我们的大学生能有这样的理性思想，我相信他们在“诱惑”面前一定会有理性的行为。

13. 新生需要加入社团吗？

晚上，隆老师到宿舍看望新生，当她来到一个男生宿舍时，几个男孩子正在谈论加入社团的事儿，大家看到隆老师来了，就马上向她请教。

学生： 老师，这两天，学生餐厅门口到处都是各种社团的招募广告，可热闹了！您说我们大一新生需要加入社团吗？

隆老师： 当然需要！社团是微观的社会，参加社团是步入社会前最好的锻炼。我认为参加社团是大学生丰富课余生活的一种相当好的活动方式。

学生： 那参加社团有什么好处啊？

隆老师： 第一个好处就是可以交到更多的朋友，而且是志趣相投的朋友。人际交往类型中有一种类型是"趣缘关系"，即人们在社会生活中因情趣相投交往而建立的人际关系。社团是由一些具有共同志向、爱好、兴趣的同学相互吸引、自愿结合、自发组成的团体。在社团里，你会遇到许多志同道合的朋友，因为大家有共同的兴趣爱好和共同的语言，更容易关系融洽，情感交融。这种朋友甚至比你们同班、同宿舍同学之间的交往更多、更频繁、更深入持久。我记得咱们学校同心剧社曾有四个爱好表演的男生，分别来自不同的系、不同的班级，但剧社成为他们最常活动的地方，他们研究剧本、排练走台，常常几个月"战斗"在一起，相互之间结下了深厚的友谊。后来他们拿了上海市大学生小品戏剧创作一等奖和表演一等奖。他们都毕业好几年了，还常常在一起。去年，其中两个男生还回学校来看我，拿了一把吉他在我那儿唱到半夜呢！

学生： 哈哈！能交到这样的朋友多好！

隆老师： 是啊！参加社团的第二个好处就是既可以发挥你的专业特长，又可以使自己得到提高。对于有特长爱好的同学来说，社团会为你提供展示的平台，在社团组织的活动中，你可以把自己的所长充分施展出来，不仅可以获得自我满足，同时可以让别人认识到你。我记得我在大学时参加了学校的演讲协会，每一次学校的演讲赛、辩论赛，我们演讲协会的成员肯定是主力军，我就是在学校的几次演讲大赛中获得冠军从而成了校园名人。另外，社团里藏龙卧虎，你可以学到别人优秀的东西，如果社团办得很规范，经常请专家指导，那对你的帮助会非常大，你的进步会非常明显。

学生： 那么，参加社团是不是越多越好？我看有的同学一口气报了好几个社团，现在社团多得吓人，五彩缤纷的社团类型看得我们眼花缭乱。

隆老师：你们应该根据自己的兴趣选择喜欢的社团，不要跟着感觉走，有的新生刚进校，对有些社团还不明白怎么回事儿就稀里糊涂加入。要知道大学生应以学习为主，社团只是丰富大学生活的场所，如果因为加入太多的社团而影响了学业，还浪费了时间和金钱，就得不偿失了。所以，参加社团不可盲目，一定要注重质量。

学生：听老师一说我们心里就有底了，老师您放心，我们会好好选择的。

14. “老乡会”有积极作用吗?

山东新生李堂刚进校没几天，就在餐厅门口看到了“山东老乡会”的招募广告，他很兴奋，但打电话给家时爸爸却叮嘱他要好好学习，不要加入什么小团体。他一时没了主意，于是，他来找隆老师。

学生：老师，我想加入“老乡会”，您说好不好?

隆老师：不好。

学生：为什么?

隆老师：首先因为“老乡会”是一种自发形成的民间团体形式，不受我国法律法规的保护，也不符合学校的校纪校规。其次是“老乡会”作为一种人际交往形式，有排他性，容易形成排外的小集团。再次是“老乡会”建立的目的、会朝什么方向发展都难以确定，如果变成拉帮结派的工具，就令人担忧了。

学生：那听您这么说，“老乡会”就没什么积极作用了?

隆老师：当然有了。人际交往中有一种“地缘关系”，即以地理位置为联结纽带，或由于在一定的地理范围内共同生活、活动而交往所产生的人际关系。老乡们来自同一片土地，有共同的生活方式，在很多方面都会相同，所以，自然很容易发生交往。中国人常说：“老乡见老乡，两眼泪汪汪。”在他乡异地，老乡见面会特别亲切!

学生：就是呀！我的山东老乡来找过我，我们用熟悉的家乡话聊天，还一起去鲁菜风味馆聚餐，心里觉得特别温暖和兴奋!

隆老师：对于新生来说，初来乍到，会很想家，会感觉孤独、无助，在学习、生活等很多方面又都缺乏经验，这个时候，老乡中的学哥和学姐们关心一下、引导一番、帮助一把，会让自己很好地走过最初的阶段。

学生：那您还是不反对我们和老乡交往了？

隆老师：当然不反对。但你要清楚的是“与老乡交往”和加入“老乡会”这是两回事。老师鼓励你们和那些你们信得过、合得来的老乡们交往，但不赞同你们加入“老乡会”。

学生：老师，我懂得趋利避害，如果发现“老乡会”不好就选择离开好了。

隆老师：过去我也碰到过有你这种想法的一位同学。他加入“老乡会”后，才发现不是自己当初想象得那么简单，当其“老乡会”中的一个老乡和他人发生了冲突时，“老乡会”中的其他老乡们为朋友两肋插刀，他自己明明知道这样做不对，可“人在江湖，身不由己”，为此，他付出了留校察看一年的代价，真是后悔莫及！所以，老师希望你考虑清楚了再做决定。

学生：老师，我知道了。我会好好考虑的。

15. 大学新生“努力学习”的要素是什么？

晚上6：15，鲍老师提前来到了选修课堂，准备上课。这时，有两个女生走到她面前说：“鲍老师，想向您请教个问题，可以吗？”鲍老师点头表示可以。

学生：老师，您在课堂上反复强调我们新生进入大学要继续努力学习。我们怎么做才算得上是努力学习呢？

鲍老师：这是个大家都需要知道的问题，一会上课我来回答你们。

6：30上课铃声响后，开始上课。

鲍老师：刚才有同学问我，大学新生怎么做才算得上是努力学习呢？我认为努力学习有两个重要的标志：第一是刻苦；第二是思考。

一个人要想获得一般人所没有的知识和能力，你就必须付出一般人所不能付出的辛苦和努力。郭沫若先生说过：天才形成的主要因素是勤奋。其实“花时间买学问”的道理很简单，因为再聪明的人，这页书没看，其中的知识就不会属于你。正如华罗庚所言：“天才是不足恃的，聪明是不可靠的，要想顺手拣来的伟大的科学发明是不可想象的。”因此，头脑聪明的人，不能自傲而放弃刻苦，如此你永远得不到真知。为什么有些聪明的学生没有考上名牌大学，进入大学后，学习成绩有时还不如一般智力的同学，因为聪明学生往往存在一个弱点：由于聪明，问题一看就明白，往往不求甚解，知识掌握的不扎实；同样，头脑不是很灵活的同学，也大可不用自卑，你只要肯用功，一遍看不懂，就再看一遍，可能就懂了，如此获得的知识，比聪明人来得更扎实。老师给你们一句忠告：如果别人在追求花前月下的时候，你能在汗牛充栋的图书馆里探讨问题；而当别人还在鼾睡晨阳的时候，你却早已经开始了晨练后的读书里程。那么，你，就是一位勤奋者；你，也正在一步步靠近天才的行列。

然而，仅仅勤奋是不够的。学而不思，等于没读。因此，还必须善于思考。怎样学习才叫做善于思考？首先要思考学习本专业乃至学习每一门课的目的，由此培养起学习每一门课的兴趣。而后是能把所学与自己已有知识的点和面有效地结合起来，也就是要学会对知识进行整合，进行深入学习。比如听课吧。我把同学们的头脑比喻为一潭湖水，这是由经验和知识组成的信息之湖。老师，就好比是站在湖边的一个投掷者，老师每讲一个知识点，都等于在向这潭湖水里面掷去一块石头，这是新的“信息”之石。如果你能把老师所讲的知识和自己已有信息进行积极地联想和加工，那么，这块“石头”就会在你的信息之湖里面溅起浪花，这个新的知识点融化为你的素质或提升为你的能力的可能性就越大。反之，如果你是被动地听课，老师所投递的这块信息之石则会“咚”地沉入湖底，充其量给你的信息之湖增添一点宽度或深度，不可能提升为一种素质。同样，你所读之书与你的关系如同讲课老师与你听课的关系一样，要积极地与之交流，才会学有所悟，读有所获。

四年的时光说长也短。珍惜你学习时间的分分秒秒吧。当你在努力学习中度过每一天时，你会感到天上的太阳都在为你而照耀；当你在积极进取中度过每一年时，你就会在人生的阶梯上步步登高。当你毕业时，回首往昔，你能够说：“我，未愧光阴!”

努力吧，同学们！机会对每一个人都是均等的，未来的成功来自于今天的积累，未来的辉煌就始于你今日的耕耘。成功与辉煌永远属于脚踏实地的人！

16. 如何不受周围“好玩”同学的影响？

隆老师接到一位男同学的来信，他说自己是个非常热爱学习、听师长话的好孩子，可考进大学后，却发现自己身边的同学都很“好玩”，同寝室的其他三个男生不是泡网吧，就是出去唱歌蹦迪、吃吃喝喝，还总是叫自己和他们一起去，他问老师：“如何才能不受周围‘好玩’同学的影响?”隆老师在回信中发表了自己的看法：

首先，要坚定自己的意志和信念。一个意志薄弱、信念不够坚定、精神疲软的人，在困难、诱惑面前，往往朝三暮四、左右摇摆、见难而退、放弃追求。相反，一个意志和信念坚定的人，无论遇到什么样的诱惑、挫折，都不会轻易改变。他们认准了的东西，就毫不犹豫，坚定不移地走下去。不管别人怎么说、怎么做，只要自己认为是对的，他们就会有“走自己的路，让别人去说吧”这样的气度、胸襟和执著。你如果对自己爱学习、求上进的行为有着坚定的信念，认为这样才算个合格的大学生、合格的人，这样才没有辜负父母的期望，这样才无愧于国家的培养，这样才对得起自己的良知的话，那么，不管周围的同学怎么“好玩”，他们都不会影响到你，因为你总会想到办法远离他们，去追求你自己想要的生活。

其次，要么改变自己去适应别人，要么改变别人来适应自己。在你和那些“好玩”同学之间，你是让他们改变你呢？还是你影响他们改变他们？如果你选择的是前者，那你只要被动地跟着他们，不用多长时间，你就会被他们同化。但如果你选择后者，你就必须主动地采取一些策略、措施、方法，去慢慢地影响他们、改变他们。比如，你可以先瓦解他们这个“好玩”小集团，选择他们三个人中相对来说比较好的一个，通过拉近距离、共同学习、给予帮助等方法把他对学习的兴趣和积极性调动起来，让他愿意跟着你走，那么他们这个“好玩”小集团的影响力量不就减弱了吗？然后你再采取各个击破的办法，逐步改变他们，让他们接受你的影响，被你同化。

最后，在选择交往对象上要慎重。我们常说：“跟着谁就像谁，守着谁就是谁”。所以，交朋友一定要慎重，交朋友应有所选择。如果你的交往对象都是些不爱读书、不求上进、喜欢游戏人生、虚度光阴的人，那么，你很容易“近墨者黑”，也变得和他们一样“好玩”了；而如果你能主动和那些热爱读书、努力学习、积极上进的同学多交往，那么，你对学习的热情就会更高，你的意志和信念就会更坚定，那些“好玩”的同学就更加不会对你产生影响了。所以，虽然你们宿舍的三个男生都很“好玩”，但其他宿舍同学中一定有和你一样的人，你可以去和其他宿舍爱读书、爱学习的同学在一起，当然，你也可以考虑搬离现在的宿舍，彻底脱离那些“好玩”的人。

17. 我喜欢与世无争地过平凡生活有错吗？

隆老师在批改作业时，发现营养专业大一学生曲波在作业本中夹了一张字条，上面写着：“这个世界，充满了你争我夺、尔虞我诈，我讨厌这些！我想与世无争，我想过平凡的生活，请问老师，这有错吗?”隆老师沉思了片刻，拿起笔，把自己的看法写在了一张纸上，夹进了曲波的作业本中。

我们每个人都会有自己对生活的想法，但我们的想法不能脱离实际，不能超越现实。你说你喜欢与世无争，想过平凡的生活，这没有错！但这是不现实的，是不可能的。

我们所生活的这个世界最大的现实就是充满竞争。竞争是现代社会普遍的现象。人类的发展，社会的进步，始终伴随着竞争，竞争推动着社会的发展。我们每一个人都置身于社会竞争的历史洪流之中，我认为我们无法逃避，也不应该逃避。要自觉迎接挑战，积极参与竞争，在竞争中才能焕发生命的光彩，促进社会的进步。

对于个人来说，竞争能激发人的创造潜能，勇敢地参与竞争能拓宽人生业绩，对人生发展有重要的意义。人都是有惰性的，你说你想与世无争，老师认为这只是你为自己寻找到一个美丽的借口而已（请原谅我的不客气），幻想过世外桃源那样的生活是不现实的，安于现状、得过且过也不是今天的大学生应有的人生态度。要以积极入世的姿态对待生活，参与竞争，在竞争中激发自己的积极性，培养自己的进取心，增强自己的创造性。在竞争中释放你人生的潜能。

当然，我不否认在竞争高度发达的社会里存在你所说的“你争我夺、尔虞我诈”的丑恶现象。作为一个大学生，要正确对待竞争，在竞争中保持健康的心态。要知道竞争未必事事尽如人意，除了主观努力之外，还取决于社会环境、人际关系等多种因素。要懂得在竞争中讲道德、讲风格、光明正大、公平竞争。要正确面对竞争中的成功与失败。要对自我有清醒的认识，对自己有实事求是的评价。要在竞争中学会扬长避短，充分发挥自己的潜能。要敢于与弄虚作假、损人利己乃至尔虞我诈等不道德行为作坚决的斗争。

最后，老师想对你说：一滴水，要想不干涸，就必须把它放入大海之中。让我们融入到这充满竞争的社会的汪洋大海之中，让生命绽放异彩吧！

18. 因生活习惯不同而与其他舍友发生矛盾怎么办?

这天，隆老师刚吃过中饭回到办公室，就接到了东北籍新生赵凯的电话。

他和同宿舍来自海南的男生发生了矛盾，心里很郁闷。

学生：老师，你看现在都快12月份了，天气很冷了，晚上谁睡觉不是关窗关门的？可海南这家伙非得开着窗，昨晚他开窗，我起来给关上了，没一会儿他爬起来又给打开了，我再起来关上，他再起来开，我们两个折腾得谁也没睡好，差点没打起来。

隆老师：大学宿舍的舍友来自祖国的四面八方，不同的地域，由于自然条件的不同，以及历史、经济等条件的不同，因而形成了不同的地域文化，其中包括不同的生活习惯。有时，你的生活习惯并不妨碍到别人，但有时，你的某种生活习惯却会影响到他人，和他人发生矛盾。这个时候首先要意识到宿舍是集体生活，是大家的家，不是你一个人的家，如果抱着一副“我就这样，不关你们的事”的态度，肯定要激化矛盾，最后为他人所不容。

学生：就是啊！海南这家伙是什么生活习惯?！我们大家迟早都受不了他！

隆老师：南方人从小习惯了开窗通风，而北方人则习惯了门窗紧闭，如果把窗户关得紧紧的，海南那个同学会感到透不过气，而开着窗，你又觉得冷，睡不着。你要承认人与人之间差别的存在，认识到这一点，就不会强求别人和自己一样。老师认为宿舍生活中要互相理解、互相谦让，求大同、存小异，要学会宽厚待人，同学关系才能融洽。

学生：您的意思是我应该让着他？晚上任由他开着窗？

隆老师：我的意思是你可以和他好好谈谈，大家心平气和来解决问题。其实你们可以每人退一步啊，要知道“退一步海阔天空”。

学生：这倒是，其实因为我的床靠着窗口，他开窗我当然会冷，如果把窗户关上，把靠近他床的门开一点点透气，不就行了吗？或者干脆，我们俩换床睡不就得了。

隆老师：你可真聪明！这么快就想到了两全其美的办法。以后遇到这样的问题还可以问问宿舍里其他人的意见，别忘了集体的力量。另外，如果宿舍里某个同学的生活习惯是其他人都不能接受的，也要友好地指出，帮助他慢慢改变，切不可这也不顺眼，那也看不惯，讨厌和嫌弃，你想想看，如果换作自己，那该有多压抑多难受！

学生：知道了，老师您放心，我会处理好的。

19. 新生需要制定自己的职业规划吗?

在新生座谈会上，英语专业的大一学生吕浩明向王老师提出了一个问题：新生需要制定自己的职业规划吗？王老师觉得这个问题非常好，她专门在校园网上发表了自己的意见：

许多新生认为：找工作是两三年以后的事，时间还早呢！现在着什么急？我认为这种想法不对。大学生对社会的认识、资料的收集、能力的提高等都需要提早准备。不是临时抱佛脚就能解决的。请新生们去关注一下现在要毕业的学哥学姐们，有多少人不是因为没能提早做好准备，达不到人家要求而只能对着好单位“望洋兴叹”？

有一个公式是 12 + 4 = ？大学生活是同学们用 12 年的寒窗苦读换来的，四年后你就毕业了，这个公式可以计算出你的结局。如果你的 4 年大学生活是在无规划、混日子中度过的，那么你有多大的把握，仅仅在 12 上添一个 4，你就能成为如鱼得水的人物纵横社会？我相信没有多少人敢说自己有把握。所以，新生朋友们，当你们手中还拥有这 4 年大好的时光时，就应该做好未来自己的长远规划。

那么，什么叫职业生涯规划呢？

中国有句古语：凡事预则立，不预则废。职业生涯一般指一个人一生职业发展道路的设想和规划，它包括如何在一个职业领域中得到发展，打算取得什么样的成就等问题。合理设计自己的职业生涯，是迈向成功的第一步。一个人一生中连续从事的职业，它不仅包括过去、现在和未来那些可以实际观察到的职业发展过程，而且还包括个人对职业生涯发展的见解和期望。具体地说是以个体心理开发、生理开发、智力开发、技能开发、伦理开发等人的潜能开发为基础，以工作内容的确定性和变化、工作业绩的评价的变动为标志，以满足需求为目标的工作经历和内心体验的经历。

如何制定自己的职业规划呢？福建师范大学有位叫小陈的同学，他的做法值得你们借鉴：

小陈刚进校就开始着手制定自己的职业规划，通过请老师同学帮助和自己查找，他在一张白纸上写下自己的优点和缺点，在另一张白纸上写下自己未来的理想职业，这样的职业应具备的素质，自己在哪些方面尚有欠缺。为避免以后就业走弯路，小陈为自己定了一个时间计划表：一年级，对未来的理想职业多做了解，主要提高人际沟通能力。具体做法是：多与师哥师姐们交流，询问就业与学习重点，多参加校内各种活动，提高沟通技巧。二年级，进一步提升学校社团等活动的参与度，锻炼自己的组织、口才、人际交往能力。多参加社会实践活动，提高自己的主动性、心理承受能力。学习上要通过英语四级和计算机二级考试。三年级，注意提高自己的专业能力，多阅读相关书籍，利用暑假参加实习，提前实践一把。四年级强化求职技巧，学习写作简历，收集求职相关信息等。

从小陈身上，我们看到：长远的大规划 + 具体的小步骤 = 成功的大学生活。新生在制定自己未来的职业规划时，必须很好地了解自己，对自己有准确的认知。你可以像小陈那样请老师同学帮忙和自己认真自查，也可以到专业的职业规划机构去评估自我，在此基础上，制定一个远景目标。再把这个远景目标化为一个个细小的近景目标，每一步应该如何去走，该朝哪个方向走，做到心中有数，并严格照着自己的计划去做，每一天、每一周、每一月、每一年都认真检查自己做得怎么样，如果你能这样有目标、有计划、有行动地走过你的四年大学生活，那么，将来一定会找到称心如意的工作，拥有成功的人生。

一个人若是看不到未来，就掌握不到现在；一个人若是掌握不住现在，就看不到未来。为了美好的未来，抓住今天吧！

20. 大学里的业余时间该如何度过?

近日，学校团委组织了关于“大学生如何支配业余时间”的问卷调查，调查结果显示，有超过半数的大学生对于自己的业余时间缺乏明确的规划，经常会感觉无所事事。为此，隆老师在接受校报记者采访时谈了自己的看法：

首先：我认为应该合理地规划自己的业余时间，不能“跟着感觉走”，想干什么就干什么；也不能“随大流”，看到别人做什么自己也开始做什么。一个不能充分合理地利用课余时间的大学生会经常感觉生活平淡无味。都说大学是人生中最美的时光，但它稍纵即逝，所以，大学生要珍惜自己的大学时代，让人生这段最美的时光变得更有意义。

那么，大学里的业余时间做什么呢?

● 利用业余时间好好读书是非常重要的。我所说的读书不仅仅指读你要考试的书，更要博览群书。培根说：读史使人明智，读诗使人聪慧，演算使人精密，哲理使人深刻，道德使人高尚，逻辑修辞使人善辩。从自己的未来目标着眼，从自己的兴趣爱好着手，选择一些有价值的书籍来阅读，建议阅读时认真做读书笔记。读书能修身养性，陶冶情操，能增强人的思维能力，扩大人的学识视野，净化人的心灵浮尘。经常读书能使人的性格、思想、涵养、素质、修养等都受到潜移默化的升华。所以，大学生应该好好利用大学期间充裕的时间，充分利用学校的图书馆，读一些好书，让自己的大学生活更有意义。

● 利用业余时间参加社会实践。大学生兼职打工是种很好的选择，既可以自食其力减轻家庭的负担，又可以接触社会，锻炼自己的社会适应能力和与人打交道的能力。这样的社会经历会帮助大学生迅速地成长，同时会使他们更加懂得要珍惜时间、努力学习、学以致用。另外，利用节假日参与社会调查和志愿者活动也是非常有意义和有意思的事情。社会调查活动能使大学生接触社会、了解社会，志愿者活动则能帮助大学生锻炼能力、提高认识，强化为他人服务的思想，使大学生感受到生命价值的意义。

● 利用业余时间进行体育锻炼。身体是革命的本钱，体育锻炼不但可以强健我们的身体，同时可以让我们舒缓压力、放松精神、愉悦心情。许多同学认为自己年纪轻、身体好，不需要锻炼。这种观点是不对的，健康需要保值，需要储蓄，否则就会贬值。要想以后健康工作50年，幸福快乐一辈子，就必须从现在起注重运动、加强锻炼。同学们最好能根据自己的身体状况和客观条件制订出一个体育锻炼计划，务必拥有一个健康强壮的身体。

当然，同学们还可以根据自己的志趣、爱好去利用自己的业余时间，比如下棋、唱歌、绘画、交友等等，只要是健康的、有度的，都是可以的。希望同学们充分合理地利用大学里的业余时间，让自己的大学生活快乐、充实、更有意义。

二、学习成才

21. 如何成为学习型人才?

张新雨同学读了《学习型组织》一书后，虽有心得也有困惑，主要是如何使自己成为学习型人才，还想和赵老师探讨。这天下课后他如约来到赵老师的办公室。

学生：《学习型组织》您看过吗?

赵老师：看过两个版本。

学生：我看了一个版本，看后关于学习的重要性比以前认识地更深刻了，尤其是里面有一句话"不学习等于死亡"，说得太到位了，让我感到一种震撼。可是我们究竟怎样做才能尽快提升自己的学习力?

赵老师：要想尽快提升自己的学习力，首先要发掘学习的原始动力。

学生：什么是学习的原始动力?

赵老师：就是好奇心。心理学称原始的动力为内驱力，这是人与生俱来的一种力量。说起学习的动力，可以列出许多条。但是关于"好奇心"这一条，人们往往忽略。关于个人的生存和发展，关于祖国的繁荣和富强，都是我们学习的动力，这是毫无疑问的。但是能随时随地给予我们学习以鼓励的，则是好奇心的满足。每当学到一个新的知识点，每当解开一道难题，能令我们感到愉悦的，这就是好奇心得到了满足。所以，在学习过程中，要暂时排除功利思想，一心一意地扑在学习上，享受学习本身带给我们的快乐，使学习成为一种良性循环，就是越学越上瘾。

学生：我想起来有一位数学家，在敌人逼近他就要杀害他时，他还说，等我把这道题做完再杀不迟，这就是您说的那种境界了?

赵老师：是的。热爱是最好的老师，只有进入热爱的状态，学习中的一切都会成为快乐的源泉，无论是遇到的问题还是收获的知识。

学生：在学习的过程中还应树立哪些新观念呢？

赵老师：最重要的是树立“永远学习”的观念。践行这个观念就要扩展学习的渠道。我们在校期间要通过课堂、图书馆、网络等途径掌握系统的专业知识、深厚的基础知识和广泛的相关学科和边缘学科知识，建构起符合专业发展、社会需求的合理的知识体系。步入社会后，还要结合自己所从事的专业在实践中学习，向有经验的人学习，与时俱进地学习。

学生：真是永远的学生时代，无际的学习课堂。

赵老师：你概括得很好。我也曾用四句话来概括学习途径的广阔性：处处留心皆学问，人人有才是我师，天地之间有文化，国风民情是教员。

学生：太精练了！那么学到什么程度才算成为学习型人才了？

赵老师：每一个人都应成为一个具有一定规模，而又各具特色的知识工厂。

学生：知识工厂？

赵老师：能用源源不断的知识做原料，不断生产出新的知识。有的同学学得很扎实，记得很牢固，但充其量只是像一座图书馆，没有再生能力、没有创新能力，也就不能说他具有学习力，当然也谈不上学习型人才了。

学生：就是说我们要将知识转化为能力，对知识不但能吸收、消化而且还能更新和创造。

赵老师：你很有悟性，善于思考，是一个会学习的人，肯定会成为出色的学习型人才。

学生：谢谢老师！

22. 如何认识专业课程的体系性？

学生：在大学期间，学校要求我们每个学生要修满一定的学分，完成三十几门课程的学习，在学习过程中，我们经常会遇到这样的问题：哪些课程对于我们更重要？如何认识和把握专业课程体系？希望能得到老师的指点。

董老师：刚刚进入大学的时候，学校要发给每个学生一本学校的《教学便览》，《教学便览》上有每个专业的人才培养方案，其中包括培养目标、基本要求（素质要求、能力要求、知识结构要求）、修业年限、授予学位、主干学科、主要课程、主要实践性教学环节和主要专业实验、教学计划等内容；专业课程关系结构图；专业教学计划表等。

专业课程体系性表现为：

- 必修课
  - 公共基础平台
    - 思想政治类课程（包括政治理论课、思想教育课）
    - 一般基础类课程（包括大学英语、计算机、体育等课程）
    - 实践类课程（包括军训、国防军事理论教育、公益劳动等）
  - 学科基础平台
    - 学科基础课
    - 学科主干课
  - 专业基础平台
    - 专业基础课
    - 专业课
- 选修课
  - 限定选修课程
    - 学科基础课
    - 专业基础课
    - 专业课
  - 任意选修课程
    - 文化素质修养课
    - 教学计划外课程

在这一体系中，由层次不同而逐层递进、紧密相连的三个平台构成了必修课部分，体现了“加强基础训练、拓宽人才培养途径”的指导思想，为学生掌握较扎实的基础、具备较宽的知识面奠定了基础。其中，公共基础平台主要包括思政课、大学英语、计算机、体育等通识教育类课程，旨在提高学生的道德、身体素质，培养学生的基本能力；学科基础平台则是为使学生掌握所学学科及相关学科领域的基础知识、基本能力和基本的创新、实践能力而设置的；专业基础平台要更深入一些，主要包括专业基础课、专业课等，专业课包括不同的专业方向模块，是根据专业本身要求和专业发展趋势而设置的，其全部课程均需修读。

选修课由限定选修课、任意选修课和教学计划外选修课组成，基本能够适应学生的个性发展要求和综合素质教育需要。其中，限定选修课包括四类课程，即学科基础课、专业基础课、专业课和文化素质修养课。前三类课程的目的是发展学生的专业特长，拓宽其专业知识面；后者则是为了加强对学生的人文精神教育，可以分为几大类：人文科学类、社会科学类、自然科学类、思想政治类、语言类、艺术类、体育卫生类、其他类等；任意选修课程由学生从全校课程中任选一定学分；教学计划外课程不列入计划，不给学时，学生可以根据自己的兴趣和爱好，自行安排，学习后取得学校认可的成绩，增记一定的选修课学分，目的是鼓励学生个性发展，支持学生利用课余时间开展有利于身心健康的课外读书、学术研究、文体活动、选修远程教育课程和选修周边学校开设的课程。

学生：我们在选课和学习中要注意些什么？

董老师：主要是全面发展，不能偏科。具体做到以下几点：

● 加强基础理论课程学习

在当今科学技术迅猛发展的时代，一个大学生要在短短的就学期间掌握全部现代科学知识几乎是不可能的。只有掌握基础科学知识，才能提高自身适应社会的能力。因为基础科学在全部知识体系中是最稳定、持久的部分，而且又是一切专业学习的基础。只有打好了基础，才有助于专业的学习。

● 注重选修课程学习

广泛开设各种选修课程，目前已成为各国高校课程设置的普遍趋势，这是使大学生获得多方面知识的保证。选修课的设置使高校的教学工作灵活多样。对学生来说，他们可以根据自己的水平和兴趣选学适合自己需要的课程，增强对学习的兴趣和信心，发挥个人的特长和才能，有利于扩大知识面。对学校来说，可以发挥教师的特长，充分调动教师的积极性。

● 努力开展校际联合，实现资源共享

一个大城市往往都有十几所甚至几十所高校，各所高校之间有许多关联专业，实行校际联合，可实现学校之间的资源共享。具体操作上可以实行跨校辅修，学生可以选择自己喜欢的其他学校的专业进行辅修第二专业学习，成绩合格后可由学校授予辅修第二专业证书。

23. 上公共理论课有意义吗？

隆老师发现，管理系大一的几个男生公共理论课经常逃课。这天，隆老师把他们几个请到了办公室。

隆老师：和老师说说，为什么不来上课？

学生：老师，我们去补习英语了，四级考试的补习课正好和公共理论课撞车。所以……

隆老师：你们觉得学英语比上公共理论课更重要，是吗？

学生：老师，大学期间干吗一定要上公共理论课呢？

隆老师：因为学习公共理论课对提高大学生人文素养具有非常重要的意义。对于一个大学生来说，具有科学素养和专业素养固然重要，但更重要的是学会怎样做人，怎样对待自己和他人，怎样认识和了解我们的国家和民族，怎样对待人类，怎样对待生命，怎样对待自然界。公共理论课包含着一系列课程，而每一个课程的学习都旨在帮助大学生丰富人文知识、提高综合素质。比如哲学能使人“在绿色的人生迷宫里看到满天的星斗”，培养起良好的思辨能力，审视内心世界，人生更为丰满；思想道德修养与法律基础课通过正确的人生观、价值观、道德观和法制观教育，帮助大学生形成崇高的理想信念，弘扬伟大的爱国主义精神，树立正确的人生观价值观，培养良好的思想道德素质和法律素质；而学习毛泽东思想与邓小平理论及“三个代表”重要思想，将帮助大学生树立科学的政治观，正确认识社会发展规律，认识国家的前途命运，认识自己的社会责任。

学生：可很多同学都认为，像英语、计算机还有专业课更实用，以后走上社会用得着。公共理论课挺虚的，也用不上。

隆老师：公共理论课可能不像英语、计算机那样，毕业到社会上可以直接就看到它的有用之处，但它是改变人内在素质的。谁说公共理论课挺虚的？它使你有了深刻的思想，丰富的内心，良好的思辨能力，以及科学的世界观、人生观和价值观，学会了怎么做人，而这对于刚刚开始走上社会的年轻人来说，是非常重要的。因为一个人，无论其本领多大、技术多好，能力多强，如果其思想道德水平低下，人文素养欠缺，不懂得怎么做人，那么，他就是一个残缺的人。你们都知道2002年清华大学的学生刘海洋把硫酸泼向动物园的熊，面对办案人员时，他说这样做只是为了检验熊的嗅觉是否真如书中所说的那么灵敏，之后，他竟像没事似的说：“我可以回去做实验了吗？”你们看，他竟然不知道熊是有生命的，而生命碰到硫酸会有痛的感觉！2004年，云南大学的学生马加爵只因打牌被同学怀疑作弊，就残忍地将四个同学杀害，他对他人生命的极端漠视令我们不寒而栗。虽然这是比较极端的案例，但也能从一个角度说明大学生人生观念与心理健康的缺失。昨天我还看到一则报道，说中国学金融的大学生，在校学习越好的学生，工作后进监狱的速度越快。这不能不令我们思考今天的大学生在学校里到底应该学些什么？我记得江泽民曾说过：“如果轻视思想政治教育、历史知识教育和人格培养，那就会产生很大的片面性，而这种片面性往往会影响人一生的轨迹。”你们学英语没有错，但如果以学英语为借口逃公共理论课，就不对了。

学生：老师，我们明白了，请老师放心，以后我们一定会认真上公共理论课。

隆老师：好！老师看你们的实际行动。

24. 大学到底教会我们什么？

一天，学生肖源专门找到班导师赵敏，谈了他的迷惘：已经读大二了，回头看自己所谓的大学生活，感到什么都没学到。最大的收获也许是……对什么都要忍耐和适应……我心中逐渐产生疑惑，大学到底教会了我什么？

赵老师：你道出了许多学生的心声。老师也是刚从大学时代走过来的人，我感觉大学是人生的关键阶段。用李开复博士的话说：大学可以教给学生许多的东西。起码能教给你们六个方面的东西：

● 自修之道。在大学期间，学习专业知识固然重要，但更重要的还是要学习思考的方法，培养举一反三的能力。换句话说，自学能力是在大学期间培养起来的。注重自学能力培养的学生，不仅能够从不同的老师讲解问题的思路上学到各种解决问题的方法，而且还能在一些问题的思考上走在老师的前面。充分利用图书馆和互联网，学会查找书籍、文献和各类信息，以便接触更广泛的知识和研究成果。这种自学能力让你受益终生：你可以选择任何你喜欢的课程进行自修；大学毕业后，你能够应对社会的需求，随时更新自己的知识，提高自己的专业技能。这就是为什么大学生比一般人更能适应社会工作环境的根本原因。

● 基础知识。在大学期间，一定要学好基础知识（数学、英语、计算机和互联网的使用，以及本专业要求的基础课程，如商学院的财务、经济等课程）。应用领域里很多看似高深的技术在几年后就会被新的技术或工具取代，只有牢固掌握基础知识才可以受用终身。如果没有打下好的基础，大学生们也很难真正理解高深的应用技术。

● 实践贯通。有一句关于实践的谚语是这样说的："我听到的会忘掉，我看到的能记住，我做过的才真正明白。"大学不仅给了你专业的知识和理论，而且也给了你具体的实践方法和空间。比如各种实习课程、实践课程、社区服务活动、社团活动、家教、跟随老师做课题项目等，都是在鼓励你如何把知识"应用"于实践，鼓励你学会如何与人合作，培养团队精神，成为真正意义上的实践能手。

● 兴趣培养。如果你对某个领域充满激情，你就有可能在该领域中发挥自己所有的潜力，甚至为它而废寝忘食，为了“享受”而学习了。大学给你提供了最为广阔的激发兴趣、培养兴趣的平台。你可以通过使用图书馆资源、旁听课程、搜索网络、听讲座、打工、参加社团活动、与朋友交流、使用电子邮件和电子论坛等不同方式接触更多的领域、更多的工作类型和更多的专家学者。如果你发现了自己真正的兴趣爱好，这时就可以去尝试转系，尝试课外学习、选修或旁听相关课程；你也可以去找一些假期实习的机会，进一步理解相关行业的工作性质；或者努力去考自己感兴趣专业的研究生，重新进行一次专业选择。

● 积极主动。积极主动首先表现为有积极的态度。其次是对自己的一切负责，勇敢面对人生；再次是要做好充分的准备：事事用心，事事尽力，不要等机遇上门；要创造机遇，把握机遇。要做好充分的准备，当机遇来临时，你才能抓住它。最后是“以终为始”，积极地规划大学四年。这种积极主动精神将推动你达成各个目标。

● 掌控时间。大学给了你足够的权利去自由地支配自己的时间，大学四年也是你们最容易在时间上迷失方向的时期。大学生活要求你必须有很好的自控的能力，需要自己安排时间、计划时间、管理时间。学会管理大学时间，就等于学会了管理自己的未来。

● 为人处世。未来社会里，在工作中与人相处的能力会变得越来越重要，甚至超过了工作本身。大学给了你最后一次能在相对宽容的、可以置身其中学习为人处世之道的理想环境。如果你把握了这个学习机会，就会自觉培养自己的交流意识和团队精神。大学是你同龄人中优秀分子聚集的地方，观察你周围的同学，特别是那些你觉得自身修养、交往能力和沟通能力特别强的同学，看他们是如何与人相处的，这种模仿学习的效果将超过任何人际关系教科书的说教。

……

肖源，老师今天说了这么多，其实只想告诉你一个道理：大学是一座宝藏，只要你保持“挖掘”的激情，你所想要的东西都会得到。与其苦苦追问大学给了我们什么，不如自问我们可以在大学学到什么。如果你能明确自己所“需”，就能够主动去“取”。那么，你感受的大学生活就不是“忍耐和适应”，而是“自信和渴望”。

学生：您的一席话已经燃起了我“挖掘”的激情，感谢老师的点拨！

25. 如何学好大学英语?

学生：我从小学到高中，已经学了十年的英语。进入大学，英语仍然是一门必修的公共基础课。我深知学好英语的重要性，正所谓外语是人生斗争的一门武器。且不说未来走向社会，需要过托福、雅思、GRE 等等的考试才能走出国门，就说当前的大学英语四级考试，如果过不了，我连毕业证书都拿不到手，其他可就都免谈了。因为有这样的“危机”意识，因此，我把很大的精力都用在学英语上了，可是成效并不理想。因此，想请教您如何学好大学英语?

张老师：你有如此大的学习动力，也肯下工夫学习，这很好！剩下的就是掌握学好英语的方法。以下这些方法是被无数事实证明可行而有效的，望你切记力行：

● 一是读

首先是读单词，因为读书和识字其实是联系在一起的。如果把一种语言看做是一幢大厦，那么单词就是其中的砖瓦，是语言的基础。大学英语四级的词汇量从十年前的3100 扩增到今天的4538，充分说明了词汇量的要求与社会对大学生英语要求的提高有着何等密切的联系！单词一定要读。建议备一本印刷次数比较多的词汇手册，最好带有简短的搭配和例句。平均每天读二至三页，两个学期读完，这时你的词汇量就比较充实了。

然后是读你的教科书。目前多数高校使用的《全新版大学英语综合教程》或《21 世纪大学英语读写教程》都是紧扣大纲编写的优秀教材，课文后面有针对性很强的练习。听从老师的指导，认真研读课文，独立完成课后练习，有问题及时取得老师和同学的帮助，使自己熟悉英语，增强对语言的感觉。

除此之外，课外读物是不可或缺的。可以读以下三类内容：

◆ 各种情节精彩的小说。以每页上有三到五个生词为宜。

◆ 浏览自己喜欢的各种英文网页，在愉悦中学到单词，培养语感。

◆ 有空翻翻《英语学习》、《科技英语学习》之类的刊物，里面会介绍一些学习方法和应试技巧。

● 二是听

根据教育部要求，听说课的比重已经和读写课持平了，听力的重要性可见一斑。

《新视野视听说》等教材内容生动活泼，为学生提供了大量音频和视频材料。如能细细消化，听力的提高，是不言而喻的。当然，单靠听力课，是绝对练不好听力的。听力的功夫在于课外。

课上没听完的内容，课外听完，这自不待言。课上听过的内容，要争取把它听写下来，再去核对原文。这种训练不但练了听力，对写作也很有帮助。我们可以把它称为精听，在校同学要充分利用教科书所提供的材料进行精听。

有“精听”当然也得有“泛听”。看带有中文字幕的原版电影，可以在娱乐中训练听力。此外还可以听原版歌曲，外台新闻，或是到一些外国人集聚的场所如英语角、汉语角、大型小商品市场等，经受实战训练。

但是，练听力有一点是必须注意的，那就是发音。如果你把 light 读成了 night，那么当你听到 night 时，又作何理解呢？

● 三是写

唐代诗人杜甫的名句“读书破万卷，下笔如有神”，对学习英语写作也是具有指导意义的。阅读与识字、语法密不可分。许多同学用英语写作时，并不缺乏内容，而是苦于找不到适当的英语表达方法。只有阅读达到了一定的量，笔头表达才会变得自如起来。大学新生可以结合教材，为自己的写作练习制订一个计划。

第一学期：读懂书中的每一句话，写对作业中的每一个句子。

第二学期：准确理解每一段课文的意思，用英语概括段落大意。试写完整的段落。

第三学期：领会每篇课文的布局，找出段与段之间的逻辑关系。试写语言通顺、思路清楚的篇章。

除了正规的写作训练外，平时还可以用英语写日记、写信、写电子邮件、写演讲稿、参加征文活动等，从全方位练写作。

译可以归入写的范围，在练写的同时，附带把译也练了。

● 四是说

英语口语，可以说既难又不难。说它难，是因为口头交流必须有特定的语言环境。中国学生去了国外，很少听说由于语言问题而待不下去的。在校园里，如果学生不习惯开口，不去主动地寻找锻炼机会，那么口语就很难进步。说它不难，是因为口语用词汇较少，张口就能练，说了不留痕迹，说错了可以马上改正，说话人压力较小。

练习口语可以从以下几个方面去做：

◆ 大声地朗读课文，注意正确的语音语调，培养开口的习惯。

◆ 上课要主动用英语发言。这不但可以锻炼语言，更主要的是可以培养与人交流的习惯和在公开场合发表个人见解的勇气。试想，在求职面试时，有哪个老板会像老师那样耐心地引导你开口发言呢?

◆ 常去英语角。那儿有两种人：一种是语言层次较高的，如英语专业学生，他们往往是英语角的组织者，你可以向他们求教。另一种是和你一样的生手，你正好可以和他们操练。有时候也会有外国人，他们或是组织者请来的主打明星，或是来中国学汉语的。能与外国人直接交谈，当然是你求之不得的机会。

◆ 不要怕说错。只要做到流利、达意就可以了。口语考试时，考生中流传着一句“用流利掩盖失误”的秘诀，多少折射出了一些口语的特点。

总之，认真上好每一堂课，认真做好每一项练习，充分利用每一次锻炼的机会，细水长流，持之以恒，学好英语就不会有多难了。

26. 如何提高大学英语听力?

学生：大学英语听力对许多学生来说是一条难以逾越的坎。怎样才能让我们跨过这个坎呢?

张老师：长期的教学实践证明，提高听力可从如下几个方面去努力：

● 一是掌握语言基础

◆ 语音包括辨音、音变、重音、语调等几个方面。不能正确辨音就不能准确地接受信息。例如：Professor Wang collected the papers himself. 王教授亲自收论文。

Professor Wang corrected the papers himself. 王教授亲自批论文。

例句中只是一音之差却提供了完全不同的信息。

◆ 快速语流中的音变现象也是学生应该熟悉的。例如：

The trucks are hauling the dirt away and bringing in a load of lumber. 句中有6处连读。如果不能辨清这一段语流中的每个音，乃至每个词，那么要理解句意是绝对不可能的。

◆ 句子重音和语调也必须引起重视。例如：

You know what to do if there's a problem.

如果说话者在句尾用升调，则表示怀疑，其含义是“遇到问题您是否知道如何处理?”；如果用降调，意思是“遇到问题您知道如何处理的。”两者差异，显而易见。

◆ 要正确理解所听到的信息，语法知识当然是必不可少的。例如：

It's about time he went home.

句中“went”表达的是虚拟语气，意思是“他该回去了。”但是如果听者没有掌握这一语法现象，可能会把句子误解为“他早已回去了。”

◆ 学生还必须掌握《大学英语课程要求》所附词表中规定的单词和词组。例如：“course”除了解释“课程”外，还可作“过程”、“跑道”、“一道菜”、“方针”、“路线”等解。短语“take off”除了解释“脱衣”外，还可表示“拿掉”、“取消”、“起飞”、“离开”等意思。

◆ 除此之外，对一些常用句型及习惯用法要熟练掌握。例如：

All is not gold that glitters. 发光的未必都是金子。

There are not a few good sentences in his composition. 他的作文里有许多好句子。

I don't know either of the two young men. 这两个年轻人我一个也不认识。

● 二是掌握听力技巧

◆ 把握心态。由于许多学生在中学时未能接受充分的听力训练，甚至习惯于老师在英语课上用汉语讲课，结果往往对语法和词汇比较熟悉，听力方面则相应欠缺。加之受方言的影响，英语发音不太标准，使这些同学们的听力十分薄弱，一遇到听力课就紧张，心理负担较重。带着这种心情听课，一开始往往有几个单词或句子听不清楚，越听不清楚就越紧张，从而严重地影响整个听力部分的效果。因此，克服心理障碍、增强自信心是练好听力的关键之一。听力理解过程实际上不只是被动地接受，而是一个积极参与的过程，即：用自己已有的知识（包括语音、语法、词汇、常识等）对所听到的内容进行筛选、过滤、整理、分类，这是个既暂短而又复杂的过程。因此，听音时，考生专心致志，排除杂念，保持平静的心态是至关重要的。

◆ 捕捉要点。捕捉重要信息是听力理解的首要任务，遗漏了重要信息就不可能听清材料的基本含义。尽快抓住能概括文章中心思想的主题句和关键词，就能比较容易地听懂文章的主要内容。主题句（topic sentence）通常是文章的第一句话，有时也可能是最后一句（conclusion sentence），它们对整篇文章的内容起到概括和提示的作用，实际上是文章的中心论点或者是说话人对所谈内容的主要观点和态度。例如：“There are three groups of English learners: beginners, intermediate learners, and learners of special English.”可以预测：说话者接下来将介绍这三种学习者的情况。

◆ 勤做笔记。提高听力理解的另一个有效的途径是：做简要的笔记。听音时对名字、数字、时间和某些关键词做一些简单的标记或符号，有助于加深所听内容的印象；否则，有些已听懂的内容在做题时也可能会变得模糊不清，甚至全然忘却。记笔记没有既定的方法，只要速度快，记下的内容自己看得懂就行。

◆ 专心致志。在听音过程中，听者要全神贯注、注意细节、强化记忆，尽可能地获取信息。若偶尔遇到一两个陌生的词语，不要慌张，可置之不理，因为一两个词语可能不会影响对整篇材料的理解。如一遇到生词就停顿下来，势必会引起连锁反应，结果听到的内容就会变得支离破碎。遇到实在不会做的题，不要作无谓的反复思考，应学会赶快放弃，专心听后面的内容。全部内容听完后，要结合题目要求，立即对所听到的信息进行分析、推理、判断、综合，保留相关的，剔除无用的。

● 三是掌握背景知识

在听力过程中，我们的大脑会自觉地将原先掌握的背景知识和经验常识同所听到的信息联系在一起，进行预测、挑选、吸收和综合，从而作出正确判断。

语言是人们进行交际的手段，社会生活的变化、科技的普及发展、一国的文化历史传统、生活方式、地理气候环境以及人们的思维方式都会反映到语言中来。具备一点背景知识对所听的内容会有一种熟悉感，能有更深刻的理解，甚至能弥补语言上的一些不足。我们都知道英语和汉语是两种截然不同的语言，学生若对西方的社会文化因素不了解，缺少足够的有关学科知识，只是用我们所熟悉的思维、逻辑去判断所听到的材料，就很可能出错。

在听力练习中，有时候因为某种原因，个别句子或词语没有完全听懂。碰到这种情况可根据已获得的部分信息、再运用一般常识来进行推测，以挑选可能性较大的选项。也有的时候学生似乎听懂了全文的意思，但仍找不到正确的答案，这可能是由于缺乏背景知识造成的。例如：有篇短文讲的是有关美国私立学校的情况，私立学校一般很少获得政府的财政支持，主要靠收取学生的学费办学。当我们回答问题“Why is it usually expensive to attend religious and private school?”时，四个选项中B最符合这种常理：

A The number of students they take in is limited

B They receive little or no support from public taxes

C They are only open to children from rich families

D They have to pay more taxes

因此，要考好听力，平时还须广闻博览，多多扩大自己的知识面。当然，背景知识不能替代对语言知识的全面掌握。理解信息虽然与一定的背景知识密切相关，但提高听力的先决条件还是掌握语言知识本身。

● 四是养成听力习惯

在听力练习过程中，养成良好的习惯，可以达到事半功倍的效果。

◆ 有些同学在听力过程中没有动笔的习惯，坐着干听，直到做题时才去努力回忆与该题有关的信息。甚至有的同学喜欢闭着眼睛听或者把头低下来，伏在桌子上听，认为这样注意力更容易集中，实际上往往适得其反，听力效率非常低。

◆ 对于已经听过的材料，很多同学都懒得再去复听，以为任务已经完成，再听已失去意义，其实这是一种错误的观念。片面追求练习的量，并不能有效提高做题的效果，必须用心去感受成败得失，才能收到显著的效果。

◆ 有一种普遍的倾向：听读分离。认为听力只要听，没必要大声朗读。其实听力考的是口头语言，口语提高了，听力自然而然会上去。试想如果有人把单词 now 念成 nor，那么当他听到 nor 的时候，会作何理解呢？

◆ 要讲究训练时间的安排。听力训练需要思想高度集中，因此安排在每天精神状态最佳的时段。每次训练时间不宜过长，一般连续听半小时到三刻钟最多了。另外，由于听力是一种习惯成自然的技能训练，所以最好每天坚持，切忌临时抱佛脚，或三天打鱼，两天晒网。

总之，只要打好语言基础，掌握听力技巧，熟悉背景知识，注意听力习惯，勤学多练，大学英语听力这个“坎”是不难逾越的。

27. 文科的功底如何学好数学课?

学生：我是一个文科学生，高中时就是因为数学不好才选择了文科，没想到进了大学还是要学数学。由于对数学的恐惧，第一学期数学就“挂”科了，挺郁闷的。我别的功课都很好，就数学跷脚，老师我该怎么办？

陈老师：文科的同学大部分数学基础不扎实，对数学缺少兴趣，信心不足，畏惧数学；但是大家又对学好数学抱有美好的愿望，默默下决心，争取取得好成绩。在这矛盾与困惑中会逐步形成焦虑心理，欲速则不达，甚至导致恶性循环。其实，文科同学同样能够学好数学，甚至能够爱上数学。

首先，培养学习兴趣。你们在上大学前，有十多年对数学的学习，不管你以前初等数学学得如何，对数学都有一种熟知感，这些心理特征，足以激发你对数学的求知欲和学习兴趣。你提到对数学的恐惧，可能和你初等数学成绩不理想有关系。实际上初等数学学得好坏并不是影响大学数学是否学好的决定因素。决定因素是激发学习兴趣。这个兴趣主要来自客观需要：文科学生也需要具备数学的理性思维方式，数学无处不在，这就是学数学的意义。当你有了这个意识，你就会淡化对数学的恐惧心理；把数学问题趣味化、基础化、生活化，体会数学的可参与性；把数学思维方法合情化、自然化、人文化，让自己亲近数学；多与老师互动，让自己体验成功的快乐；即使做错了题目也觉得有所收获，时刻让自己觉得“我在进步”；从而找回自信，激发热情，积极投入！

其次，增强学习毅力。刚进入大学，本来你是满怀热情学习数学，但是结果却给你当头浇下一盆盆凉水：每次听课很认真，但一做作业就出问题。于是你便会怀疑自己的智力与能力，是不是没希望了呢？你应该认识到自己的基础并非一朝一夕就能脱胎换骨，学习好像挖一道水渠，总共一百米，虽然已经挖通了九十九米，但是还是不通的呀，不过离成功仅一步之遥，坚持就能够成功！天天耕耘，决不停笔，如果三天不做数学题就会觉得上手困难，思路不顺。在这里毅力比热情更重要。努力未必成功，但是成功必须努力！你必须杜绝负面的自我暗示：“我肯定没希望了”、“我就是学不好数学”，相反的，要对自己始终充满信心，最终成功会到你的身边。

再次，注意学习方法：

● 提高听课效率格外重要。一般有着丰富经验的老师，他们上课时的内容可谓是精华，认真听讲90分钟要比自己复习两个小时还要有效。听课时可以适当地做些笔记，但前提是不影响听课的效果。有些同学光顾着抄笔记却忽略了老师解题的思路，这样就是“捡了芝麻，丢了西瓜”，反而有些得不偿失。

● 利用一题多解，训练发散思维。学习中注重发散思维的训练，不仅可以使你的解题思路开阔，妙法顿生，而且对于培养你成为勇于探索新方法、新理论的创新人才具有重要意义。一题多解是训练发散思维的好素材，通过一题多解，可引导你就不同的角度、不同的方位、不同的观点分析思考同一问题，从而扩充思维的机遇。

● 多做题，勤思考。数学需要做题，大学数学题的灵活性很强，强调数学的思维，这是建立在对基本的东西很深刻的理解的基础上的，单纯多做题可能会多见识一些题型，但对于一些很灵活有新意的题目就可能无法应对，这和点石成金的故事是一样的道理。要摒弃那种急功近利的想法，无论做出与否，都要把自己的思路详记于空白处，尤其是做不出的题，一定把自己真实的思考方式记录在旁，留日后分析，这是让你迅速找到突破数学感觉的策略。不要嫌麻烦，经典题值得你去这样思考。看它几遍就要思考几遍，特别是对于难题，要花更多的时间，深思一题胜于浮看十题。

● 熟读教材，加工笔记。每次课后熟读三遍教材，整理上课笔记，每一遍把自己的弱处及书中标准的解答记于本上。一定要把重要的公式、定理和解题套路记在笔记本上，这样，经过加工、提炼，就只剩下几页记满公式、要点和方法的笔记了。这个提纲的整理过程，也就是理解、巩固、记忆的过程，而且由于条理清楚，记得也比较牢。

● 选择清醒的时间学数学。数学不是拿时间来“堆”的。数学来不得半点马虎，如果开始做错，那下面完全是徒劳的。数学需要清醒的意识和缜密的思维，而二者都需要在头脑清楚的时候才能够做到。每个人的兴奋时间不一样，选择自己最清醒的时间段来学习数学。

● 一本合适的参考书可以提高效率。不必买太多的参考书，只找一本与教材内容同步的参考书就可以了，以此作为检查和提高自己的数学能力的参考依据。

28. 面对口才不好的老师如何有效地听课?

学生：老师，我是大一新生，现在我们碰到一个问题，我们的数学老师口才不好，每次上课看他非常亢奋，满身是汗，可我们觉得云里雾里，不知所云，数学课是重要的基础课，我们怎么办？请老师给指点一下。

陈老师：什么是口才？一言以蔽之，那就是口语表达能力达到相当高的技巧和艺术水平，这就是口才。口才是有一定标准的。应该言之有理，不是胡说八道，歪理邪说；应该言之有物，不是杂乱无章，空洞无物；应该言之有序，那就是有条有理；应该言之有文，讲得生动、形象、活泼。数学课比较深奥，抽象难懂，口才好的老师能把深奥的理论化为简单的语言来表述，学生理解和掌握就方便。所以，口才好的老师深受学生的欢迎。那么，对于口才不好的老师，我们如何应对呢？

● 要肯定这位老师的备课是尽力的，对教学内容理解是正确，教学态度也是认真的，仅仅是口才不好，语言表达能力欠佳。改变老师是不可能的，我们所能做的是调整好自己的心理，认识到学习一门课，老师是重要方面，但不是全部。面对口才不好的老师，要尽快从老师主导转化为自学，逐步养成自学能力。不要因为老师口才不佳就对该门课采取放弃的态度。诚然，好的老师可以让你事半功倍，口才不好也不是世界末日，说不定更加培养了你的自学能力。

● 每次课前多花一些时间预习，把不理解的概念记下来，上课重点关注这一点。有可能的话，组成一个学习小组，课前一起预习，一起讨论，这样在上课时就可以轻松一些了，并且对培养自己的自学能力有很大的帮助。

● 上课时候，主要时间应该放在听课上。不要关注老师表述的是否流利，而要用心理解他讲的内容。

● 笔记应该是记一些粗略的，课后整理笔记的过程便是对该堂课的复习过程，同样，整理笔记时，小组成员在一起，有问题一起讨论，一起解决，这样不仅提高学习效率，还可以培养团队精神。

● 要经常和老师交流。口才不好的老师一般有自知之明，他们更愿意和你们课下交流。以便知道学生哪儿有问题，哪里的内容应该如何讲，同时也可以解答你不懂的问题。

● 可以对老师提出提高口语表达能力的要求。千万不能走其反面，由于听不懂，就开始不听，甚至讲话、翘课，造成师生对立，两败俱伤，由于大一数学基础课的失败而影响到整个大学学习。

● 如果发现该位老师师德有问题，是由于不认真备课而导致的内容表达不清，则应该向有关部门反映，请有关部门督促该位老师，乃至更换该位老师，维护我们学生的权利。

● 教学相长，教与学不可依赖一个，逐步由依赖老师到脱离老师，是大学生涯的一个重要环节。任课教师的口才好固然是学生的幸福，但培养自己的自学能力更为重要。

29. 怎样看待书本知识与社会实践知识的学习?

学生：上大学后发现有很多参与各种社会实践的机会，自己也很想积极参加其中一些感兴趣的项目，觉得可以提升自己的能力和以后就业的资历，但又怕影响专业知识的学习，得不偿失，不知道自己该怎样才好，希望老师给点建议。

张老师：你问到的其实是大学学习中书本知识与实践知识学习之间的关系问题，这是当代大学生普遍面对且需要认真处理的一个重要问题。

社会实践本质上也是一种学习知识的重要途径，一种修身成才的重要方式。当你意识到自己的书本知识与社会需要的距离时，进入社会、接触社会、积累知识、运用知识就成为一种必然选择。社会实践对你们有重要意义：

● 有利于弥补大学知识结构的不足和拓展自己的知识领域。因为在知识体系和社会环境急剧变化的今天，大学的课程结构不可能涵盖所有的内容，社会实践可以使你从丰富的现实生活中去体验和学习一些难以及时编入教材的最新知识。另外，你毕业后所从事的所有工作岗位，都要求你不但要具备一定的专业基础知识，而且还要掌握一些能体现文化素养、文化形象的一般社会知识。这些知识也可以在社会实践中逐步习得。

● 有利于理论联系实际和更好地了解社会。你们的特点是朝气蓬勃，乐于接受和探索新事物，但大多又是从校门进校门，从书本到书本，涉世未深，阅历不广，缺乏必要的社会经验。纸上得来终觉浅，绝知此事要躬行。书本知识最终还是要运用到实践中去，大学期间的社会实践活动，可以检验你对书本知识的掌握深度和广度，使你接下来在校内的学习更有针对性和积极主动性。另外，在社会实践中，你还会了解很多平时在校内无法了解到的社会真实情形，有利于你不断加深自己对社会的认识，以后更加客观和理性地对待社会和人生。

● 有利于锻炼和提升综合能力和素质。例如，分析解决社会现实问题的能力，组织协调和团队合作能力，社会交际能力等等。缺乏充分的问题意识、实践能力、创新精神等综合素质是影响大学生就业的一个重要因素。而参加社会实践活动有助于正确认识个人与社会的关系，在实践活动中通过与不同角色的人交往，可以获得社会经验，学会待人接物，学会与人合作，这样，一方面可以大大增加你在择业过程中的竞争优势，另一方面缩短你走向社会后的适应期，对于工作后的进一步发展也有着重要意义。

总之，社会实践活动是素质教育的重要环节，可以培养你自主获取知识的愿望和能力，发展你的思维品质；促进你运用所学知识，在实际情景中提出问题、分析问题、解决问题的实践能力和创新品质；发展你合群、合作的意识和适应社会、自主发展的愿望和能力，形成良好的为人处世的情感态度和价值观，成为适应现代社会发展的优秀人才。

当然，要真正从社会实践中获得的上面这些功效，你还需要处理好两方面的平衡关系：

其一是各种形式的社会实践活动之间的平衡。当代社会实践内容丰富、形式多样，可大概划分为社会公益活动、社会考察活动和社会兼职活动三种。这三种活动各有其特点和功能，你既应该尽可能都有所参与，又要结合自己的实际情况有选择性地重点参与。

其二是书本知识和实践知识之间的平衡。成功离不开能力，也离不开知识，两者都不能偏废。大学时期是集中精力、时间进行系统理论学习的一个黄金机会。因忙于参与各种各样的社会实践而忽略了书本专业知识的学习无异于舍本逐末，得不偿失。因此，你一定要把握好“度”，参与社会实践活动要以有利于深化专业知识的学习和综合素质的提升为目的，切忌为了实践而实践。

为此，大学期间的整体规划十分重要。可以提出如下建议供你参考：在大一、大二期间要以适应大学生活和理论知识的学习为主，适当参加一些校内社团活动和校外社会公益活动；升入大三后，在扎实掌握专业知识的基础上，可以开始多参加一些社会考察活动和社会兼职活动。

30. 做家教有益吗?

学生：看到周围的许多同学都在做家教，我也想去做，就咨询了一些同学，有的说做家教没有多大意义，纯属浪费时间；有的说通过做家教可以实现物质独立和提高社会适应能力。他们说的好像都有点道理，我都不知怎么办才好了。

张老师：家教是目前相当一部分大学生从事的一种“传统性”兼职工作。概括起来，目前大学生从事家教主要出于下述目的：

● 作为解决开支问题的重要途径。对于来自贫困家庭的同学来说，不愿把学习费用和日常消费这笔巨大的开支让父母全部承担，“家里每年能给出几千元的学费已经是竭尽全力了，自己应该学会打工挣钱养活自己。”而对其他同学来说，上大学后脱离了父母多年的呵护与束缚，有一种自立的冲动与渴望，这既包括精神上的自立，也包括经济上的自立。然而，刚刚步入大学的你们大部分身上没有一技之长，也缺少社会经验，最大的资本就是十几年学习积累的知识，于是，把这些知识传授给别人就成为你们实现精神与经济上独立最可能、最有效的途径。

● 希望锻炼自己的能力，提前适应社会。对你们来说，家教得到的不仅仅是经济上的贴补，还可以使你自身的价值得到社会肯定，增强你进入社会的信心。首先，能锻炼与人交往和交流的能力，因为当家教会见识不同的人、不同的家庭，必须学会与学生沟通，与学生家长沟通，能够使你学会一些为人处世的方法。其次，能巩固自己的专业知识，提高自身的专业素质，锻炼自己，培养学以致用的能力。并且，把自己学到的知识传授给学生的那种成就感，也增强了自己的学习兴趣。另外，通过在校外扮演老师的角色，能够深刻体会到为人师的酸甜苦辣，从而能设身处地，在课堂内外都更多地体谅和配合老师，提高学习效率和自身修养。最后，家教在人生经历上也很有意义，从学校这个相对封闭的环境中走向一个更开放、更具有挑战的环境中，提高自己对人与事物的是非判断能力，提前感受着象牙塔外的人情冷暖，体会生存的不易，也使自己更加成熟。

当然，做家教也可能出现一些问题，如果你想去做家教，要特别注意下面一些情形：

● 首先是要注意自己的安全。因为社会阅历太少，缺少自我保护意识，你可能遇到许多以前从未遇到过的问题：比如被黑中介欺骗；被一些想占便宜的家长骗去试讲，然后以不满意为由再换人；在学生家里，被防贼一样地防着而使自尊心受到极大伤害。更为严重的是，当前出现了一些针对家教大学生尤其是女生的刑事犯罪案件，直接危害到她们的身心健康甚至生命安全。因此，你要增强自我保护意识，一定通过学校的勤工助学指导中心和正规中介等正式渠道找家教；要和雇主签订合同，详细规定双方的权利和义务；最好不要把做家教的时间放在晚上，并且与同学、朋友保持联系。

● 其次，要注意时间安排，不要影响自己的学习。特别是家庭经济较困难的同学，为父母减轻一些负担的想法是好的。但如果为此同时做多份家教，把自己的每个双休日和大多课余时间都花在做家教上，既影响了专业学习，又把自己弄得疲惫不堪，也是得不偿失。毕竟，对以后的就业和长远发展来说，扎实的专业技能和良好的身体素质更是必不可少的。因此，要妥善处理好学习、家教与休息的关系，不要顾此失彼。

● 再次，在可能的情况下，最好选择与自己专业相近或者能更有利于自己学业的家教。比如，你给一个小学生教数学就不如给一个高中生教数学更有利于自己的知识巩固和能力提升。

● 最后，家教是在当初社会兼职机会很少的条件下才成为大多数学生社会兼职的主要选择的。而在现在，兼职的机会和形式越来越多。就算不做家教，也还有很多现实的选择。这种情况下，如果你是大一、大二的学生，由于对环境还未熟悉、专业知识也尚未掌握，可以考虑选择家教作为一种社会兼职。如果你已经是对环境较为熟悉、已经开始学习专业知识的大三、大四学生，如果能寻找与专业知识相同或相近的社会兼职，将会比做家教有更大收获。

31. 都已经大二了学习还“提不起劲”怎么办?

学生：现在我已经是大二学生了，感觉大一就是在懵懵懂懂中度过的，没有多大收获。现在对上课没兴趣，也不会主动去看和专业有关的东西，感觉在学习上一点都提不起劲，只想尽快“混”完剩下的两年了事。

张老师：你对学习“提不起劲”，本质上是一种由学习动机与动力缺乏而产生的厌学情绪。你现在所学的都是专业基础课，是把一年级的基础知识和后续的专业知识联系起来的重要环节，对以后两年的专业课学习和专业实践有着十分重要的作用。这时产生厌学情绪可能会严重影响你的大学生活，甚至还可能极大影响你毕业后的长远发展。

下面就让我们共同来分析一下你这种厌学情绪产生的一些原因：

● 一是缺乏远大的理想，未能确立新的学习目标。考上大学后，没有了学习理想，对大学生活以及未来没有明确的定位，致使学习动机减弱、动力下降。由于高中学习习惯的惯性作用，可以在一年左右的时间里盲从的学习，但是随着这种惯性的弱化，产生了“船到码头车到站”的心理，认为在大学里要好好放松，各门功课只要能达到60分，能拿到毕业证书就行了。

● 二是对所学专业缺乏兴趣和热情。这既可能是由于自己对所学学科并非真正感兴趣，只是一种无奈的选择；也可能是认为自己所学的专业不是热门，即使学好了也没有多大前途；还可能是对自己的前途不确定，不知道毕业后干什么，认为现在学的东西以后可能用不上。这些都可能使自己对学习缺乏热情，动力不足，总是处于被动状态。

● 三是大一期间没有很好地适应大学生活。大一主要是对大学生活的一个适应过程，包括对生活环境、学习要求、人际关系、管理制度等方面的适应。尤其是在学习方面，大学的教学着重培养学生的自学能力，以及对学习的兴趣，要求学生具有独力思考的自觉性和研究学习的自觉性，教师讲课又不拘泥于教材。这样一来，如果你仍沿着中学的思维模式和学习方法进行学习就会产生学习适应困难。如果由此导致“挂科”较多，可能会出现自我否定倾向严重，缺乏自信，对学习无兴趣，对所学专业冷淡，从根本上影响了学习动力。

● 四是自我控制能力较差，心理调节机制不健全。比方说，不少同学上大学后开始沉迷于网络游戏。有调查数据表明，在“学习困难群体”中，受这个因素影响的同学达到85%左右。另外，由于感情上不够成熟，导致在交友、恋爱等方面不能很好地处理，在一定程度上影响了学习。最为重要的，如果你心理调整机制不健全，缺乏承受痛苦和挫折的能力，容易丧失改变困境的信心，久而久之可能出现消极颓废、一蹶不振等现象，严重影响学习的动力和热情。

你对学习“提不起劲”可能是上述一种或几种因素综合作用的结果，针对这些情况，建议你从以下几方面去努力：

● 树立起清晰的人生目标和正确的学习目的。理想是指路的明灯，没有理想，就没有坚定的方向。考上大学可以说为你以后的发展开了一个好头，但并不能保证以后的成功。你应该以此为契机进一步规划自己的人生，树立正确的学习动机和明确的学习目标。良好的学习动机能使你积极适应新的学习环境，自觉排除内外干扰，勤奋学习，刻苦钻研，产生成就感和自我价值感。即使在学习上遭遇困难和挫折，也能及时进行自我调节，表现出坚强的意志力。

● 激发对专业的兴趣。孔子说：“知之者不如好知者，好之者不如乐之者”，爱因斯坦则说过：“热爱是最好的老师。”只有你对学习产生兴趣，才能提高学习的效率。如果喜欢自己的专业，就会产生一种内在的学习驱动力。同时，兴趣并非与生俱来，真正的兴趣一般都是后天培养而得来的。你对目前所学专业缺乏兴趣，可能只是对专业一知半解的结果。任何成体系的学科都有其合理性和吸引力，随着自己专业学习的深入，与老师、同学的交流的增加和在社会实践中的体会的加深，你可能会逐步培养起对所学专业的兴趣，从而提高学习兴趣，加强学习动力。

● 培养自信心。自信心就像催化剂一样，能充分调动人的潜能。因自信心缺乏而灰心丧气、一蹶不振，就容易产生厌学情绪；充满自信心则更敢于探索，勇于进取，充分发挥自己的主动性、积极性与创造性，从而有效地进行学习。自信心也不是一下子就形成的，它必须不断地进行培养。因此，在学习过程中要努力让自己在各种不同的机会中获得成功的感觉，从而体验和认识自己的能力，在自身进步中培养自信。

最后，给你一句忠告：你的大学时光已经过半，再不努力，必将悔之晚矣！

32. 一定要选辅修专业吗?

学生：我现在已踏入大二了，看班上别的同学都在选辅修专业，而且听高年级的同学说辅修很重要，尤其对今后找工作有很大的帮助，请老师给指点一下。

陈老师：大学生辅修非常重要。首先，现在社会需要复合型人才，需要我们大学生能够在学校里掌握更多的知识，而且，利用在学校里这个良好的学习环境，尽可能地满足自己的个人喜好，选择一些本专业所未开设的课程。特别是有的同学升大学时报考的专业是父母的意思，自己对该专业兴趣不大，你完全可以通过辅修完成自己的心愿。其次，大学生多一个辅修专业证书，在毕业求职时，就多了一个选择，自然在求职中能更胜一筹。特别是准备跨专业求职的学生，有必要尽早规划就业取向，在专业课以外选修或辅修相关课程。某大学对外汉语系毕业的李柔，因为对专业兴趣渐淡，又喜欢学习新鲜事物和接受挑战，所以毕业时，在某银行信用卡制作中心应聘。由于在大学里辅修两年的国际金融，她顺利通过了面试。由于银行财会和大学里财会专业所学的东西有所不同，所以李柔等新人们都要经过十分严格的培训。虽然刚开始文科出身的她有点吃力，但硬撑苦学几个月后，工作起来也越来越顺手。现在，她等于有了外语和金融财务两门专业，在上海这个国际金融中心，未来的职业前途也就愈加令人看好了。上海海事大学信息与计算机科学专业的部分同学在完成本专业课程以外，辅修了物流、金融等其他专业，在就业路上平坦多了。如唐争等同学在大二辅修了物流专业，结果在大三就与效益很好的公司（马士基）签约了。

正是由于辅修课对大学生如此的重要，因此，一般大学都开设辅修专业课程。你在选择辅修课时，要注意以下几个问题：

首先，提前咨询。在大一后半学期就要做好咨询工作，通过各种渠道，了解辅修的专业、课程设置等。根据自己的需要，还可以考虑跨校辅修。但要把各种困难考虑进去，比如路途因素、时间因素等。应该在大二一开始，就正式进入辅修过程，这样，可以保证在毕业前修完整个专业课程。

其次，主次不能颠倒。你选择的专业课程是你的主业，应该在本专业课程学有余力的情况下再考虑辅修别的专业，而且也不能期望一口吃成大胖子，结果贪多嚼不烂，什么也没学成。况且，现在辅修都要缴费，经济上、精力上都要尽力而为。

再次，坚持学完。辅修一个专业，需要你们付出很大的精力。许多的业余时间都被这个辅修专业课程所占据了。因此，选择了，就要坚持学下去。相信一个道理：你的时间放在哪里，你的收获就在哪里。当你一门一门地通过辅修考试的时候，当你拿到了用自己的勤劳、智慧换来的辅修专业证书的时候，就不仅仅是享受学习成功的喜悦，而且非常可能因为你的这个坚持，在今后的工作生活中改变自己的一生。

最后，提个醒：辅修选择因人而异，学有余力和个人兴趣是关键，本专业的课程必须完成，否则门门红灯高挂就是得不偿失了。

33. “什么都想学，结果什么都学不好”怎么办?

在一次由罗老师主持的主题为“学习的艺术”的主题班会上，杨丽同学说起自己学习上的困惑。

学生：我大一的时候给自己定下目标，要利用大学宝贵的四年时间不断充实自己，多学本领，才能多长才干，所以除了日常上课之外，我还申报了第二学位，同时还参加了英语、日语、photoshop 图像处理等校外培训课程。此外，考虑到目前就业压力大，应该早准备，多准备，于是我参加了考研、考公务员、出国留学等方面的讲座，并开始着手准备学习材料。身边的同学也都忙碌着，心里更加着急，想学更多的知识，只为了能有美好的未来。但是现在学习感觉越来越吃力，原本上午背的单词，下午就忘记了，我上学期考试好几门科目都在及格边缘，甚至还有一门专业课挂科，是我能力有限吗？怎么什么都学不好呢！

罗老师：首先我要肯定你的学习精神，有人说：成功 =1% 天赋 +99% 勤奋，所以勤学是成才的根本。你已经在勤学了，但是为什么效果不好呢？不是你能力不足，而是人的精力有限。根据你的问题，给你如下几点建议：

● 要明确自己的目标。抓住重点，切勿盲目跟风。人的精力是有限的，每个人的兴趣、爱好、特点也都不一样，这就决定了每个人不可能做好所有的事情，可以根据自己的实际情况确定自己的目标，目标不要太高，保证其可实施性。教你一个小办法，在订立目标前可以对照自己多问问几个为什么。

◆ 我的兴趣在哪里。兴趣往往是最好的老师，别人学的可能自己根本就没兴趣，就不去盲目跟风。

◆ 我的文化专业课有没有学好。专业学习的好坏直接关系到你能否顺利毕业、深造或就业，同时也就直接影响到你是否还有时间和精力去学习其他知识。

◆ 我最想从事的职业是什么。虽然很多人都想做到“一颗红心，多手准备”，想面面俱到，可能会因为精力、时间等种种原因而面面俱空。

● 要讲求一定的学习方法，提高单位时间学习效率。也许你会问，为什么有些同学能做到游刃有余，什么都能学好呢？答案就是提高单位时间的学习效率。此外每个人要因人而异，有的方法合适别人，并非适合自己，不同年级、不同专业、不同学生之间的学习方法都可能不一样，所以每一个同学要结合自己的实际情况（学习目标、任务、兴趣、爱好等）来选择适宜自己的方法。学习时要注意多总结、多摸索，找到最适合自己的学习方法。

● 要坚持不懈，持之以恒。很多同学在制订学习计划时，热血沸腾，但一遇挫折，便锐气大减，“急流勇退”。学习如逆水行舟，不进则退，没有坚强的意志和持之以恒的精神是不能达到成功的彼岸的。学习需要意志力作为保障，如果采取“三天打鱼，两天晒网”的态度对待学习，肯定是学不好的。“自胜者强”，“唯志坚者始遂其志”，你应在学习中发展自己的耐力和控制力，增强对挫折的承受力，排除各种干扰，实现自己的理想。

学生：“抓重点、讲效率、要坚持”，对照下来，我在学习上确实存在问题啊！

罗老师：对，结合自身特点，找准自己的目标、摸索学习的方法、坚持不懈的努力，老师相信，你不仅能学习得轻松，而且会学得很好。

34. 如何拓宽课堂以外学习的途径呢？

学生：当我进入大学后，我发现除了日常课堂上课之外，留给自己支配的时间相对中学来说多了很多，我很想充分利用这些时间学习，让自己的大学生活更加充实而有意义，请问老师，除了上好课堂内的课，我还能怎样拓宽学习途径呢？

罗老师：看得出来你是一位求知欲很强的学生，这种积极的学习态度不仅会让你的大学生活充实而有意义，而且会为你的美好将来打下坚实基础，所谓“活到老，学到老”。

在大学阶段，可以通过充分利用学校、社会（主要是学校）资源来拓宽自己的学习途径。我上大学的时候曾经这样做过，感觉还是有一定收获的，和你分享一下，看是否能带给你一些启发：

● 经常跑图书馆。图书馆是知识密集型的环境，在那里，各个学科、各个时代，各个领域的知识信息犹如充满空间的气体分子，每时每刻都进行着“热运动”。利用图书馆好处多多，因为：

图书馆是课堂学习的延续，是一种宽松自由的学习环境。利用图书馆，可以解决课堂学习中“吃不透，钻不深”的问题。

图书馆是培养选择知识能力的地方。图书馆提供广阔的知识空间供大学生挑选、鉴赏，通过阅览图书馆中各种不同的书籍打破学科的思维定式，培养灵活多变的学习心理，激发创造性思维。

图书馆是完善知识结构的地方。充分利用图书馆资源共享的优势进行学习，博采众长，自我组建，自我补充，自我探究，逐渐完善知识结构。

● 经常听各种讲座。听讲座也是学习的途径之一，因为它的内容涉及不同的领域、不同的工作类型，主讲者也一般都是某些领域中的佼佼者，聆听他们的声音，对丰富知识、拓宽思路、开启智慧都是很有帮助的。

● 经常和同学们、朋友们聊天、交流。在交流中可以迸发出思想的火花，特别是就某些特定的问题进行交流的时候，往往能够起到开启思路、激发灵感的作用。每个人都有自己的认识和看法，多听听、多讨论、多交流，也是学习的一种方式。

● 参加一些学生组织。例如学生会或者学生社团，从中学习与人交往的艺术，学习组织能力、协调能力，学习团队精神，学习领导能力。而这些能力是书本上学不到的。大学是培养能力的地方，除了要学习文化知识，打下扎实的文化基础，还需要学会如何工作，如何生存。

● 多参加一些有意义的社会实践活动。利用暑假和寒假的时间，或者深入农村，或者下到工厂，或者走进社区。每年学校都会启动“暑期社会实践活动”、“暑期挂职锻炼”、实习之类的活动让大学生参与到社会中来，了解社会。也可以通过学校勤工俭学、网上搜寻、朋友介绍等提供的岗位了解一些行业的工作性质，工作方式，学会生存。不过在实践活动的过程中，要始终将安全放在第一位。

● 参加培训班学习。大学里，基础学习很重要，高校和社会上也通常会举办诸如语言、写作、计算机、各类文体训练等各种等级的培训班，如果想要学习的话，通过这些培训机构也可以找到自己所感兴趣的方面。当然在选择的过程中，要辨别培训机构的水平，多从前辈们的口碑中去了解一些相关情况。

学生： 确实很受启发，原来学习的途径还是很多的。

罗老师： 是啊，随着社会的日益进步和发展，现在还可以通过互联网、各种展览、参观等活动来开阔眼界，丰富知识。相信你能充分利用这些资源，更好地学习，度过充实而有意义的大学生活。

35. 如何有效管理大学四年的宝贵时间?

鲍老师在做学习咨询时，许多同学都问过这样的问题：如何做才能使自己的大学时代过得充实而有意义?

鲍老师： 回答只有一个：珍惜和善于管理时间。因为时间是一个限定性的因素，时间的供给永远没有弹性。一个追求事业成就的人，时间是永远不够用的。大学四年，说长也短，有效地管理大学时代的时间，不仅让你学有所获，而且将会大大地提高你整个的人生质量。在此，为你们提供六个时间管理的原则，供参考：

一是目标原则。方向不对，努力白费。思考：你是谁？你要成为什么？你能成为什么？建议在和导师磋商的基础上，制定四年目标规划。这个规划由三个部分组成：总目标、分目标和行动规划。总目标是毕业时所要达成的目标，分目标是大学四年每一个时期应达成的目标，然后做出具体的行动计划。你的目标决定着你的时间分配和努力程度。

二是重点原则。大学生活五彩缤纷，有太多的诱惑在时时分散着你的注意力。善于把握事情的重要性和紧急性的关系，把时间用在重要的事情上。“重要的事情”是和你的目标关系紧密的事情。建议：

● 紧急又重要的事情，抓紧做，如学期考试、英语计算机过级考试、考研等。

● 虽然紧急但并不重要的事情，少做，如在打扑克三缺一、老乡聚会和选修课发生冲突时，明智地选择后者。

● 既不紧急，也不重要，坚决不做，如看电视、网络游戏等。

● 虽然不紧急，但很重要，要坚持做。如体育锻炼、考研知识的积累、外语水平和社交能力的提升等。

三是清单原则。要列出两个清单：

● 把每天要做的事情以及所要花费的时间列出清单，事情分类，时间准确，形成规律。

● 把你的物品存放列出清单，便于寻找。严格执行这两个清单，你就会是一个做事有序之人，既能充分利用有效时间，又能减少非学习所占用的时间。

四是统筹原则：

● 善于统筹学习和社会活动（实践）的时间。一、二年级把握在7：3，三年级8：2，四年级6：4。

● 善于统筹各门课程所占用的时间。难学的课程多用时间，保证“过关”。要为外语列出常规、雷打不动的时间，比如每天1小时。

● 善于集中自己零用的时间。做一些生活中的必需之事。注意合理利用时间还包括路线设计的合理，不走冤枉路等。

五是立即原则。今天的事情立即做；明天的事情争取提前做。

六是专注原则。你的注意力在哪里，你的成绩就在哪里。如果学习和做事都专注和用心的话，将会提高你单位时间内的学习和做事效率，时间的利用率也就高了。

最后给同学们一句忠告：成功之前做该做的事，成功之后才有资格做自己感兴趣的事。围绕着目标去学习和工作，你的大学时代一定会既丰富多彩，又收获多多。

36. 为什么努力学习了却没有取得好成绩?

学生：考上大学后，我依然学习非常刻苦，丝毫不敢懈怠，现在就业压力这么大，如果不在大学里学好本领，以后拿什么来竞争呢？所以，我经常过着“教室—宿舍”两点一线的生活。我也经常因为学习、解题到很晚的时间，但成效似乎并不很好，无论我怎么努力，我的成绩也只是中游水平。看看身边的同学，有些还参加一些校园活动，有的在班级、学校、社团担任一定职务，他们需要花费很多时间用来工作，但是他们成绩却依然很好，为什么会这样呢？

罗老师：刻苦学习是件好事，但是刻苦要用在点上，所谓“好钢使在刀刃上”。学习也是一样，要讲求方法，在学习上才能做到游刃有余，事半功倍。如何提高学习效率呢？我有这样几点建议：

● 要积极主动地学习。只有积极主动地学习，才能感受到其中的乐趣，才能对学习越发有兴趣。有了兴趣，效率就会在不知不觉中得到提高。

● 要全神贯注地学习。“学的时候认真学，玩的时候痛快玩”，意思就是做任何事情要专心、要投入，一天到晚伏案苦读，看似很努力，但很可能没有真正专心、投入的学习。学习讲求“眼到、手到、心到”，如果在学习之时，能达到陶渊明“结庐在人境，而无车马喧”的境界，只有手、脑在与习题进行交流、在与书本进行碰撞时，学习效率自然会提高。

● 要劳逸结合。这点非常重要。学习效率的提高最需要的是清醒敏捷的头脑，适当的休息、娱乐不仅仅是有好处的，更是必要的。为什么有些同学参加一定文体活动，担任着一定职务，看似要花费很多时间，但学习成绩照样好呢？原因就在这里。适当活动对大脑是一种休息，对身体是一种调剂，所以你要学会适当休息，晚上不要熬夜，定时就寝，每天保证8小时的睡眠时间，中午有条件就坚持小睡一会儿，时间不用太长，20—30分钟就可以了。记住，充足的睡眠、饱满的精神是提高效率的基本前提。

● 坚持体育锻炼。身体是“学习”的本钱。没有一个好身体，再大的能耐也无法发挥。再繁忙的学习，也不可忽视放松锻炼。有的同学为了学习而忽视锻炼，身体越来越弱，学习越来越感到力不从心，这样怎能提高学习效率呢？

● 保持愉快的心情，和同学融洽相处。每天有个好心情，做事干净利落，学习积极投入，效率自然高。另一方面，对班级活动要积极热情，和同学保持互助关系，“一个好汉三个帮”，团结进取，也能提高学习效率。

● 找出适合自己的学习效率高的时间段和读书方法。比如有的人属于“百灵鸟型”，白天学习效率很高，晚上需要早点休息；有的属于“猫头鹰型”，晚上头脑特别清醒；有些人过目不忘，而有些人需要书写以后才能记住；有些人将材料诵读才能记忆，有的还需要边走边背诵，属于运动记忆型等等不一而足。分析一下你是哪种类型，按照自己的生物轨迹去学习，就有效果。

此外，你要明确，大学里的考核不仅仅是对于知识的考核，不单考查大家对书本知识的记忆，而更侧重于对知识的总体联系和动态运用，总的来说考核的是学习的能力。学习中有没有思考、有没有广泛涉及相关知识是很重要的，所以你要利用图书馆、互联网、与同学交流、与老师交流等学校资源充分地扩充自己的知识结构、深化知识内涵；同时要利用学校提供的一些社会实践、调研、实习等各种机会将专业理论知识和实践有机结合起来，这样才能更好地理解和领悟专业的理论知识。

古人云："学海无涯苦作舟"，老师希望你保持勤学的精神，但不要有"苦"的感觉，相反，要学得开心，学得高兴，学得轻松，学得好。

37. 考前如何有效的复习?

时间：周一晚七点钟

地点：校内网络——齐颖老师做客"名师在线"。

问题：一位自称"初来乍到"的学生，问起关于"考前如何有效复习"的问题，引发了很多在线学生的关注……

"初来乍到"：老师，我是一名大学一年级新生，马上就要期末考试了，但我对大学的考试了解很少，有些不知所措，自己心里挺着急的。

齐老师："初来乍到"，你好！对于刚刚踏入大学校门的高中生来说，大学是一个全新的开始，包括大学的考试制度，也和中学时期完全不一样。大学的学习内容广、课程多、难度大，到学期末时，通常把本学期的大部分课程考试集中安排在一周内完成。如果在考前有很好的复习方法，固然是获取优异成绩的有力武器，但平时的积累也是相当重要的，因此，如果你日常学习抓的紧的话，不用特别担心此事。

"考前怕怕"：老师好！我对今天在线交流的话题非常感兴趣，可以问几个问题吗？

齐老师：非常欢迎，你有什么疑惑敬请说出来。

"考前怕怕"：我是一名大二的女生，去年的两次大型考试结果都不太理想，我仔细回想了一下去年的学习和考试，感到是在考前复习的环节出了问题。我很担心今年的考试，好像自己得了考前综合征。

齐老师："考前怕怕"，你好！老师要告诉你的第一句话是："考前怕怕"不要怕，用对方法一定赢。下面我向你介绍一些具体的复习方法：

首先，在考前的复习过程中，针对不同学科特点，相应采取不同的复习方法。譬如，英语对基础和应用的熟练性要求很高，如果一段时间不复习，其成绩下降就非常明显。建议每天都分配给该课程一些时间，多做练习题，加深对所学知识的理解和应用。而对于那些应用性强的功课，在掌握基本原理和知识的基础上，深入思考和分析现实问题，这样才能取得令人满意的成绩。

其次，要合理支配和利用时间，分清各类事情需要用时的轻重缓急，统筹安排，不要天天忙于琐碎的事情，要合理支配和利用时间，防止“捡了芝麻，丢了西瓜”。

再次，要制定一个复习计划表和执行情况表。一个周详的学习计划会有利于你全盘、系统的复习，对本学期所学的课程情况做一个小结，针对自己学习过程中的具体情况，既要突出重点，又要全面复习。另外，保持平静的心态，消除紧张、松懈、畏惧情绪也很重要。

“勤劳的小蜜蜂”：老师，你好！刚才，您谈到复习的系统性，我想谈谈我的情况。在学习上，我是一个非常勤奋的人，但我就是在知识的迁移上做得不好，结果事倍功半，为此，我很郁闷。

齐老师：你好！有人说：“智慧不是别的，而是一种组织起来的知识体系。”这里所说的“一种组织起来的知识体系”，就是指系统化的知识。可以说，形成系统化的知识正是复习的中心任务。我们通过平时分单元分课文的学习，可以说基本上完成了对各种基本知识的理解任务，完成了对基本能力的掌握。到期末结束的时候，通过复习时的回顾，查漏补缺，又把长期学习的各部分内容有机地“组装”起来，帮助我们掌握各部分内容之间的区别和联系，从而编织一张“知识之网”。这样就可以避免知识在头脑中凌乱无序，达到系统化，提高成绩的目的。

“勤劳的小蜜蜂”：好的。谢谢老师，我一定用心去体会您的话，争取在这次考试中取得理想的成绩。

齐老师：我相信你，等着你的好消息！

38. 考试“晕场”怎么办?

学生：离考研还有十几天，我现在就开始紧张了！尽管自认为平时学习还比较努力，动手复习也比较早，但一想到十几天后要进到那个严肃的考场，面对那么多的“牛人”，我后背都会发麻。老师帮我想想办法吧，不然我怕还没进考场就先晕倒在门外了。

赵老师：考试临近，不少即将参加考试的同学坐立不安、心悸心慌，饭吃不下、觉睡不着，有的觉着嗓子出现了问题，有的发低烧，有的同学频繁上厕所，大便次数增加，变稀，还有的同学离考试日期越近就越紧张，甚至都不想去考场。考试当天甚至会出现各种不良生理反应，头晕、头痛、心跳加快、出虚汗，甚至休克，产生所谓“晕场”等现象。考试时感到头脑出现空白，思维能力降低，手足无措，心慌意乱，难以控制自己的情绪和思维，对考不好的严重后果感到恐惧。专家告诉我们，这就是典型的考前焦虑症，也就是“克拉克现象”。

“克拉克现象”是指平时训练水平高、成绩好的运动员在比赛场上屡屡失常的现象。其由来是一位名叫克拉克的澳大利亚长跑健将，从1963年至1968年曾17次打破世界纪录，被称为田径场上的奇才。然而在他运动巅峰期的两届奥运会上，却连连失常与金牌无缘。由此，人们以这位运动员的名字来形容大赛中的失常现象。其实，“克拉克现象”并不奇怪。据心理学家测试，75%的学生临考前都有紧张、焦虑、恐慌情绪。考试综合征的产生主要有下列原因：一个是个体心理素质不稳定或心理承受能力欠佳，多见具有神经质性格或神经过分敏感的人。二是对学习的期望值过高，心理压力过大，精神过度紧张和疲劳，唯恐考试失败。三是对考试的信心不足，自卑心理严重。四是生活不规律，学习方法不科学，用脑不科学，造成不良的身心状态。

考试综合征是考生的大敌，那么，怎样才能克服考试综合征呢?

● 以平常心对待考试，将考试看成一次普通的作业，并非不重视，而是从容不迫地应对这种紧张的智力活动。

● 以轻松的情绪调节生活。人的大脑需要有张有弛、劳逸结合。不磨时间，不打疲劳战，一旦发现自己学习效果欠佳时，最好到外面去活动身体。

● 要保证充足的睡眠。临近考试，尽量不要改变平时的作息习惯，可以在睡前半个小时喝牛奶，用热水泡脚，听听音乐，减轻焦虑的症状，帮助睡眠。如果睡不着，试着想象自己变成一只蝴蝶飞到高空，看到蓝天白云……或者闭上眼睛，放松眼部周边的肌肉，想象两眼之间有一个点，把注意力集中在一个单调的东西上面，就会比较容易入睡。

● 要有充足的信心和勇气。考试中得三分是你的水平，而七分是你的心态。在考场上，每道题仔细读两遍，如果还下不了手，就马上放弃，继续往下看，以免延误时间，且情绪上不要受到任何影响，当后面的题做完后，再回过头来做前面没做上的题，这样也会保证你能拿到自己水平的最高分。

● 考试中发生“晕场”现象时，可先深吸一口气，同时闭目养神，屏住呼吸，稍停一会儿再慢慢呼出，这样反复多次，可达到全身放松的目的，使自己的紧张心情逐渐平静下来。也可自备一些清凉油、风油精放在鼻前闻一闻，然后可伏在桌子上休息片刻。这样可以避免晕倒或虚脱的发生。

● 考试前要留有充足的时间做需要做的事情，以确保早一点到达考场；

● 不要指望在考试前一分钟的复习；

● 不要饿着肚子进考场；

● 临考前嚼一块口香糖，也许可以帮你解脱些紧张；

● 当有学生开始交卷时，你不必惊慌，教师不会给首先交卷的学生任何奖励。

39. 在哪个环境读书最有效果?

学生：我从大西北来到上海，眼界开阔了很多，通过一个学期的学习，各门功课都取得了比较好的成绩，但是离我自己的目标还是有一段距离。我想在下学期有一个大的飞跃，重振高中时的辉煌。我想选择一个理想的读书空间，您看在哪个环境读书最有效果?

王老师：这是个很有意义的话题。读书环境包括物质环境和心理环境两个方面。物质环境是指读书的空间大小，书桌大小、整洁程度、周围环境的温度、噪声、光亮、周围人的行为等等，这些因素会对人读书的效率发生影响。心理环境是指读书人在读书时的心理状态。如读书时心理愉悦程度和渴望学习的心理和克服学习障碍的毅力状态等等。读书的物质环境和心理环境缺一不可，要想读书效果好，必须具备良好的物理环境和心理环境。相比之下读书的物理环境是基础，心理因素占主导地位。良好的心境、强烈的求知欲、正确的读书目的、清醒的头脑等，有时候会在不利于读书的环境下，也可以把书读好。年轻时期的毛泽东经常在喧闹的大街上捧书而读，全神贯注，旁若无人。雷锋在电影开演之前还可以读书。山区的娃娃在微弱的灯光下看书，也考进了名牌大学，都是这样的范例。当然，如果物质环境也好，自然会使人的脑力和智力得到最高水平的发挥，达到提高效率的效果。

从物质环境看，大学的自由空间多了，读书环境的选择就多了。有人说读书并不需要什么特定的环境，适合自己的就是最好的。我认为还是有规律可循：

● 有空就进图书馆。在大学里有这样一个关于学生选择读书环境的说法：一等生选择图书馆；二等生选择教室；三等生选择宿舍。虽然以此对学生进行分类有些机械，但仔细想来不无道理。在图书馆面对浩瀚的藏书，我们会自愧渺小；与苦读者结伴，我们必须奋进。在这样的环境里读书，必将心定神凝，效果非凡。

● 复习课程在教室。复习已学的课程需要与同学进行沟通，自习教室是最佳选择。最好与所复习课程的“高人（学习优秀者）”一起复习，可以得到启发。

● 需要讨论留宿舍。一般不建议在宿舍读书。因为宿舍本属休息之地，晚上你熬夜学习，影响他人休息；白天人来人往，难以让你静心学习，特别是同学之间再有个什么“兴趣话题”，更容易让时间白白流过；再稍有惰性，床上一躺，睡意蒙眬，好成绩就只能是白日梦想了。当然，如果有关于学习或某些话题方面的讨论，宿舍是个好地方，大家可以畅所欲言。为了不使你在宿舍迷失学习方向，建议在自己的宿舍营造读书氛围。比如将激励自己读书的格言警句贴在自己的书桌上或蚊帐里，在桌上或床头摆上自己喜欢的书籍，书桌放上装饰物营造一个优美的环境，配上外观漂亮、光线明亮的台灯等等，这些都有利于提醒自己把握学习的主题，促进自己努力学习。

● 休闲时间在校园。一个人总在一个环境学习容易产生枯燥感，可以利用非固定学习时间，转换一个环境，也换一个心境。如清晨或黄昏之际，在校园小道上诵读，优美的环境和清新的空气有助于记忆。特别是学外语，校园是第一选择。只有在这里，你才可以大声朗诵，旁若无人。

40. 大学生毕业是否需要考研?

学生：刚迈入大学校门时，看到师兄师姐们为即将到来的毕业而奔波忙碌，心里总在想，这些离自己还很遥远呢！转眼三年过去了，自己现在也面临着同样的问题。看到其他的同学有的准备考研，有的准备考公务员，还有的已经找到了实习的单位，也有一些人凭借良好的家庭背景在一天天混日子。再看看自己，虽然知道该为毕业做准备了，但心里总是犹豫不决，不知该往哪个方向发展，看到同宿舍的几个哥们儿都在准备考研，也曾和他们私下交流过，但并没有找到让自己信服的理由，所以想请教老师，究竟大学生毕业是否真的需要考研呢?

崔老师：其实你问的是一个带有普遍性的问题，很多学生都有同样的困惑。从我了解的情况看，有些人比较明确，是考研还是不考，考就一头扎进去，不考就选择其他的路径。但有些人犹犹豫豫，时间也在这个过程中浪费掉了，为此，要弄清这个问题，需要从以下几个方面进行考虑：

一要结合自身实际：

● 自己的兴趣。兴趣是让你获得成功的首要因素，如果自己对读书很感兴趣，愿意继续在象牙塔深造，不想过早走向社会，那么考研是一个很恰当的选择。

● 自己的专业。如果你本身对考研没有兴趣，但现实又让你不得不予以考虑。考察往届师兄师姐毕业后的工作流向，发现你所学的专业就业有难度，或就业流向不是自己所热衷的职业，可以通过考研来重新修正专业方向。

● 自身的家庭。有些从农村家庭出来的孩子家里负担很重，姐妹又多，自己希望早点工作能为父母分担一些，这种想法不仅是一个人懂事的体现，也是一种不错的选择。因为不一定大学毕业后就必须直接考研，如果你想考，但目前的状况又不适宜考，那完全可以等到工作一两年之后再考，边工作边读书，既增长了知识，又没有找工作的压力，还能提升自己在工作上的竞争力，不也是很好的选择吗？

● 自己的性格。除去上述因素，还要看看自己适不适合考研。这里的“适不适合”绝不是你有没有能力考上的问题，我相信每个人只要努力地付出，就一定会有意想不到的收获的。这里是指自己的心态。因为考研是要耐得住清贫、耐得住寂寞的，是需要恒心和毅力的，相信大家都见过许多准备到一半就当了“逃兵”的考研学子，所以，要知道自己有没有信心和毅力，把认准的事情做好，否则如果准备到后来熬不住了又转向其他方面，浪费了时间不说，还打击了自己的自信心，岂不得不偿失？

二要结合社会发展的实际：

● 科学技术的飞速发展，让我们的生活在无形中加快了节奏，要求我们必须不断地提升自己的知识水平来应对多变的世界。想一想，你目前所学的本科专业是否能够较好应对这种趋势。

● 研究生学历在一些岗位竞聘中的优势：高校招聘老师都要求具有博士学位，公务员招录中需要硕士及以上学历或具有工作经验者优先，其他行业和部门也都在朝着高学历的方向发展。

● 如果毕业后你的工作是属于操作实务型的，对考研深造的要求不是太强；如果是管理、技术或研究类型的工作，一定会迫使你继续在学历上提高、学问上深造。否则影响自己的发展。

因此，在我看来，如果你的专业缺乏这方面的竞争力，虽不能说大学毕业后直接考研是必需的，但也可以说大学毕业后要考研是必然的，只是存在一个时间差而已。对于那些求稳心态的人来说，选择安于现状的生活方式自然也无可厚非，只是如果有一天暴风雨来临的时候，你敢说自己做好准备了吗？

三要结合考研的实际：

● 如果你要考研，要了解专业和学校的相关情况。因为选择一个好的专业、一个好的学校（这一点非常重要）将为你提供一个非常广阔的平台，在学习期间你会有很多机会，如出国深造，去某单位实习锻炼自己的实践能力，做一些课题来提高自己的学术能力等等。不要被一些名校、好专业所吓倒。

● 如果你自己的实力不能进入名校、名专业，但一定要选择适合自己发展方向的学校和专业。不要单独为了学历而考研，那是没有意义的努力。考研深造自己是第一，获取学历是第二。

当然，是否要考研，最终的选择还是在自己，参照上面几个因素，希望你能找到满意的答案。

41. 如何调整好考研与日常学习的关系？

学生：老师好，我现在已经快大四了，结合自身的情况还有老师同学的建议，我准备考复旦大学的研究生，但是我们这学期有七八门课，大多数老师都要课堂点名，不去上课又会影响期末成绩，去上课又觉得会挤占考研的时间，毕竟复旦大学的研究生所看的参考书目以及竞争的激烈程度是需要认真准备的，总觉得时间不够用，所以想问问您如何处理好考研与日常学习的关系？

崔老师：老师先纠正你认识上的一个误区。考研和日常学习之间并不一定就是冲突的，相反，两者还可能相互促进、相互提高呢，为什么这么说呢？如果你所考的专业和你目前的专业是基本一致的，那么你在课堂上所学的知识便能和你考研的知识串起来，就算有重复的地方，那也是再一次加深对知识的理解和把握啊。

当然，如果你所学的专业和所要考的专业跨度很大，甚至完全不相干，怎么办呢？这便要求把握好时间了。考研与日常学习冲突的根本点是没有掌握好、分配好，所以才会觉得时间不够用。

给你的第一个建议是早做准备。考研是一个持久战，并且一旦投入进去，便要付出全部精力，你们上届的一个师兄就是一个很典型的例子。他早早就确定了考研的目标，并在大二时就着手准备，英语一直没放，到大三开始全面复习，他每天的课外生活就是三点一线：图书馆——食堂——宿舍，每次都是最晚回宿舍睡觉的人，也就是说除了按时参加学校安排的课程以外，其余时间全都用在考研上了。到最后的冲刺阶段根本就没有周六周日，平时也会偶尔放松一下，如学累了就出去散散步，或者看场电影来放松紧张的心情。就这样，他不仅在四年综合测评中成绩位列全班第一名，而且以第一名的好成绩考入理想的大学，可以说是考研学习两不误。所以，时间并不是少，关键在于你能否学会分配和有效利用。正所谓机会只留给有准备的人，你早准备一天，就多了一分成功的几率。

学生：您说得很对，自己平时确实有很多时间没有得到充分利用而浪费掉了，可是我似乎属于这样一种情况：因为考研目标定得比较晚，别人在那准备的时候我却还在踌躇着不知该走哪条路，等自己下定决心要考研的时候才发现时间已经很紧张了。此外，说老实话，有些老师的上课方式让我觉得不太适应，有点浪费时间的感觉，所以……

崔老师：如果你实在觉得时间不够用，必须要牺牲日常学习的时间来弥补考研的时间，那么也绝不能任意逃课、缺课。你要和各位任课老师讲清楚，对老师的要求要积极配合，并且对于考研过程中遇到的困惑也可以向相关老师请教，让老师知道你确实是在为考研而努力，而不是以考研为借口任意逃课。因为老师们都喜欢认真踏实的学生，平时课堂表现积极踊跃，态度认真而有礼貌，偶尔有几次课不来老师们是会体谅的，但绝不能一次都不去而且也不事先和任课老师讲明缘由，否则不但“好学生”的形象丧失，而且即使你有正当理由也会被看做是借口和托词，因为老师会以为既然有正当理由，为什么不早和老师沟通？事后再讲，只会让你的“有理”也变成“没理”。

所以，不要怕和老师沟通，我们老师也是从学生走过来的，对学生是愿意包容和理解的，尤其是好学上进的学生。因此，如果你实在觉得考研和日常学习产生了很大的冲突（当然是在前两个因素不具备的情况下），那么可以向任课老师讲明，但一定要“坦白”真相，这样老师们才愿意“从宽”处理。

42. 考研的学习方法有哪些?

学生：老师，我现在已经为考研进行积极的备战了，但一段时间下来之后，总感觉效果不是很明显，似乎是不得其门而入，和其他考研兄弟交流的时候，他们大多谦虚一番，说自己也没啥方法，就是看书，要么一笑置之。所以我现在很困惑，考研，只要闷头看书就行吗？如果需要学习方法，应该从哪些方面入手呢？

崔老师：你这个问题问得很好。所谓“工欲善其事，必先利其器”。做任何事情，如果不考虑工具和方法，其做事的效果恐怕是难以理想的。今天，老师算“王婆卖瓜，自卖自夸”一回，因为老师自己从考研到考博用的都是这套方法，而且考博还让我拿了第一名，可以说是这套方法让我获益匪浅啊！当然，你要知道每个人都有他自己独特的学习方法，我的不一定就适合你，你的也不一定适合我，只有适合自己的才是最好的方法。但我想一些成功的方法总会有某些相通之处，所以我真心希望我这套方法会对你有所帮助和启发。

学生：哦？太好了，愿闻其详！

崔老师：首先，一定要制订一个非常具体的考研计划。我这里特别强调“具体”二字，因为不具体将使你无法有效利用时间来实践考研计划，只有具体才具备可行性。那么具体到什么程度呢？以下两个方面是必须要考量的：

● 考研三阶段：从你准备考研的那一刻起，计算一下到考研的那天还剩多少时间，把这段时间大致分为三个阶段：

◆ 粗备期。在这段时间里，你要做的工作就是把专业课的书籍买齐，要争取拿到所需相关资料（如历年试题、相关论文等），并将所有参考书通通粗看一遍，对所学专业有一个轮廓性的认识。

◆ 精备期。这时你需要将看过的参考书进行仔细而反复的阅读，一定要做笔记，而且你的笔记应该是随着你看书次数的增加而不断添加新的内容和新的发现，因为笔记的不断更新意味着你对本书的理解又上升了一个高度。

◆ 冲刺期。随着考试时间的临近，你必须要有一种紧张感，一刻也不能放松，因为这个时期将检验你的准备工作并进而决定你的人生！所以此时你的任务是把笔记本上的内容熟练地背诵下来，最好能达到看到某一章的目录就能想起这章讲了哪些内容，这个过程可能需要你背几遍甚至几十遍，无论多少遍，目的只在于你能对书上的知识了如指掌。此外，除了笔记外，课本还是需要再翻一翻的，对可能遗漏的地方进行及时的补充。自己心里一定要清楚，在这个阶段你的时间只能用来学习，要分得清事情的轻重缓急，应该说考研是你人生的一个重要转折点，其他因素如恋爱、生活烦恼等一定要处理好。

当然，别忘了，在整个阶段英语都是始终放不得的，甚至还需要花很多的时间去准备。关于政治，我以为不需要花太多的时间，只要配合上述三个阶段看上三四遍即可，平时别忘多关注一些时事新闻和动态。

● 考研一日表。上述三个阶段只是让你的脑海里有一个大致的准备过程，真正的关键还在于你每天的学习规划。因此，为了你的时间能得到充分而有效的利用，你需要以一天为单位，制定一个详而又细的考研一日表，如果你八点开始学习，内容可大致如下：

◆ 八点到十点主要看英语（有些人早晨看英语效果会更好，视自己情况而定）。

◆ 十点到十二点看政治，然后一个小时的吃饭时间。

◆ 下午一点到三点看某一本专业书（每天要保证看一本书的一章或者多少页，要有一个尺度，这样再厚的书也吓不倒你）。

◆ 三点到五点看另一本专业书。

依此类推，上述时间点只是一个概述，你可以根据自己的情况做适当的调整，总之一个原则就是将自己一天的时间进行具体详细的分配，这样才能保证你的复习效果。

其次，同样重要的是，你的恒心和毅力。如果你有了这样一个具体的计划，但不去认真执行，就会出现时间的荒废：今天同学找你办点事耽误了半天，明天因为睡懒觉浪费了一个上午，后天又因为什么事情而没有时间学习，这种三天打鱼两天晒网的状况是决不可取的。因此，在有了一个可行的计划之后，保证每天严格按照计划去实施就成为关键中的关键。所以我一直强调考研是个持久战，需要你有坚持不懈的恒心和毅力，除非你把考研当儿戏。

再次，别忘了和同学、老师的沟通与交流。一个人如果经常处于上述这种状态肯定会有疲惫和厌烦的感觉，所以除了“闷头读书”外，和与你同班的同学或所考专业相近的同学聊聊天，谈一谈对某个问题的看法等等，在加深印象的同时，没准别人的某句话还会启发你的灵感呢，同时还放松了心情，这不也是一种有效的学习方式吗？此外，最好能和自己所报专业的导师建立联系，偶尔有些问题可以向他请教，还可以上网去查询所报专业的相关老师的文章和著作，了解学科的前沿动态，这些工作都会为你的备战带来好处的。

一定要记得，在紧张中别忘了保持一颗平常心，就算结果失败了也没有关系，因为这个复习的过程已经让你获得了很多东西（不仅仅是知识，还有你的思维、你的感悟），这些东西才是根本的，因为有了这些东西之后，你所缺的只是机会，而没有这些东西，给你再多的机会也没用，所以保持一颗积极的平常心，机会一定会降临在你的头上。

43. 怎样撰写学位论文？

具有丰富指导学位论文撰写经验的丁老师，几乎每年都要回答大学毕业班同学的一个共同的问题：如何写好学位论文？而且每年也总有一些同学的学位论文写作不尽理想。所以，当丁老师获《大学生解惑200问》之邀解析这个问题的时候，欣然应允，于百忙之中，为同学们做出解答。

丁老师：学位论文不仅是同学们获取学位的基本条件，也是衡量同学们综合运用所学专业理论知识分析问题、解决问题能力和写作水平的重要依据。撰写学位论文的过程实际上也是学习科学研究的过程。以下是同学们在撰写学位论文过程中通常容易忽略的几个问题。

一是论文的选题。选题是撰写论文关键的第一步，需要考虑如下三个问题：

● 了解该问题是否有研究价值，包括是否具有理论意义和实际价值。为此，要对所选问题进行背景考察和文献查阅，然后分析其理论与实际意义。

● 要考虑选题的合理性。所谓合理性包括两个意义，一是该选题是否能够运用本专业所学的理论知识，如果学管理的学生选择艺术问题为题，那就偏离了自己的专业；二是该题目是否可能进行较深入的分析，如果选择的题目自己完全不懂，则难以写出合格的论文；三是题目不能太大，如果题目太大，则论文内容难以覆盖题目的要求。

● 所选题目最好是自己比较感兴趣的，那么论文的撰写过程就会比较轻松且令人愉快。

二是论文的结构。论文一般由如下几个部分组成：学位论文的正文通常包括前言、基本概念介绍或问题阐述、分几大部分（章）对问题逐步深入的分析（或从不同角度的分析），最后是结论（或结论与建议）。在正文前还有中文和英文摘要、目录等；在正文后还有参考文献、附录、致谢等。大家要明晰如下三个部分的结构内容：

● 正文。论文正文结构是否合理是撰写学位论文的关键问题之一。常常看到一些论文“头重脚轻”，开场白写了一大堆，好不容易写到需要深入分析的地方，却草草了事。也有头轻脚重的现象，这样的论文就是结构不合理。论文结构合理表现为：在内容上看，逻辑、文理清晰，从文字的分配上看，几个部分基本均等（结论部分文字要简洁）。

● 前言，或称引言。常常被同学们误认为只是一些背景和问题的介绍，实际上前言是反映论文意义、思路、内容、目的和成果的重要部分。前言一般应包括论文的背景和研究意义、国内外研究回顾（即文献综述）、现有研究存在的不足之处、论文的目的、论文的内容和研究思路、论文的主要成果和贡献、论文的结构等。

● 参考文献。参考文献是论文不可缺失的部分。有些同学对参考文献不够重视，甚至只是随便写上几篇了事，这是缺乏严谨的科学态度的表现。参考文献是撰写论文前阅读的文献，通过文献查询和分析，可以了解国内外研究的现状及存在问题，从而明确本论文要解决的问题及论文的创新之处。在文献综述中引用的重要文献应该注明文献编号，以便论文阅读者查询。参考文献可以到图书馆查阅，也可以到网上查阅权威文献资料库，比如清华同方镜像等。

三是写作禁忌。在大学生学位论文中，常常出现一些致命的写作误区。强调禁忌：

● 平铺直叙，没有要解决的问题。论文与老师上课的讲稿不同。论文的一个重要特点是必须提出要解决的问题，然后针对该问题进行阐述和分析。然而，不少同学在选择好论文主题后，就平铺直叙，对该主题进行介绍和分析，从头至尾看不出要解决的问题，这就使得论文失去了目的性。例如有学生在以企业文化为题时，其论文内容如下：

第1章：企业文化的基本概念；第2章：企业文化的分类与特点；第3章：企业文化的作用；第4章：发展企业文化的对策；第5章：举例说明。

这样的文章只能叫讲稿，而不是论文。

● 提出问题后，不加分析就直接给出对策建议。例如在指出当前我国企业文化存在的问题后，直接提出我国企业发展、企业文化的战略措施或对策建议。这样得出的对策建议实际上是缺乏科学依据难以以理服人的。论文重在论证，即对问题的分析与研究。论文中的对策建议是在分析基础上得到的，通常需要运用理论或原理进行分析，或者采用某些模型与方法进行研究，并运用案例或算例说明立论的有效性，在上述分析的基础上才能得到令人信服的结论与建议。

● 题目太大，论文内容不能覆盖题目要求。例如有的学生选题为“现代物流研究”，这个题目即使写一本书也难以完全覆盖，很难想象能在短短几个月内用一篇论文完成这样的大题目，形成题目与内容不相适应的状况。如果将该题目在时间、对象或研究的问题上作一界定，则将比较容易入手，例如改为“上海石化生产物流优化研究”则较容易深入下去。

● 语言不规范、不正式。例如用一些口语化的叙述，或者使用第一人称等。

44. 如何从同学中获得真知

学生： 崔老师，您有空吗？想和您聊聊。

崔老师： 好啊，这段时间在忙什么呢？有什么心得啊？

学生： 就是没什么心得才想和您聊的。总觉得大学生活没什么压力，或者有压力也不知道该在哪努力，整天在宿舍里不是睡觉就是上网玩玩游戏。

崔老师： 是吗？那你们宿舍的同学也都这样吗？

学生： 老师，说实话，我觉得他们也是在混日子，甚至有的还不如我呢，和他们交流感觉就是在浪费时间。

崔老师： 难道你就没有发现比自己强的同学吗？

学生： 我没有去专门“挖掘”这样的人。

崔老师： 呵呵，这不需要挖掘，其实你周围的每一个同学都有他们的优秀之处，只是你还没有用心去体悟。美国某著名大学的校长说过：大学生的真知来自于同学间的互相学习。

学生： 同学中能有什么真知呢？这我倒没看出来。

崔老师： 有很多的知识课本上是没有的，你必须要到同学当中、参加工作后的同事当中去获取的，这样才能拓展你的眼界，提升你的素质。从同学中获取真知的途径有四个：

● 与同学中的优秀分子交朋友。在你的同学中不乏品德、才学、能力全优的人，在与他们的交往中，你能得到真知和助力是全方位的。其中包括进取精神、工作能力、为人之道、学习之法、思想观念等。与优秀人为伍，会让你更优秀。这就是我们常说的“物以类聚，人以群分”的道理所在。

● 多关注优点。只要你用真诚的、求真知的眼光观察你的同学，总能从他们身上发现值得你学习的优点。看到同学的优点时，你会不自觉地拿自己和他作对比，看看自己是否也具备了这些优点，如果不具备就赶紧“补课”，这样，你身上的优点才会越积越多。同样，当你看到别的同学在说话做事方面出了什么纰漏的时候，你要立刻想到自己是否也是如此，如果是，就要告诫自己以后绝不能犯同样的错误，要知道，从对方的缺点中提醒自己也是一种进步。记住老师的忠告：不要抱怨同学的种种不足。这种抱怨没有价值，因为抱怨不能改变对方，抱怨也不能提高你自己。更不能嘲笑、批评对方，因为嘲笑只能带来敌对，批评你还不够资格。

● 学会倾听。三人行，必有我师焉。当你和同学在一起交流的时候，一定要养成倾听的好习惯，不要急于发表自己的观点，对那些表达能力比较好的人要留心人家是怎么表达的，他是如何来论证他的观点的，他的论据有没有说服力，他是通过什么样的逻辑顺序来一步步得出他的结论的，这些问题都是需要你在倾听的过程中去观察和体会的，你要通过这种分析来学习人家的那套有效的思维方法，所谓授人以“渔”而非“鱼”就是这个道理。这样，当你能把这套方法转化为自己的东西的时候，你的逻辑思维能力和表达能力也就无形中得到了锻炼和提高。

● 保持谦虚的姿态。要想从同学那里获得真知，就要做个受欢迎的人。老子说过：江海之所以为百谷王者，以其善下之也。也就是说，大海之所以成为众流汇聚的场所，原因就在于它始终把自己放在低下的位置。因此，与同学交往、交流中，要始终保持一种谦虚谨慎的态度，让人觉得你踏实、稳重、不浮躁，这样别人才会愿意把他的真实想法告诉你，才能让别人更加信任你。记住老师的第二个忠告：永远忌用趾高气扬、不容辩驳的口吻和姿态。

● 反求诸己的意识。孟子说：行有不得者皆反求诸己，其身正而天下归之。主要是说一个人做了一件事而没有达到应有的效果，这时不要总把责任推到对方身上，更多的是反问自身，是不是自己哪方面做得还不够。懂得自我反省是让自己不断提高的重要一环。当你想和同学聊天以拉近距离却遭到冷淡对待的时候，你要想一想是不是自己的表达方式不恰当，还是引起了别人的误会等，这样，通过看到自身的不足而及时加以改正，会帮助你有效地从同学当中学到你没有的东西，进而提升自己的综合素质。

总之，当你和同学、朋友相处或聊天的时候，做一个用心、留心的有心人，相信你一定会从中获益的。

45. 寒暑假社会实践做什么好?

“王老师：您好！我是您的学生李建华，今天写信想向您咨询社会实践的问题。大学里的日子过得真快啊，记得九月份入学的时候，从家里来到学校特别的想家，国庆节还跑回家一趟看望了爸爸妈妈，觉得时间过得特别慢。转眼间，期末考试已经结束了，望着手上的火车票，我在想寒假该怎么度过呢？听一个已经参加工作的学长说，找工作时如果在实践经验方面是一个空白的话，那就是一个不可弥补的损失了，可我现在还没有想好寒假能够做什么社会实践，麻烦老师您给我一些建议……”

王老师的回信如下：

建华同学：你好！

你的有关咨询社会实践的邮件收到了。看来你这学期过得很充实，对大学的生活也基本适应了，已经开始为未来做规划了，这一点是值得肯定的。关于社会实践，我谈谈自己的几点看法，供你参考。

首先，利用寒暑假进行社会实践是很有必要的。因为这也是一种学习，而且是更重要的学习。如果在大学的四年之中利用每个寒暑假进行社会实践活动，不仅能让你对自己的知识能力的不足有更明确的认识，返回学校能更有针对性地学习和提高自己，而且还会为将来的就业以及事业发展有积极的、不可替代的作用。因为在解决未来工作面临的问题时，除了具备知识外，更重要的是要具备解决问题的能力。这种能力包括很多方面的综合素质，例如交流、组织、执行力、分析问题和处理问题的能力等等，而实践锻炼是综合能力锻炼的桥梁。

其次，社会是一个大课堂和大舞台，可以进行的实践活动多种多样。给你提供一些角度做参考：

● 参观访问和社会调查。

● 科技服务。如科普宣传、科技咨询、文化活动（文化宣传、文艺演出、文化辅导）。

- 社会服务。如义务劳动、助残帮困、社区援助等。
- 商品营销。如化妆品、生活用品、保险等。
- 基层劳动。如到生产型企业打工、学习管理等。
- 勤工助学。如家教、社会兼职等。

社会实践的形式多种多样，你可以寻找适合自己的方式来进行。你已经买好车票了，你的实践活动只能在家乡进行了，那么可以趁此机会对自己的家乡来一个了解。以前你一心一意只为了考大学，对自己的家乡可能了解的还不够全面，如今，作为大学生的你可以通过实地考察、资料查找、人员访谈、数据调研等方式对自己家乡的政治、经济、文化等方面来一个比较全面的了解，看看自己的学习对家乡会有哪些帮助，如果能够形成书面的调研报告，对家乡的建设提出自己的建议那就更好了。以后的寒暑假可以在学校所在地城市做其他的实践，特别是做义工，对你的成长非常有益。国外的许多企业在聘用人时，这是一个硬指标。因为他们把是否在大学期间从事志愿者服务工作看做是一个人的社会责任感的体现。提醒：如果从事商品经营，一定要审核经营资质，不能陷入传销等非法领域，后患无穷。

最后，给自己上大学的社会实践制定一个规划。通过你今年寒假的社会实践，你会对自己的优势和不足有一个了解，那么在以后的学习期间，对自己能力和知识方面的欠缺就要进行有的放矢的弥补。知识方面的欠缺通过努力学习来弥补，能力方面的欠缺则要在以后的寒暑假社会实践中慢慢解决。当然，社会实践不仅局限于寒暑假，平时的课余时间和节假日也可以做一些阶段性的或者和自己专业和兴趣有密切联系的实践活动。

建华同学，你现在处在人生的黄金时期，愿你插上理想的翅膀，通过自己不懈的努力，为国家和人民做出应有的贡献。

祝健康、愉快、进步！

46. 如何搞好毕业实习？

学生：我是一名大四的学生，现在正面临毕业实习，对于毕业实习的重要性、必要性以及毕业实习要解决什么问题还不是很清楚，希望得到老师的指导。

董老师：毕业实习是为了培养学生的实践能力、分析和解决问题的能力以及综合运用所学基础知识和基本技能的能力，增强学生适应社会的能力和就业竞争力而设计的一个实践课程，因而是学校本科教学培养方案和教学计划的重要环节，是实现课堂教学和社会实践相结合的重要途径，是学生从学校走向社会的一个不可或缺的过渡阶段。

毕业实习对你们的影响是全方位的，甚至也是终生的，也可以看做是你们走向社会的一个缓冲阶段，是让你们得到一个综合锻炼的机会。在实习过程中，学生可以全面地从专业知识的巩固与运用、专业能力的锻炼与提高、交往能力的培养、道德人格的完善等诸方面得到收获。事实上，有许多单位在选择用人时，也希望通过实习环节对学生的知识、能力、素质等多方面进行比较全面的考察，以确定其对人才的录用。

在毕业实习中，大学生应该解决如下问题：

- 注重理论联系实际。
- 培养分析问题和解决问题的能力以及独立工作的能力。
- 学会做人与交往。
- 学会认识社会。

学生：经过老师的介绍，我对实习的重要性以及要解决的问题都清楚了。那么，请老师谈谈毕业实习的内容，好吗？

董老师：每个专业的特点不同，实习的内容和要求也各异。我们以行政管理专业为例，在毕业实习过程中，学生需要学习和了解以下内容：

- 行政文秘工作

（1）熟练使用各种办公自动化设备。

（2）熟悉各种办公应用软件，能够灵活运用。

（3）处理日常的文秘工作。

（4）运用所学的知识处理各类公文、来往函电。

- 实习单位行政管理概况

（1）了解实习单位的自然状况。

（2）了解实习单位的业务性质、经营范围以及各部门分工。

（3）了解实习单位的行政组织机构现状以及管理工作情况。

- 具体行政管理实践

（1）参与具体的行政管理工作，熟悉相关的工作程序。

（2）能够对实习单位的行政管理工作进行评价。

（3）在充分调查研究的基础上，对实习单位的行政管理工作提出一些合理化建议。

- 其他实习内容

(1) 运用所学的公共关系知识，协助实习单位进行宣传、策划。

(2) 协调、处理人际关系，解决工作中的矛盾。

学生：我们怎样才能搞好毕业实习，具体有哪些要求呢？请老师告诉我们。

董老师：思想上高度重视，行动上严格要求，要求具体做到：

● 虚心接受实习单位工作人员的指导，学习他们的敬业精神与良好的工作作风。

● 遵守实习单位的各项规章制度，遵守劳动纪律。

● 实习期间不得迟到、早退，无故缺席按旷课论处，并根据其情节严重程度，按学校有关规定处理。

● 必须服从实习单位和指导教师的安排和调度。

● 尊敬实习单位的领导和老师，讲究礼貌，待人处事真诚友谊，说话得体适度。

● 在实习期间每天应写实习日记，实习结束后要按时完成实习报告。

47. 如何看待“勤工助学”与“休学创业”？

大学生勤助中心的王老师为前来寻求勤助的小A介绍一份校内后勤总中心的清洁员一职，本以为这个岗位会给他解决生活上的燃眉之急，但小A却表示不愿意做这份工作，理由是打扫卫生的工作会让他没有面子，在同学面前抬不起头来。（背景介绍：小A出自一个西部农村家庭，家庭经济困难。小A平时学习非常刻苦努力，以优异的成绩考取了大学，但来到大城市以后，巨大的生活反差让小A心情难以平静，自尊心受到了打击，学习成绩也一落千丈。后来小A选择在大二的时候休学创业，最终没有成功。前面讲的王老师给其介绍工作的故事就发生在小A重新复学以后。）

齐老师：小A的经历让人自然地联想到了“勤工助学”与“休学创业”这样两个概念，目前在大学校园里，几乎所有的学生都会去做一些勤工助学的工作，例如家教、商品促销等。而在校生选择休学创业也逐渐变成一种时尚。那么，怎样看待勤工助学和休学创业呢？

勤工助学是指学有余力的学生利用课余时间，通过自己的劳动取得一定报酬，用于改善学习和生活条件的行为。勤工助学大致可以分为两个渠道：校内岗位和校外岗位。比较普遍的勤工助学的方式主要有：协助老师搞研究、做家教、在假期中到企业或公司打工，以及一些校内岗位，例如学生处助理、电教中心多媒体教室管理员、邮电所管理员、卫生检查员等固定岗位，会招聘一些贫困、特困且学有余力的同学；另外，大学生还可以利用业余的时间做兼职工作，如导游、导购、餐厅服务、市场调查、商品直销等等。据不完全统计，目前的大学在校生大部分都在做兼职工作，例如师范大学的学生普遍在做家教，旅游专业的学生会做兼职导游等等。

学校鼓励大学生勤工俭学。因为勤工俭学不仅可以减轻家庭贫困的学生的经济压力，更主要的是培养同学们自主、独立、勤勉的好品德。在追求人格完善的大学生群体中，不乏家境富裕但仍然坚持勤工俭学的人，这些人往往是品学兼优的好学生。勤工俭学重在体验劳动过程，所从事的工作只在于能否得到理想的收入或锻炼，而没有高低贵贱之分。突破世俗观念去选择勤工俭学项目，本身就是一种人格的提升。

随着社会的飞速发展，大学生创业在大学校园里逐渐升温，有越来越多有志于此的学子迈出了校门，走上了创业之路。对于大学生休学创业，多数学校还是持支持但不鼓励的态度，普遍较为谨慎，而且支持对象主要集中在研究生和高年级本科生。

哪些人愿意选择休学创业呢？一是心高志远，然而家境贫寒，急于脱贫的人；二是小有才气甚至发明，且有一定的背景（人际、经济、家族经营经验等），想把自己的智慧社会化的人；三是在校读书感到厌倦、有社会活动能力的人。

如果你想选择休学创业，要理性地考虑你的选择基于哪种情况。如果是第一种情况，小 A 就是你的镜子。如果是第三种情况，也劝你止步。因为成功创业的制约因素很多，如需要的资金、管理经验、市场等要素，作为大学生的你很难做到面面俱备。如果是第二种情况，可以在相关专家充分论证、并得到肯定的前提下，考虑选择休学创业。

不论是成功与失败，休学创业者的人生道路都将由此发生转折。

“勤工助学”与“休学创业”，到底哪个更适合自己，每个同学都可以根据自己的实际情况来选择。有了如此实践经历的你们，会比同龄人更成熟，更稳健。勤助工作可以带给自己一份生活的保障，一个锻炼的机会，那么，相对来说，创业可以给你们一个更大的舞台，一份更大的挑战。只要你们把握好自己前进的方向，心中充满勇气和力量，无论你选择了什么样的路，无论结果怎样，相信大家都会收获多多。

48. 毕业出国留学有什么利弊?

学生：我是一名大三的学生，关于个人未来的发展规划，具体地说，是出国留学还是在本国考研，我一直拿不定主意，请老师帮我分析一下出国留学的利弊。

董老师：高等教育国际化已形成一种趋势，面对这一机遇和挑战，我们对于个人发展规划确实需要仔细斟酌，周密考虑。我们分析出国留学的“利”表现为：

● 就个人来说，在国外生活工作几年之后你可能就有了西方国家那种先进的思想理念，这种理念毫无疑问会对你的生活和工作有很深远的影响；出国对你的毅力和独立生活的能力是一种极好的锻炼，能很好地培养你吃苦的精神，也许出国这几年就能让你一辈子拥有这样的顽强品质；拥有洋文凭并掌握一定的技能，练就一门地道的外语，可以说前途无量。

● 就国家高等教育事业而言，今天中国的高校事业面临三个根本问题：招生能力有限、竞争机制缺乏、培养模式单一，而出国留学利用国外的高校资源缓解国内的考研压力，借鉴各国各有特色的教育模式完善中国多元化的教育模式，并为提高我国高等教育水平，推动我国高等教育参与国际竞争创造条件。

● 就国家来说，大学毕业生出国留学必将在中外文化、思想、科技的沟通上搭起坚实的桥梁，回顾百年历史所取得的成就，确实有一代代留学生做出了努力。当然我们还要相信自己能够适应海外的留学生活，在国内接受了十六年的国民教育，具有一定的中华文化底蕴，总体年龄在22周岁以上并有独立参与社会生活的基本能力和意识，基本能够在国外面对一种相对简单、平和、纯净的大学校园生活。

总之，出国留学有利于个人成才，有利于国家高等教育事业的发展，有利于社会进步，我们应当持开放的态度，而不应该持反对的态度。

出国留学的“弊”表现为：

● 环境突变，不利于成长。大学毕业生多数为独生子女，他们需要的是一个相对稳定的社会文化环境，大学毕业生已形成独立的自我意识，去解决自我面临的困难。而出国留学带来的环境突变，则会造成自我迷失与决策混乱，带来心理失衡和行为失范，不利于成人。

● 压力过大。这是一种赌博，赌注是你的青春，父母的期待，以及老爸老妈一辈子的积蓄（有钱人例外），你会感到很大的压力，而且你要在这种压力下度过好几年。国外大学都是宽进严出，你会发现毕业总是那么艰难，甚至有些时候你会想到放弃。

● 生活上会遇到一些问题。衣、食、住、行等生活上的不习惯有时会遇到；你会发现你很难和外国学生打成一片，你很难真正融入他们的生活；还有你最难克服的是深深的“乡愁”和浓浓的“亲情”。

三、人际交往

49. 如何与表里不一、戴着面具的同学相处?

学生：我经常和一些同学相约一起自习、一同郊游，相约将来一起考研；并把他们当做知心朋友，袒露自己的心迹。然而最近发现，他们表面对我很好，甚至主动地恭维我，却在背后说我的坏话。最令我气愤的是，竟然把我心中秘密当做他们的笑料。杨老师，我真不理解这些同学怎么会这样。我现在心里很矛盾，不知道今后如何继续与他们交往。

杨老师：大学应该说是社会的组成部分，就肯定和社会上一样有各种各样的人，包括一些表里不一、戴着面具的人。你现在就遇到这种人，看起来是坏事，让你很不爽。但从人生来讲，这是一种经历，甚至是一份财富。

在大学里，大学生的交际面比较宽。你与每个人都赤诚相待，并设想他们都对你真诚回报，那是没有必要的，也是不可能、不现实的。随着交往的深入，应该把精力逐步转移和聚焦到一部分人；少了另一部分人的交往并不会影响你的正常学习生活，也不会因此破坏你的整个人际关系网。

在实际交往中，如何去判别应该与哪些人打交道，这要靠时间的检验和重要事件的考验，最根本的是要靠你对生活的体验和积累。对那些无论什么时候都对你笑眯眯的、而实际对你并不“怎么样”的人，你可以敬而远之，或已经“领教”就主动“绕行”。不过，你没有必要对其恼怒进而表示敌意，因为这样的话，只会使他对你产生更为不好的影响，倒不如让他们“自警”、“自醒”为好。

有时在一个班级或寝室里，碰到一个表里不一、戴着面具但又不得不与其打交道的同学，这确实是一件不快的事。在“早不见晚见”的情况下，可以采取“敬而不近”的策略。同时要学会忍耐，等待适当时机，进行有效沟通。因为有些表里不一、戴着面具的同学，可能出于一种“不自信”的“自我保护性”的心理反应，或是某种“心理疾病”的反映。如果任由自己性子去“针锋相对”，会让人家难堪，甚至“下不了台”；有时暂时“委屈一下”自己，可以创造处理好人际关系的空间，不失为人际交往成功之道。

大学生来自五湖四海，为了一个共同的成才目标，走到一起来了。孔子曾对他的学生讲过三个方面的事情。先后讲学习及学习的方法，讲学习的态度，然而孔老夫子最担心的是他的学生们搞不好团结。所以孔子讲“有朋自远方来，不亦乐乎”？让他的学生们主动搞好团结。什么叫朋？过去同门为朋，在一个老师指导下共同学习者为朋。朋者，古时同窗，今之同学也。大学是藏龙卧虎的地方。“三人行必有我师焉，择其善者而从之，其不善者而改之”。法国19世纪的文学大师维克多·雨果曾说过这样的一句话：“世界上最宽阔的是海洋，比海洋宽阔的是天空，比天空更宽阔的是人的胸怀。”雨果的话虽然浪漫，但很有现实意义。抱着向一切人学习的态度，就会与不同性格的人相处；坚持对别人宽宏大量，对自己严格要求，就会处处宽容别人，包括宽容那些所谓“表里不一”、“戴着面具”的人。这绝不是软弱，更不是面对现实的无可奈何；而是一种境界，宽容意味着你的人生更加快乐。

50. 与异性同学交流如何把握“度”?

学生： 杨老师，我看到一个报道：某重点大学学生高某暑假在教学大楼里遇到一位女生，在女生向他打听某办公室的位置时，高某随手乱指。当该女生发觉不对返回时，高某突然从女生背后将其抱起并对其进行侮辱、强行接吻……高某终被公安机关拘留。三年大学生活留给高某的只有深深的忏悔。学校开除了他的学籍，随之还有三年的铁窗生涯。其实，在我们大学生中，性别意识与生理需求、文明意识与情感冲动的矛盾与失衡问题较为突出。希望您能就与异性同学交流相处如何把握“度”的问题给予指点。

杨老师： 凡事要有度。大学生异性交往关键讲究“适度”。著名高等教育家杨德广教授在《大学生之旅》序言中说：“如何度过大学生活，如何使大学生活既富有激情、富有生机、富有人情味，又能够充分发挥个人的聪明才智和兴趣爱好，促进德、智、体多面发展，关键在于个人的努力和善于把握自我、控制自我。”你方才说的那个男生，就是缺乏自我控制，行为超越了“法度”，自然要受到法律的制裁。如果在日常与异性交往不适度，就会带来人际隔阂，乃至周围人的非议，影响自我发展。下面是我对男女生交往有“度”的几个建议，供你参考：

● 正确进行性别角色定位

待人接物必须“定角色、讲规范”。大学生异性交往，双方都应明确在当时特定的条件下，彼此扮演何种角色。只有正确地确定了各自所应扮演的特定角色，才有可能使自己在彼此交往中表现到位。

异性来自不同的交往层面和角度。如从层面上讲，有高年级的异性，低年级异性；就交往具体人来说，有活泼型的异性，有沉默型的异性，也有“假小子”、“娘娘腔”的异性；就交往目的来说，有学习帮助型异性，有情感倾诉型异性……明白了你和对方的关系，在处理彼此关系时，你对每一位异性都必须慎重，具体情况具体对待。理解异性对象的行为，不要会错意，而是冷静分别、观察，思考出发点、原因。唯有理解了，才能与异性交往轻松自如，不逾法度。通过你的行为，让对方也理解彼此的关系，大家相处起来就既轻松，又得体。

● 理性控制“青春冲动”

大学生在异性交往中，把握不好“度”，往往来自于青春冲动。于是因为喜欢某个异性，而在言谈举止中流露出非同一般的表现：如在大众场合，眼光对异性进行长久的凝视；稍不留神，把手放在了异性的肩上，甚至把手搂在异性的腰上；控制不住要往异性宿舍跑；说话使用过于亲密的语言，或过分突出自己的异性特征等。原本是要获得对方的好感，结果反而引来不屑。其实，一个成熟的人都知道这样一个常理：因为喜欢更要表现出尊重，包括自尊与他尊，行为得体就是表达尊重的重要形式。建议同学们控制住自己的原始本能，展示作为文明人的修养内涵：男同学发扬绅士风度；女同学保持淑女风范。做到“五有度”：

空间距离要有度：交往时保持必要的“距离空间”为1米到1.5米；

交流时间要有度：异性交流不宜时间过长，尤其不宜在夜间长时间地单独相处；

举止姿态要有度：站有站相，坐有坐相，走有走相，任何场合都不要在异性面前跷二郎腿；

言谈话语要有度：不高声，不大笑，不使用过激或晦涩、亲昵的言辞；

表情达意要有度：语气语调不卑不亢，表情祥和，落落大方。

● 主动清除“性别障碍”

大学生在与异性交往中把握不好“度”，还来自于性别障碍。这种障碍主要来自两个方面因素：一个是避嫌式相斥意识的影响，也就是对男女界限过于敏感，唯恐对方或其他同学误解自己，在与异性同学接触时，产生一种戒备、羞涩、疑虑甚至恐惧心理；二是挑剔式敏感作用：过分在意对方对自己的态度，过于自尊，往往对对方产生怀疑和不信任，交往时缺乏主动性和明朗度。于是，拒绝与异性交往，或者交往中过于拘谨，生活在同性圈子里自得其乐。显然这种障碍必须清除，请做到“一端正，二走出”：

端正一个认识：这是一个男女平等共融的时代，只要你出发点正确，没有人会关注或猜疑你的行为。反之没准倒让人对你产生别样看法。

走出同性圈子：借助班级、社团等载体，参加各种活动，接触异性，了解异性，掌握与异性交往的方法，尽快补上“异性交际”这一课。否则，走上社会，不会与异性同事交往，可是你的一大弱点。

● 掌握异性沟通技巧

接受对方。就是在与异性交往中，平等地对待对方，而不是以“大男人”的眼光看女生，不以“娇娇女”对待男生。尽管男女之间存在一定的差别，人的个性各有不同，但都必须主动接纳对方、呼应对方，以体现彼此尊重和信任。

重视对方。就是在与异性交往中，不以自我为中心，充分重视对方的存在，如记住对方姓名。要学会善用尊称，在公共场合，不以小名、绰号称谓；以命令式口吻说话、不耐心倾听对方讲话或有问无答等等现象必须禁忌。

赞美对方。就是在与异性交往中，善于发现对方的长处，并及时、恰到好处地予以肯定。但赞美要实事求是、恰如其分，并适可而止。蒲柏曾经指出，言过其实的赞美其实是一种诽谤。由此可见，真心赞美是对对方优点、长处的一种发现、认同和肯定，是在对方需要理解、鼓励、肯定时的一种发自肺腑的独白回应。肉麻的吹捧、泛滥的赞美，不仅会使对方不快，而且往往会给人虚伪的印象。

51. 如何处理异性交往与恋爱的关系?

学生：大学作为大学生人生的关键时期，一方面学好知识、打好基础，锻炼才干，提高社会工作能力；另一方面，在与异性交往中，渴望爱情。事实上，我在与一位女大学生正常交往中，已经遭遇爱情。我渴望获得真爱，也担心遭到对方拒绝，无法与她再交往；更担心因失恋而一蹶不振、自暴自弃。

杨老师：为了一个共同的成才目标，大学生从五湖四海聚集到一起。不论男生还是女生，都应以学业为重，以友谊为重，以成才为重中之重。然而，在大学校园里经常会看到、听到这样的情况：有的男女同学相识不深就迅速进入“恋爱”，百般缠绵，其举止有失“大学生之雅”；有的学生以有恋爱对象为荣，以没有恋爱对象为“掉价”，乃至或是随便“就范”，或是“死缠烂打”，甚至有的女生“以身相许”来争取“爱情”，有的男生以“武力征服”来获取“爱情”。其结果是，有的“欲火烧身”，身心受到很大的摧残，后悔莫及；有的失去理智，犯下不可饶恕的罪行，毁了终身。

其实，同学们应该从学业、友谊、成才的角度理性地处理好交往与爱情的关系，把异性交往促进学业放在首位。大学生活的意义在于通过学习把自己培养成身心健康、全面发展的人才。男女大学生交往中要把主要精力放在学习互动上，互相学习、互相鼓励、共同进步。当爱情来临时，也不把学习抛置脑后，而是以此作为新的动力，互相激励、互相关心，争取更大的进步。

把增进友谊作为异性交往前提。天南地北、异国他乡的大学生因大学“缘”而一起走进校园，异性交往往往使大学生活充满着生机与趣味。家乡的风俗，不同的乡音，大家在谈不尽的话题中增进了解，大家在不断的交往中丰富人生、增进友谊。在此前提下，当彼此发现对生活有共同追求、欣赏品位和情趣时，当彼此总是平等、平和地敞开心扉时，追求爱情才是“水到渠成”。

把与异性交往作为自己奋发成才的动力。事业与爱情是人生中互为因果、相辅相成的大事。大学生在异性交往中，如果爱对方，那么对方的成功、喜悦就相当于自己的成功与喜悦，就应该为对方的美好未来祝福、支持。在是否能够获得对方爱情的问题上，应该懂得尊重对方和耐心等待。因为大学生，特别是一、二年级大学生的人生观或感情观尚未成熟，存在很大的不稳定性；因为大学生择业，特别是未来事业基础尚未明了，存在极大的不确定性。

大学生异性交往中的同窗之情、同辈之情、同学之情是人生中最美好的部分，是追求事业与爱情成功的重要组成部分。大学生异性交往以及恋爱过程，必须以文明、道德来规范，即应以真实的情感为基础，以理性的判断作选择，以高尚的情趣进行交往。

● 以真实的情感为基础。如上所述，男女大学生在交往中发展恋爱关系，应建立在真实的情感基础上。然而，有的学生以恋爱为手段，或是获取金钱物质，或是为了面子、时髦；那种“不求天长地久，只求曾经拥有”、“只图一时之快，不顾及后果”以及沉溺于网恋、将网上爱情视为唯一生活追求的做法，不仅违背社会道德与恋爱道德，影响正常感情交流，而且对彼此都造成伤害，是一种极不负责任的表现。

● 以理性的判断作选择。大学生异性交往与恋爱，应当出于共同的意愿。要坚持用理智驾驭感情，做出选择并承担责任。男女交往中特别是恋爱双方都有自愿选择和决定的自由与权利，即使自己要求与对方交往是真诚的，对对方的爱慕是纯洁的，也不能强求对方；反之，要敢于友好地说“不”。如果自己不愿意或出于其他的原因不能与对方交往或发展恋爱关系，应尊重对方对自己的真诚与爱慕，以不伤害对方情感为原则，友善、稳妥并果断地提出。面对异性交往和恋爱受挫，也不要自卑而丧失与异性交往的信心，不要因失恋而一蹶不振，更不要有对异性的报复心理而走上犯罪的道路。

● 以高尚的情趣进行交往。大学生异性交往与恋爱，要注意培养自己高尚的情趣，不断地给自己的交往生活注入新的内容与活力。青年学生容易陷入小圈子和坠入情网，往往陷入狭小天地里而疏远、冷落了同学和朋友；往往把时间和精力用于谈情说爱，荒废了学业，远离了集体。另外，大学生异性交往以及恋爱中的言行举止，应符合国家、民族和学校的文化传统、习俗和规定，那种不分时间、地点、场合，在众目睽睽下随意轻浮放纵，不仅有损于大学生形象，而且也是对异性同学间的真诚友情和纯洁爱情的亵渎。

52. 别人瞧不起自己怎么办?

李耀辉是一个好胜心比较强的同学，在班里参与集体活动还是比较踊跃的，在别人看来，他应该是心态比较好的，可是，这天他来到赵老师的办公室，倾诉了他的一个烦恼。

学生：在我内心深处有一个最柔软的地方：总是担心有人瞧不起。那天我在班里登台演讲，当和台下的同学目光接触时，有人对我投来不屑一顾的目光，让我心里很难过。尽管大部分同学对我的演讲报以热烈的掌声，但我心中的一小块阴影还是抹不去。您遇到过瞧不起自己的人吗？您又是怎么对待的？

赵老师：我给你讲一个故事吧。我不到 20 岁就走上了“领导岗位”，官至几品？没品。其实既不是领导，也没人拿我当领导，只不过我是以领导干部的标准，严格要求自己罢了。那一年我在市团校接受了三个月的培训之后，来到我所在的工厂团委上班，迎接我的是布满灰尘的办公室和匆忙从车间赶回来的原团委书记。她当时已经是某车间的党支部书记了，团委的办公室已经好久没有主人了。她向我简单交代了一下工作，又说了一些鼓励的话，便又回到繁忙的车间去了。我在去团校学习之前，只是某车间的一名工人，政治面貌团员，团内最高职务是兼职的团支部组织委员，人来到团委，可我的人事关系还在车间没有转过来。在既不是团委书记、也不是团委干事、连团委委员也不是的情况下，我便开始在厂团委“主持工作”。

学生：这可够难为您的。

赵老师：是的。从上级团委领来指示后，便开始在我厂各团支部贯彻执行。各团支部书记年龄都比我大好几岁，都是党员和团委委员，我在他们面前充其量就是一个小不点儿。我一想起要面对他们心里就发虚，有人就是瞧不起我，布置的工作答应了却不办，我去问他原因，人家都不拿正眼看我，我心里真是难过。这可怎么办?

学生：是啊，您后来怎么办的?

赵老师：有高人向我支招儿：谁瞧不起你，你就向谁讨教；谁越是瞧不起你，你就越虚心地向他学习。我一听，行，这好办！于是我每到一位团支部书记那儿，都先把他的长处夸奖一番，然后把自己内心的不安告诉他们，请他们帮我出主意，怎么能把工作开展起来，我应该怎么做。就用这一招儿，我得到了各团支部书记的理解和支持，不，是同情。谁也不忍心和我过不去。未交手我便先甘拜下风，你还和我怎么叫板?

学生：啊，听您这么一说，我心里轻松多了。

赵老师：怎么样?我这一招叫做“打倒不如躺倒”，因为瞧不起你的人，他们内心深处也怕你瞧不起他。你尊重他，他就有一种满足；你再向他学习，他就更愉悦了，对你也就增加了好感和敬意，你是否也试一试?

学生：是不错，好操作。可是光这样就能让那些人瞧得起了吗?

赵老师：当然，九九归一，还得自己长本事。不过你还要知道，这些人会因为你的进步而改变对你的看法，可是这类人还会永远存在。会有更高层次上的人瞧不起你，而且这个“待遇”人人都会有。你绝对不要因少数人瞧不起而过于在意。

学生：啊，原来是这样。我这心里有底了，也豁亮多了！谢谢您！

53. 如何解决外地生与本地生不能融洽相处问题?

学生：前不久上网看到一个很热的帖子，内容是这样的：“某寝室六个人一间公寓，条件很不错了，可是有一个是外地乡下的，他可把我们害苦了。以下几点就是我们对外地农村学生的认识：脏——不讲卫生，可以一个星期只洗一次澡；土——衣服土得要死，还净是些地摊货。只晓得穿烂得稀烂的西装，还打领带，要多土就有多土；爱占小便宜——无论买什么都斤斤计较，任何东西能省则省；没公共道德——我们看书的时候跟老乡大声喧哗，上厕所不冲水；路盲——上街不认路的，不识交通标志，人又憨，买的东西都是大兴货(假冒伪劣产品)；学习一般，也不比我们好。”这篇文章引发了数以百计的跟帖和声讨，也引起了同学们的广泛讨论。我们从五湖四海走入上海这个国际化大城市，在现实生活和在与上海同学相处中，的确也存在着这样那样不能弥合的差异，请陈老师给我们一些解决的建议。

陈老师：我觉得你非常不错，能从网上的帖子意识到我们的外地同学和本地上海同学之间可能存在着某些差异而导致不能融洽相处的问题。其实，差异问题在高校中普遍存在，但不完全都是不能融洽，绝大部分的同学能很好相处，很多外地生与上海生通过多年的大学生活还建立起了深厚的友谊，毕业后仍然保持着友谊。融洽相处需要真诚，更需要理解和采取适合的相处方式。

上海历来就是一个海纳百川的城市，她的文化是兼容并蓄的。上海的文化经受着来自不同地区文化的撞击与洗礼，到后来可能留下的是精华的部分，她同样影响着来自不同地域的人们。高校就是进入这样一个社会的预备站或者说是训练营，所以，我们可以把与本地同学的融洽相处作为一个课题来探索，这样心态就平和了。

有这样一种观点，不知你是否认同：人们因相同而有所联结，相异而有所成长。在一个地域，相似环境下成长起来的人会因为很多的共同点而更容易走近。而要成长得更快，那就需要很多不同的人在一起，这样才会有创新的思想出来。因此，对待不可避免的地域差异，我们要有正确的认识，承认差异的存在，接受差异的存在，不必强行去改变它。

健康的人际关系是建立在价值的平等上的。作为一名来自外地的学生，在遭遇本地生的误解或者排斥的时候，首先要对自己有清晰的认识。例如，你是否是网上帖子所说的“脏、土、爱占小便宜、没公共道德、路盲、学习一般”的人呢？若不是，那你是怎样的人呢？若是，你会怎样做呢？希望在遭遇误解和质疑的时候，要冷静沉着，一定要与误解、排斥你的人进行及时有效的沟通，避免逃避或者争吵。要说出与自己内心相一致的话语，让本地的同学从误解你到了解你，也要让他们了解到他们的这一行为对你造成的伤害，一定要说出内心的感受以及希望与他们建立起的关系，比如希望能够成为好朋友、成为互相尊重的同学等。当然当你在表明自己后，本地的同学仍然有歧视、不真诚或依然伤害你的话，那么就请你停止付出真情，就当普通同学关系相处。

作为本地的学生，他们也是需要被正确引导的。由于上海的学生基本都是独生子女，特别是受生长环境的影响，有的学生可能存在以自我为中心、骄傲自负、不懂尊重他人等问题；有的学生在认知上可能出现偏差，比如对于网上的帖子可能会不经过思考与分析就立马认同了。无论是外地还是上海的学生，都必须学会尊重与沟通，否则将来到社会上，不受欢迎的可能就是不欢迎别人的自己。

在现实中，会去恶意伤害外地同学的上海学生是极少的，绝大部分的上海同学还是善良亲和的。日久见人心，我们都应该抛开地域的偏见。关于人与人的相处之道，我认为是需要时间去了解、需要事件去磨合、需要真诚来加温、需要宽容来加深。

学生：您这几个“需要”说得太好了。如果同学们都能在这几个“需要”上做出努力，我相信所谓“内地”、“外地”之说就不存在啦。

老师：呵呵！你不仅有观察力，还有积极乐观的心态，这也是弥合差异的重要元素啊！

学生：谢谢老师给予的启迪，我明白了。

54. 如何对待老师“偏向”的现象？

学生：在学校，经常会听到有同学抱怨这个老师太偏心，对某某特别照顾。那个老师不公平，不给我参加活动的机会。一些学生甚至以老师偏心为由，和老师对着干，不仅影响了老师的教学，也影响了自己的成绩。我们知道，世界本来就不是一个绝对公平的世界。请问如何正视这个问题，而不是一味地抱怨和愤怒？

杨老师：我认为，对待老师“偏心”这个问题，不是单方面的，需要老师和同学们共同去解决。作为老师，要正视这种现象，反省一下是否有时候对某些同学给予过度的关心和照顾，而忽略了对其他学生的必要的关注，影响了他们的正常的学习和生活。老师应该创造公平和谐的教学环境，把自己的爱心洒向每一个同学，有利于同学的健康成长。作为学生，碰到这种情况，往往很自然地在老师身上寻求公道和正义，一旦感到失去了公正就会愤怒、失望和烦恼。我认为，当你有了不良感觉时，首先应该反省一下自己哪些方面没有做好，而不是先去抱怨老师的不是。

第一，应该清醒地认识到责怪老师偏心而产生的挫折感（或沮丧）可能带来的消极后果。如自信心、自尊心受到伤害，学习积极性下降，对自己认为偏心的老师所教的课程产生厌恶，对老师喜欢的同学产生偏见、埋怨；进而产生对人际交往的片面看法，认为社会没有公平，甚至影响今后的人际交往和漫长人生道路。所以，你一定要从挫折中振作起来，任何埋怨、消极、气愤都无济于事。心理医生认为外界刺激都是中性的，关键是我们对它的态度。

第二，要明确学习目的，无论如何不能使它影响自己的学习。师生关系融洽，有利于调动学生的学习积极性；但是不和谐，不见得影响学习。因为学习不是为了老师，而是为了自己和社会，应该自己对自己负责，这是成熟的表现。应该努力克服消极的影响，冷静客观反省自己的表现，改正自己的缺点，不断完善自己。要赢得老师的信任，调整自己比调整老师更加容易些。

第三，要学会“心理置换”。老师不是无所不知、无所不晓的圣人，更不是完美的“神”。他们也是凡人，也有凡人的喜怒哀乐和优缺点，正所谓“金无足赤、人无完人”。老师遇到某些问题是力所能及地做出自己的判断。对此，我们应该持宽容谅解之心，站在老师的角度，设身处地想想如果自己是老师，这样做了算不算“偏心眼”。思维一倒个，心理天平就会趋向平衡，至少不会过于偏激。

人生道路不是平坦的，每个人都可能遭遇挫折和不公，但是不代表世界就不公平，更不能让它影响我们的成长。我们应该经受考验，使我们更加成熟和坚强。挫折可能是动力，坏事有可能变化成好事。

55. 强者可以示弱吗?

齐超男是年级中拿奖学金最多的人，常常占据年级考试成绩第一名的宝座，是很多人羡慕和学习的对象。可是最近两次的考试，她却大不如从前。这天，赵老师在电子邮箱中看到了她的来信。很快，赵老师就给她回信了。两人通信内容摘要如下：

学生：从小爸爸妈妈就教育我，要立志永争一流。我也是这么做的，小学、中学、大学，一路走来，我付出了比常人多几倍的努力，也收获了高于常人的成绩，我常常享受自己的努力带来的成就与快感。可是，我内心的压力也非常大，近来随着专业课程的增多，学习难度的加大，我常常焦虑不安，学习也不如以前精力集中了，所以，这两次考试成绩下降了，这样一来我的焦虑更重了。怎么办呢？

赵老师：你是一个优秀的学生，一个出色的女孩，你的人就像你的名字一样，令很多男生都望尘莫及。但是一个真正的强者，是心理健康、意志坚强的人。一个优秀的人，是有人生大智慧的人。简单用一句话来概括，应该是一个心理有弹性的人。我曾为某省报开过一个栏目“心灵氧吧”，在那里曾登载了我写的《强者不妨学学阿Q》一文，现摘要如下：

你要生活吗？你就得成为强者，这是很多人的信条。因此追求更快、更高、更强，便成了人们生活的目标。这难道有错吗？不错，只是不尽然。你听说过吗？上海有一位颇有名气的大企业家，年龄正值中年，事业如日中天，却因患有严重的抑郁症不能自行解脱，最终跳楼自杀。坠楼前十几分钟，他还颇有风度、面带微笑地签署了两份文件。

心理学家发现，强者也有心理危机，而且绝非少见。他们中患有严重抑郁症的自杀率竟高达15%。正是一些有成就的人，他们对自己往往有着比一般人更高、更完美的标准，他们又处于一种竞争激烈的环境中，当他们遇到某种挫折，就意味着对自己“高标准、严要求”目标的否定。而此时所处的高位，又使他们难以找到能够倾诉和求援的知心朋友，无法使负性的情绪得以排解。久而久之，难以承受，精神就崩溃了。

因此，强者应该是智者，不要对自己太苛刻，不要把面子看得太重。跌倒了，算什么？爬起来就是了。或者干脆躺下来歇一会儿，你没准会发现，今天的天怎么这么蓝？成功了是快乐，它使我们“得到了”；失败了也是收获，它使我们“懂得了”。

强者也不要怕示弱，是人都有弱的时候，找人诉诉苦，或找心理医生谈谈，或者直接向阿Q学习“精神胜利法”，大喊一声：“孙子才成功呢。”这一招作为人生的主旋律固然不足取，但偶尔为之对调节改善精神状态，变被动为主动还是大有好处的。

赋诗一首：不怕失去，因为已经拥有；不怕失去，因为还能获取；不怕失去，因为正欲放弃；不怕失去，因为还有自己。只要拥有生命，就还有机遇，若没了生命，更不必着急。

得之泰然，失之淡然，岂不陶然？读到这里请笑一笑！

学生：我明白了，从今往后，我要把心态放平和，尽其努力，顺其自然。我最近也看了一些心理学的通俗读物，有一句话我很喜欢：得之犹可喜，失之不足悲。我会继续努力的，但不再过于在乎结果。

56. 说真话有错吗？

春节期间，老同学聚会，本来应是高兴的事，可是晓薇却觉得好没趣。原来她看见好友穿的衣服和皮鞋、手提包的颜色不太搭配，就当面指了出来。可是好友不但不领情，反而说她真扫兴。寒假结束开学了，晓薇对此事还是不能释怀。一见了赵老师，说了事情的经过后，就请教了起来。

学生：赵老师，您说我好心说真话有错吗？

赵老师：你的真诚首先应该得到肯定。有关部门曾就“人的道德品质中，最重要的是什么”搞过社会抽样调查，此问题得票最多的是真诚，可见“真诚”价之高。这是因为每个人都是社会的一分子，要生存要发展都离不开社会，离不开与人交往。每个人都要与他人建立稳定而持久的联系，而维持这种联系之网的纽结就是真诚。“真”就是尊重事实，就是言行一致，表里一致；“诚”就是诚恳，就是善意待人。“真”是根本，“诚”是核心。

学生：可是为什么我说真话，却没有好结果呢？

赵老师：好的出发点要想有好的效果，还需要运用智慧，用好真诚可不是一件简单的事。首先交心要看对象，“不知深浅，切勿下水”。当我们对他人的了解没有一定把握时，不要轻易将自己的观点暴露无遗。

学生：我和这位同学是多年的老交情了，对她我还是比较了解的。

赵老师：是的，如不了解，你就不会这么直率了。可是你对她的了解还不够深透，通过这件事可以看到，你的同学比较爱面子，对于这一点起码你估计得不足。同时对待好朋友人们容易犯一个错误，就是人熟不讲礼。其实再好的朋友也是两个独立的个体，也要有距离和分寸，也要否则也会伤和气。

学生：嗯，我就是犯了“人熟不讲礼”的错误了。

赵老师：别说是你了，我也曾因过于直率而伤害了朋友的自尊。所以，真诚的态度一定要有恰当的方法，更要看实际效果。就拿这件事来说吧，一是你可以私下里提醒她，如果换一种颜色，服饰搭配的会更和谐。二是你可以不做评论，因为你们是中学的同学，好久不见，再加上过春节，大家都在兴头上，人家肯定也是精心打扮的，就不要扫人家的兴了。就像足球比赛，球踢到禁区时，如果球员犯规不严重，裁判员就不吹哨，以免影响观众欣赏比赛的兴致。这是我在一个电视台做的访谈节目中，听一位裁判员说的。

学生：啊，我明白我错在哪里了。一会儿我就给她打电话，说声“对不起”。

赵老师：勇于道歉也是真诚的表现。不过以后我们再与人交往时，要对自己的言谈产生的效果有一个预测，多动脑子慢开口，不要嘴比脑子还快。一样话百样说，真话也要会说。

学生：老师放心吧，我会吃一堑、长一智的。

57. 如何做到争辩而不伤和气？

学生：在我们大学生的交往中，每个人都会遇到相异于自己的人。大至思想观念，为人处世之道，小至对某人、某事的看法、评论。这些程度不同的差异都会外化成同学之间的争执与论辩。留心我们周围，争辩几乎无所不在：一场电影，一部小说，一个特殊事件，某个社会问题都能引起争辩；甚至连某人的发式与妆饰也能引起争辩。我们也知道，不同见解的争辩过程就是寻求真理的过程。然而由于论争的任何一方都想推翻对方的看法，树立自己的观点，因此，它是带有“敌意”的语言行为，正所谓唇枪舌剑。于是，大凡争论留给我们的印象都是不愉快的，最容易使我们良好的交际愿望落空。请问如何才能做到争辩而不伤和气呢？

鲍老师：如果你能够在论辩之前多投入一些思考，在论辩结尾搞好“善后”工作，就能使你在辩论这种特殊交际场合，既做到个人心情舒畅，探求了真理，又不伤人际和气。

● 要避免无益的争辩。当你意识到自己的想法、意见与人相左时，当你的言行遭人非议时，你的第一本能大概就是奋起辩驳。许多毫无意义的事情往往就在这时发生了。为了避免无益的辩论，此时，你需对如下问题进行冷静思考：如果你能最终获得争辩的胜利，它有什么意义？没有什么积极意义，大可不必动用你的“唇枪舌剑”，一笑置之最妙。同样，你向别人提出“挑战”的时候，一定要选择有价值的，通过争论使自己和他人都能受到启发和教育的问题，不必在那无关宏旨的细节琐事上做文章。你的辩论一番的欲望更多的是基于理智还是感情原因？诸如虚荣心、表现欲望或面子上下不来。如果是感情原因，大可就此打住。同样，我们向人提出问题是否有感情的因素？如有，就同辩论的实质——探求真理背道而驰了。所以，最好别去做这种不积极的提示而把他人引入无谓争辩的歧途。对方是充满敌意的吗？他对你有深刻成见吗？如果是，那么在这种非理性的氛围中最好不要再火上浇油。同样，如果你是处于这样一种心境，绝对不要向对方提出论题辩论，因为此时你提不出理性的论点，在辩论伊始，就注定了你失败的命运。

● 使争辩成为一种愉快的、和平的思想交换。辩论是为了明是非，求真理。只要我们的辩论出自公心，就能采取积极的态度，使用积极、文明、恰当的论辩语言去参加辩论。树立正确的辩论价值观、道德观，即为追求真、善、美而去积极地争辩。以理服人，让事实说话。要有涵养；不搞诡辩，不揭隐私；不搞人身攻击；不把观点的敌对引申为人际的敌对；不靠嗓门压人，有理不在声高。如果你能用有礼有节的语气道出你的理，其效果不亚于如雷贯耳。用真情、善意、美感与人辩论，就能做到晓之以理、动之以情。理与情恰恰是列车通往“积极争辩”的双轨，缺一不可。有位诗人说过，全是理智的心，好像一把全是锋刃的刀，让使用它的人满手流血。在争辩中，“理”是争的目的和取胜的保证。然而人又是感情动物，如果你在论辩中既能做到以理论理，又能以情明理，你的辩论将会成为一种愉快的、和平的思想交流。你们彼此会以这样的话语来结束论辩：“听君一席话，胜读十年书。”您让我心服口服。如此既争出了公理，又增进了人际和谐，达到了积极论辩的目的。

● 掌握“解剑息仇”的妙方。经过一阵唇枪舌剑，胜负已成定局。做好辩论的善后工作，具有非常重要的意义。在生活中，观点的对立极易产生人际间的隔阂。因此，学习辩论语言既要学会辩论技巧，更要懂得如何“解剑息仇”，这是在辩论这种特殊交际场合下，你们要做到言谈有“礼”的最高境界。下面就是使你达到这最高境界的三个途径：

如果你失败了，而且败得其所，必须要有敢向真理低头的胸怀。向真理低头并不等于向论辩者本人低头。在真理面前人人平等。你所服从的是对方所道出的真理，只能说你同他一样，对真理有了同等水平的认识。在人格上你们永远是平等的。所以，当你败下阵来的时候，应该以坦诚的态度来表达自己在这场争辩中所受的教益，以此道出你人格的伟大。在心理上足以弥补因辩论失败所造成的遗憾。

如果你在辩论中已经眼见对方哑口无言，败势已定，便应拿出不杀降者的气魄来，一是主动打住话题，结束对立场面；二是巧妙地为对方搭个台阶，让他在不失面子的前提下得以“平安下台”，胜负自是彼此心照不宣，何不抓住重归于和平的机会呢？

如果你因辩论的需要而已经把对方打得一败涂地，切不可为了一点点虚荣把旗帜挂在脸上。人在得意时，克制更是一种美德。争论结束后，给对方端一杯茶，笑言一句：“瞧我们像孩子一样，这么认真！”或轻松自如地转一个话题。请记住：争论是一回事，人际交情又是一回事。人性都有很软弱的一面，易被击垮也易被扶起，你只要说一两句得体的话语，便可恢复一个刚刚失去的心理平衡，让他重返愉快平静，那又何乐而不为呢？

58. 如何与比自己经济条件好的同学相处？

学生：老师，您知道我的经济条件不好，是班里的贫困生。最近因为经济问题而带来的生活上的种种问题已经造成我和那些大城市来的经济条件好的同学之间的一些不和谐。我也尝试着去沟通过，但是发现，有些常年形成的习惯或观念所造成的鸿沟并不是短期可以弥合的。请教陈老师，希望能给我一些好的意见。

陈老师：你有意识地适应生活环境并努力地和经济条件好的同学进行沟通，是非常值得肯定和表扬的，因为你并没有退缩和逃避。更加难得的是，你懂得了常年形成的习惯或观念所造成的鸿沟并不是短期可以弥合的。我们现在要解决的核心问题是，如何将因为经济问题而引起的你和同学间的矛盾降到最低点；如何预防、化解矛盾？

首先，还是要对自我有个正确的认知。没错，可能被冠上“贫困生”或者“困难生”的名号会让人不舒服，那么我们可以这样理解，社会上的每个群体都需要并且会有一个称呼，就像“民主党派”、“协保人员”一样，我们就把令人不舒服的称呼当做一个普通的符号吧，在自己的心里淡化它。

其次，我们要认识自己所处的这个群体。相信当你认识之后，不会因它而耻，只会因它而荣。目前，全国在校大学生的人数已经达到1300万，其中贫困生的比例占20%，特困生占8%。基本上都是来中西部地区的通过努力学习考入大学的学生。你也应该是这种情况吧？你的学习能力一定很强，人格也很独立吧。这是你的优势啊。

学生：本来经济条件对我没有很大的影响，但进了大学，看到穿名牌服饰的学生，潇洒地用着手机，用餐时也爱呼朋唤友，三五人一桌，有说有笑，面前菜肴也基本上荤、素、汤皆有。面对这些，很自然有了比较，多少会有点心理失衡。特别是因为自己经济的匮乏，而不能与他们活动同步，比如生日聚会、校外活动等，那种被排斥的感觉，真的糟透了。

陈老师：很多时候会出现这样的情况，当别人还没有看轻你的时候，自己先被自己打败了。因此经济原因你会变得敏感，自尊心容易被刺伤，负面情绪不断上升。你可能会想我在经济方面不如你们富有，在学习上一定要比你们好，因此学习上的压力又增强了，一旦在学习上有失误，很可能会一蹶不振。

学生：您说得太对了！我目前就是这样啊！

陈老师：给你几个建议：一是切忌钻牛角尖。面对经济条件好的同学，从内心到表现都要做到一致性，那就是不卑不亢。二是不要把自己的优势仅仅放在比学习成绩上，你可以通过整洁的生活习惯、开朗的性格、热情的为人来树立自己的独特形象；三是为自己做好职业的规划，培养自己的综合素质。四是可以通过广泛阅读和与五湖四海同学们的交流来提高自己的知识面与见识。而做到这些是需要时间积淀的，切忌急躁哦！

最后，你完全可以通过自食其力来改善自己的经济状况。现在每个大学都会有勤工助学中心，你可以加入这支队伍，磨炼自己，提升自己。通过自我强化来要培养自己乐观、感恩的心态。相信阳光总在风雨后。

学生：谢谢陈老师的点拨，我心理敞亮多了。今后我不因贫困而气馁，要为修身而努力！

59. 得到表扬后怎样面对周围人的各种心态？

学生：在大学中，我是一个各方面表现都还不错的学生，本来成绩就不错，能力也挺强的，很得老师的“宠爱”，一直担任班干部，最近又得到了学校的表彰。谁知这样一次“露脸”却惹来同学的冷眼，大家见着我，总爱拿异样的眼光看我，有的同学甚至当面奚落我，搞得我心里很不是滋味。同寝室的同学对我的态度也开始变化，偶尔还加两句冷嘲热讽。我也曾努力和室友拉近关系，可是效果并不好，同学之间的关系越来越疏远。请问李老师，我应该怎么办？

李老师：得到表扬后，与周围其他人显出明显的落差时，面对别人的聚焦与仰视，你也许会觉得高处不胜寒。这个时候，你首先要学会去正确分析你周围人的态度。应该肯定的是，你身边的大多数人对于你取得的成绩是持肯定态度的，能够对你正确评价。只要你摆正自己的心态，是不难和周围的人共同相处的。不仅如此，你还会成为他们的榜样和进步的动力，你们之间的友谊会因此而更进一步加深。

当然也不排除有些人会因此产生嫉妒心理，并表现在行动上，如恶语中伤，冷嘲热讽等。还有些人可能因此心态失衡，而与你疏远。这个时候你应该如何处理呢?

第一，要明白被人嫉妒并不都是坏事。其实，妒忌心理人人都会有。有人妒忌你，也实在是很正常的事情，这说明你在某些方面比他好、比他强。虽然被人嫉妒有时感觉不太好，但是也不要生气和烦恼。因为嫉妒往往是一个人与他人比较时，发现自己在才能、名誉、地位或境遇等方面不如别人而产生的一种由羞愧、愤怒、怨恨等组成的复杂情绪状态，而嫉妒者这种情绪状态你是无法改变的，你能改变的是你对这件事的看法和态度。所以，当你被人嫉妒时，不要抱怨，不要不安。当你换另一种心情去看它时，你就不会感到不平了。这是人生成长过程中的必然经历，相信你能坦然地面对并解决好这个问题。

第二，要学会如何处理问题，平衡你自己和各个方面的关系。首先，自己不应该有任何的优越感，要继续保持谦虚谨慎、不骄不躁的态度，尽量团结所有的同学。有一个宽容、健康的心理，你就会理解人和正确地处事待人！其次，我们要学会一些具体的处理技巧，给你讲一个典故：战国时，梁国的宋礼当了梁亭令。梁人与相邻的楚人都长于种瓜，梁人勤劳肯干，瓜长得又大又圆，而楚人懒而贪，瓜长得又小又瘪。楚人遂生妒忌之心，夜里偷偷地到梁人这边来使坏，掐断瓜藤。梁人发现后，非但没有以牙还牙，还在夜里偷偷地去给楚邻浇水。结果没多久，楚人的瓜也长得很旺。楚人深深地为自己的妒忌行为感到惭愧。当自己被别人嫉妒时，主动与对方交往，让他感到你与他的交往是真诚的，你愿意把他当做朋友，从而改善你们之间的敌对和紧张的关系；关心帮助不如意的人，主动帮助对方，和他一道探讨学习方面的问题，共同交流学习方法和学习技巧，让他感到你的进步对她并不能造成威胁，相反会对他有所帮助；故意示弱以软化嫉妒，主动求助对方，让对方的自尊心得到满足，当对方的自尊心得到满足的时候，其嫉妒心自然减轻；适当地向对方展现自己的不足，以退让处理嫉妒，如果你能在嫉妒者面前展示自己的不足，承认自己所取得的成绩是自己付出了超人努力的结果，自然就会缩小双方的心理距离，并让对方的注意力转移，这往往会使对方对你的努力自叹不如，从而有可能使嫉妒之火“烟消云散”。同时鼓励嫉妒的人积极工作，取得成绩，和你一起共同进步。

60. 好朋友“背叛”了自己怎么办?

学生：在大学中，独在异乡的我非常珍惜友情，希望能多交些朋友，一直在很用心地付出、经营着，也有一些圈中好友。但是最近发现一个好朋友渐渐疏远了我，而且对我的一些隐私大加宣扬，并对我的做人、做事方法加以抨击，让我心灵上受到了很大的伤害，特过来向杨老师请教，我该怎么办?

杨老师：我很能体会你现在难过的心情。从你的简单介绍中可以看出，你的这位好友“背叛”了你，对你造成了伤害。在给你建议意见之前，最重要的一件事是要搞清楚事情的真相，他为什么会这么对你，包括你获取的信息是否属实，如他宣扬你的隐私、抨击你的做人做事方法，是什么原因导致的？是不是自己在这个友情的经营过程中，自己的一些无心之失对他造成了伤害？如果是自己在这个事件中确实有做得不对的地方，请诚心地和他沟通、解释一下，不要让误解把这份友情轻易地破坏掉。

如果整个事件中，你都是无辜的，那通过这件事也能让你看清一个人，看清这个“好朋友”根本就不值得交往，那就不要用他的缺点来折磨你自己，从以下几个方面来调整自己的心态：

第一，学会宽恕。人在受到伤害背叛的时候，最容易产生两种不同的反应：一种是憎恨，一种是宽恕。憎恨的情绪使人浸泡在痛苦的深渊里。如果憎恨的情绪持续在心里发酵，可能会使生活逐渐失去秩序，行为越来越极端，最后一发不可收拾。而宽恕就不同了。宽恕必须面对被伤害的事实，从“怨怒伤痛”到“我认了”这样的情绪转折，最后认识到不宽恕的坏处，从而积极地去思考如何原谅对方。宽恕是文明的折射。只有在有权力责罚时而不责罚，才是宽恕；只有在有能力报复时而不报复，才是宽恕。为人处世应当拥有这种宽恕的德性。不具备邀请伤害自己的魔鬼吃樱桃的德性，是很难取得更大的成就的。斯宾诺莎说：“心不是靠武力征服，而是靠爱和宽容大度征服”。如果一个人能原谅宽容别人的冒犯，就证明他的心灵乃是超越了一切伤害的。做人要心胸开阔，对事要思想开明。世界上最能长存的东西，能存在的日子也很有限，做人又何必拿这些小事当真呢？宽恕人家所不能宽恕的，是一种高贵的行为。

做人要有一颗宽容的心，要有一种看透一切的胸怀，才能做到豁达大度；把一切都看作“没什么”，才能在慌乱时从容自如。忧愁时，增添几许欢乐；艰难时，顽强拼搏；得意时，言行如常；胜利时，不醉不昏，有新的突破。只有如此放得开的人，才是豁达大度之人。

第二，我们要理性地认识到让人一步，往往收获更大。如果得理不让人，让对方走投无路，有可能激起对方的“求生”意志；而既然是“求生”，就有可能是“不择手段”，这对你自己将造成伤害。好比老鼠关在房间内，不让其逃生，老鼠为了求生，会咬坏你家中的器物。放它一条生路，它“逃命”要紧，并不会对你的利益造成破坏。如果对方“无理”，自知理亏，你在“理”字已明之下，放他一条生路，他会心存感激，来日自当图报。就算不会如此，也不太可能再度与你为敌。这就是人性。如果得理不让人，伤了对方，有时也连带伤了他的家人，甚至毁了对方，这有失厚道。得理让人，也是一种积蓄。

人海茫茫，却常“后会有期”。你今天得理不让人，哪知他日你们二人不会狭路相逢？若届时他势旺你势弱，你就有可能吃亏！“得理让人”，这也是为了给自己以后做人留条后路啊！

子曰：以德报怨。以德报怨往往能在处理世事、做人交友方面比以怨报怨带来更大的人生财富。人生一如崎岖道路，困难重重，走不过的地方不妨退一步，让对方先过，就是宽阔的道路也要给别人三分便利。这样做，既是为他人着想，又能为以后自己留条后路，多一个朋友多一条路嘛。

当然，以上所讲并不是说我们在遭受伤害时要一味退缩，委曲求全，而是叫我们时刻保持一颗宽恕之心，本着宽容他人，严格要求自己，不为无关紧要之事去烦心，避免由于一时好胜之心令我们自身遭受更大的伤害。在遭受他人故意伤害或无理取闹时，我们应当摆明自己的坚决态度，澄清事实，清者自清，绝不要姑息养奸，必要时可以借助法律手段解决问题。

61. 如何面对被误解的委屈？

学生： 最近觉得很委屈。主动竞选学生干部，希望能通过组织开展班级活动为班里同学服务，同时提升个人能力，现在被理解成爱出风头、想表现；积极向党组织靠拢，经常向辅导员汇报思想，也被认为是拍马屁；平时比较外向，和女生关系都不错，经常开开玩笑，更被认为是情场浪子花心大萝卜……请问杨老师，我如何面对这种被误解的委屈？

杨老师：一个人在其一生的漫长岁月中，总会遇到各种各样的误解；这些误解，有来自朋友的，有来自亲人的，有来自同学的，有来自上级领导的，还有来自不认识的人。

误解是误会的深入。误解是从误会开始的，是从一些微不足道的小事开始的，是在不经意间产生的，是麻痹大意的失误，是三言两语就能说清而没说清开始的，甚至于空穴来风吹起的，也有故意人为制造的，真乃让人防不胜防、避之不及的。主要原因无外乎以下两种：一种是由于一些人认识上的不成熟和他们自以为是的不良心理倾向，使得他们对事情不做认真的调查研究，而是根据自己的想象来解释说明，结果遇事就猜测，当然免不了误解了。有的则只管表面现象，不顾事物的本质而乱下结论，当然我们就可能被人误解了。另一种原因是由于有些人一看到某一现象，就用简单的因果关系加以推论，于是得出错误的结论。你看，有人一看见阴天就说必定下雨。他们就是按照这种简单的思维去分析问题，你不就被误认为是马屁精、花心郎了吗?

学生：虽然是他们想当然，是他们不科学，可他们却伤害了我们，使我们受到了委屈。那么遇到这种情况，我们该怎么办呢?

杨老师：面对“误解”最重要的莫过于保持一颗平常心。不要在不恰当的时候急于辩解，为自己申冤，这样往往起不到预想的效果，通常还会令人反感。选择恰当的机会，在适当的场合，委婉地表达出自己的想法，会达到意想不到的效果。时间能够证明一切。随着时间的推移，很多当时不清楚的事情会变得明朗。当事人会了解到情况，他自己就会觉得过意不去，这无形中提高了我们自身的形象。

有些事情无关紧要，我们根本不要去过多理会。有些事情也许会特别紧要，我们有必要及时澄清，并理性地加以分析，不能让感情战胜理性，要清晰而优雅地表达出自己的想法，将事情的真相展现出来，由他人来评判，而不是我们自己认为怎么样，群众的眼光是雪亮的。

以下有几个“偏方”也可以缓解你被误解的委屈：

● 接受：心中委屈，往往是源于感到不公正，觉得不甘心。其实，世界本身就不可能绝对公平，不可能完全遂人所愿。遇到委屈，首先在心理上不要没完没了地抱怨、抵触，告诉自己：这是难免的，以宽容的心态接受所遇到的状况，尽量设法寻找消极事件中的积极因素，使心境趋向平和。

● 释放：找个无人的环境，大喊几声、痛哭一场，或者抛抛飞镖、玩玩打斗类的电子游戏，再或者就待在安静的角落独处一会儿，将委屈情绪尽量及时宣泄出来，切莫沉浸于忧伤烦恼里难以自拔。

● 分担：家人、朋友都是你有力的支持者，把委屈和他们讲讲，既得到安慰和劝解，又得到指点和忠告，委屈也就慢慢消解了。

● 减压：不要欲望太多，要求太高；不要让自己总是处于压力和竞争之中，放慢生活节奏，过简单朴实的日子，培养愉悦、达观、恬然的心境；遇到委屈，自然容易淡然处之。

● 扭转：面对委屈，除了想办法消解，还要主动出击扭转局面，比如因误会而生的委屈，不妨做些沟通解释工作。面对他人的恶意伤害，也要勇敢地抗争，维护自己的尊严。直面问题，解决矛盾，往往是阻断委屈延伸的根本途径。

只要我们坦然自若地面对现实，面对生活，神情泰然地面对误解，心胸开阔地处理好误解，采用换位思考法，从自己的角度、从对方的角度来思考，保持良好的心态和清醒的头脑，大肚能容天下难容的事，慈颜常笑天下可笑之人，我们的心情和心态就会更加舒畅的，我们的生活会更加阳光灿烂！抛开这些误会给你带来的烦恼吧！要知道，身正不怕影子斜。如果这些“灾难”不幸降临到你头上时，只需一笑了之。要相信自己，相信乌云总是遮不住太阳的！只要你堂堂正正做人，光明磊落，还烦恼什么呢？

62. 如何与自己看不惯的人和谐相处？

学生：最近有点烦：我使出浑身解数与同学和谐相处，心里就越来越烦躁。因为我为了和谐，就要与那些看不惯的同学做朋友，要与那些看不惯的事情打交道。更为苦恼的是，这些同学还不领情，反说我怪怪的。请杨老师给我指点。

杨老师：建设和谐社会、和谐校园是现代社会的主题。可以说，每个大学生都希望和老师、同学的关系和谐、美好，然而，要实现这一愿望并非易事。在现实生活中，大学生来自五湖四海，具有不同的家庭、文化背景和性格特点。有些大学生的行为使其他大学生看不惯，这既不是因为他们思想观点上有分歧，也不是由于他们道德品质方面有毛病，而只是因为性格上的差异：有的人性情沉稳，做事忠实认真，对咋咋呼呼、毛毛草草的人可能看不惯；有的人果断泼辣，与优柔寡断、缠缠绵绵的人可能合不来。这种“看不惯”与“合不来”，虽说只是性情不和，但这个问题不能忽视。许多事实说明，能否和不同性格的人相处，不仅会影响大学的学习和生活，还会影响大学生的身心健康。因此，学会和自己看不惯的人和谐相处，实在是一门学问，是一种技巧。

● 要承认差别。人与人之间，不仅有体貌上的生理差别，而且有兴趣、能力、气质、性格等心理上的差异。大学生相处必须承认这一点，承认彼此的性格差异，就不会强求其他大学生处处和自己一样，就可能消除由于性格差别而产生的“看不惯”和“合不来”，就会减少彼此的一些反感和厌烦情绪。

● 要求大同存小异。要从“看不惯”到“看得惯”，就要善于在不同之中发现共同之处。比如一个宿舍里的大学生，有的个性平和、处事慎重，会对室友的行为委婉地提出意见；有的性格刚直、脾气暴躁，给其他同学人提意见可能语气尖锐、单刀直入。这时候，你可能看得惯前面同学的态度和方式，而对后者“太粗暴、不讲情面”的态度和方式看不惯。然而，除了提意见的方式不同以外，两个同学都是出于维护宿舍的荣誉和共同的利益。所以，做到求大同存小异，你就会和两位不同性格的同学和谐相处。

● 要善于了解和发现别人的个性和优点。每个大学生的性格都有不足的一面，只是每个人的缺点和不足表现不同。正确的态度不是以己之见衡量别人、以己之长比人之短，而是主动发现别人优点并以他人之长补己之短。这就是说，要与不同性格的学生和谐相处，就要尊重别人的个性、多看别人的优点，相互补益，不断完美各自的性格。

● 要有宽大的胸怀和严格的自我要求。“宰相肚里能撑船”，这不仅是一个人的思想修养，也是与他人和睦相处的条件。当代大学生崇尚自我，强调个性发展。大学生之间关系和谐，是基于彼此的包容和尊重。尊重彼此的真知灼见，包容别人的缺点和不足。凡事先检查自己，找出自身的缺点并改正；杜绝“目中无人”、“骄傲自满”，严格要求自己，不断完善自己。以健康向上的心绪与其他大学生交往，你的许多看法一定会慢慢改变，你与所谓看不惯的同学的和谐相处就不难了。

63. 心中只有“网上的朋友”怎么办?

学生：谢老师，我每天都要上网聊天，因为我在网上有很多朋友，我的心里也只有“网上的朋友”。

谢老师：你是不是意识到心中只有“网上的朋友”不好，所以才来找我的?

学生：的确是这样。以前还没觉得有什么不好，因为每天一个人花很多时间上网聊天，没多少时间去感受孤独。但是后来周围的同学都有了他们共同的话题和活动，我不上网的时候感觉自己生活在他们的圈子之外，觉得自己每天形影相吊，好孤单。所以我想回到现实生活中，回到周围的集体中，但是我做不到，所以我不知道怎么办。

谢老师：你已经意识到要回到现实，这已经是一个很大的进步了。那你为什么放不下“网上的朋友”呢？

学生：因为我跟网友聊得很开心，已经跟他们成为好朋友了，每天都要上网跟他们聊天才感到踏实。而在现实生活中我找不到知心朋友，我跟周围的同学基本上没有什么交流，我不知道他们在做什么，他们也不知道我在想什么，而网上的朋友能排解我心中的烦恼，能满足我对友情的需要，我的情感天平自然向网上的朋友倾斜了。虽然我也知道网络是虚幻的，每个人都生活在现实世界里，可是我不知道怎么跟现实中的人交流，并且跟他们成为好朋友，所以我很担心长此以往会极大地影响我的人际交往能力，谢老师您能帮我解决这个问题吗？

谢老师：你已经意识到问题的严重性并且想寻求老师的帮助，说明你还是想战胜自己并且改正自己的缺点，这是你值得老师欣赏的地方。而且我并不认为你没有交流能力，因为你既然能跟网友聊得那么好，也就可以很好地与周围的同学、朋友交流。所以，你完全不用担心你没有能力跟现实中的人交流，只是老师建议你要多花时间、多用心跟现实中的人交流，慢慢地你就能成为他们的朋友了。你想，你为什么能跟网上的那些陌生人成为好朋友，就是因为你经常上网跟他们聊天才互相熟悉了，并且慢慢地找到了共同的话题和爱好，互相之间就有了说不完的话，开始关心对方并且逐渐有了依恋的感觉。只要你用这样的方式来处理现实中的人际关系，老师认为你完全可以在现实生活中找到很多好朋友，你说是不是？

学生：听了您的话，我觉得没有那么担心了，但是我觉得做起来还是挺难的。

谢老师：当然，除了要关心朋友、加强与现实中的朋友的联系之外，你还要尽量减少上网的次数和时间。如果你觉得很难做到的话，可以给自己制订一个计划，逐渐减少每天跟网友聊天的时间。

学生：谢老师，我觉得您讲得很有道理，您对我的信任给了我很大的信心，我现在就去给自己制订计划，谢谢谢老师。

谢老师：老师相信，一段时间之后，你就会在现实生活中找到自己的朋友，并且体验到与朋友在一起活动的乐趣，那时你就会自然而然地不去上网聊天，不去想“心中的网友”了。

64. 如何面对同学“揭老底”？

学生：我有一个从小玩到大的好朋友，因为在一起时间比较长，感情比较好，大家无话不谈。她对我的事情都很了解，我也知道她很多事情，以前读小学、初中的时候，大家都挺优秀，但是到了高中以后，我因为机遇似乎是比她更出众一点。大学后我们还是在一个学校，我很积极地参加活动，并得到老师的器重；因为忙我们之间的联系也少了许多，最近我一些朋友和我说，听到她在聊天的时候把我小时候的事情拿出来当乐子讲，这让我很不高兴，但是她又是我的朋友，我不知道应该怎样解决这种尴尬的局面，请杨老师帮忙。

杨老师：这个问题是比较敏感的，特别是女孩子之间，出现了这种问题千万不要着急，如果没有处理好，会给你自己带来不必要的麻烦，希望你能以一个宽容的态度，既不伤害朋友间的感情，又不让自己太没有面子。

你说你和她以前是很好的朋友，只是因为后来缺少联系了，或者是发生了什么小误会，导致了你们关系稍微有点疏远，所以才有了你们现在这样比较尴尬的局面。你因为一些机遇加上自己的努力而慢慢变得优秀、出挑；而她仍然是默默地学习着，你会不会因为平时忙而很久没联系她了？你是不是经常在她面前讲你身上比较闪光的事情？你会不会让她有了一点错觉，你与她不再是同一个境界的人了，你们的生活从此变得不同呢？女孩子都是比较敏感的，特别是她身边总站着一个优秀的你，这会不会也是你们之间出现问题的原因呢？

如果是这样，那么你先要自己想一想，是不是自己在有意无意间惹得朋友不开心了？或者是做了什么不得体的事情？另外呢，你应该弄清楚，你朋友是故意的还是开玩笑的、无意的。她是在背后讲一些坏话，捏造事实，还是轻松地回忆当年的开心的往事？这点一定要辨别好，因为毕竟是别人的传言，多少也会有变化，不要武断地认为是朋友在说坏话，事实上也许她只是在和别人聊到某个话题的时候，顺口提到了以前开心的往事呢？如果是这样，你是不是要好好珍惜和她的友谊呢？

如果相反，她的确是说了一些负面的事情，或者纯粹就是捏造的事情，那么你应该在确认好后再来处理。首先，你千万不能也在背后说她的什么什么不好，你自己本来是没有错的，不要让自己处于很不利的位置；既然以前是很好的朋友，我相信应该是当中出了什么误会吧。你们是不是很久没有在一起聊天啦，吃饭啦，逛街啦，散步啦，谈心啦，你们之间见面是不是拘谨了？你们之间谈论的话题是不是不投机了？

如果这些你都想到了，那么我建议你可以主动地接近，来缓和比较尴尬的局面。你可以在某个时间，安排看似很不凑巧的但实际上是你计划好的一次见面，因为也许她会拒绝，所以最好是不经意的，然后两人可以寒暄寒暄。如果你觉得她并不是没把你当朋友，仍然和你开开心心地说话，那么她在你背后“揭老底”可能就是开玩笑的了，这时候你就不必要太认真了，就装作聊到她曾经“揭”的那件事情，然后慢慢说道，这些事情都过去那么久了，她还能记得，你觉得很感动；如果到后面聊得比较畅快了，你就可以把自己的观点表明一下，比如说，这些事情太丢脸了，以后还是少让别人知道啦，等等，用比较轻松的语气来说，她会领会到的。

刚才是比较好的局面，如果你觉得和她之间真的有了隔阂，那么你需要和她真心地谈谈，可以先诚恳地跟她道歉，慢慢套出她是不是因为什么事情生你的气了。如果套出来了，真是你错了，就主动认错；如果是误会，就澄清一下，态度要诚恳。如果气氛缓和了，接下来的聊天也就和上面一样，比较轻松地表明自己的观点吧。

我希望你和你那位朋友，不要因为这样的小事情影响了友谊，毕竟是一起长大的。希望我的方法能帮助你。朋友是很重要的，好好加油，珍惜所有！

65. 与老师交流心里发憷怎么办?

学生：谢老师，您好，我能跟您谈谈吗？有个问题一直困扰着我，我想得到您的指导。

谢老师：当然可以的，我很乐意跟你谈心。

学生：谢谢老师。其实很多天以前我就想找您谈谈，可是一直都没有这个勇气，虽然我觉得您非常友善，但是我现在还是很紧张的，心跳得好厉害。

谢老师：呵呵，不用那么紧张，老师有这么可怕吗？你是不是见到所有的老师都很紧张，感到心里发憷？

学生：是的，与老师交流就心里发憷，这就是一直困扰着我的问题。因为我觉得老师的知识都很渊博，在老师面前我总是不敢说什么，很怕说错话，见到老师以后就不知道自己该说些什么了。而且，我觉得老师都是管理者，我们是“被”老师管的，所以我总是觉得老师就像父母一样威严，所以我也很少跟老师交流。

谢老师：其实，老师的知识比你们掌握的要多一些，这是很正常的，要不他们怎么会成为你们的老师呢，对不对？他们的年龄比你们大很多，学历比你们高，所以老师的知识暂时比你们要渊博，这是肯定的。但是现在你们都在努力地学习，你们的理解记忆能力强，每天都会学习很多知识，以后你们掌握的知识也会赶上并且有可能超过老师。所以，在老师面前你根本没必要觉得自己掌握的知识比老师少就不敢说话，老师也不会因为学生的知识浅薄就对学生有看法。而且，所有的老师都是很喜欢虚心学习的学生的。如果你多跟老师交流，他们还会及时地指导你学习的技巧和方法。因此，你要多跟老师交流，说错了话不要紧，以后改正就可以了，不必有什么心理负担。其实，老师都是很喜欢学生跟他们多交流的，他们也希望跟你们成为朋友，所以我们在交流的时候完全是平等的。不要觉得因为我们是老师，就以为我们说的都正确，其实，你们所拥有的某些方面的知识和某些想法，可能是我们做老师所不及的呢。因此也不要因为我们是老师，就害怕我们哦！

学生：谢老师，您真谦虚。您认为老师实际上都很乐意跟我们交流、想成为我们的朋友，对吗？

谢老师：是的。老师也很想了解你们的所思所想，也想知道你们有什么样的困惑，并且很想为你们答疑解惑。只是每个老师面临的学生很多，他们没有精力照顾到每一个学生，所以希望你们要主动地找老师交流，老师才能知道你们的想法。就像你今天来找我就做得很好，虽然你这次还很紧张，但是我跟你把问题讲清楚之后，以后你就会慢慢地不紧张了。

学生：是啊，这次我是犹豫了很久才来的，不过听了您说的话我才明白，其实老师的想法并不是我想象的那样。我现在才明白跟别人交流的重要性，明白只有在交流中，我们才能知道对方的想法，才能消除彼此的隔阂和误解。

谢老师：是啊，有很多同学就是因为与老师沟通不够，跟某个老师有些隔阂和误解，导致师生关系紧张。在这种情况下，学生就更要主动找老师交流了。不过，在与老师交流的时候有几点是要注意的。

● 要有礼貌，尊重老师。每个人都有被尊重的需要，老师是教育人、培养人的，他们更希望自己的学生能做到尊重自己、尊重他人，因此面对有礼貌的学生，老师会自然地对他们产生好感，也很乐意与他们交流。

● 要注意场合。给老师提意见时，最好是在和老师单独相处的时候，并且要讲清楚事情的来龙去脉，并且把自己的意见表达清楚。

● 如果在老师面前不知道说什么，或者不知道怎么说，可以在找老师交流之前先想好自己要说什么，并且理清自己的思路，交流时就可以主动把握谈话的方向，也可以有针对性地解决自己的问题。

● 如果感觉自己与老师面对面交流时心里发憷，也可以以书面的形式与老师交流，这种交流方式的优点就是有充分的时间去写清楚自己的想法，但是交流的时间比面谈要长。

其实，只要你消除心中的顾虑，平时多跟老师交流自己的想法，慢慢就枝轻松自然了。

学生： 谢谢谢老师，我知道以后怎么跟老师交流了。

谢老师： 你今天就表现得很好，相信你以后跟老师交流也没问题的。

66. 如何向老师请教问题?

学生： 我是一个大三的学生，最近开始上一些专业课了。我非常清楚，这些课程对我们的就业是起决定性作用的，因此，我学得很用心，每次上课都尽量坐到教室的前排，一有不明白的问题就向老师请教。可是，最近我发现，烦恼悄悄靠近了。一方面，我很积极地学习，向老师请教后会听到一些同学的闲言碎语，说我有意接近老师，为了期末得到一个好成绩；另一方面，我发现有些老师好像觉得我提的问题比较简单，不大乐意回答，好像有看不起的感觉。另外，一些老师又很忙，我想问问题也不大有机会，面对这么多问题，我该怎么办呢?

杨老师： 面对你的问题，我首先想说一句我经常和老师们和同学们说的话："没有不会教的老师，没有教不好的学生。"

老师是文明的使者，是人类灵魂的工程师；为社会做出了贡献，应该得到尊重。老师们得到全社会的尊重，理应更加努力工作，还有什么奢求呢？我们也要充分相信老师，老师是学校教育工作的主体，是事业发展的保证，应该说我们老师不需要任何名利诱惑就会全身心地投入到教育事业中来，为学生奉献。

每个学生都应有发展。古往今来，"孺子可教"。不可教者绝对没有。只要我们用心去教，没有学生教不好。每个学生都应得到发展。我们都知道，人有充分的潜能，关键在于发展，学生更是如此。认准了，努力去做，每个学生都能被教好。每个学生都能被充分发展，只要我们倾注了爱，悉心施教，创造最好的环境，营造最好的氛围，每个学生都能成为最好。

我要充分肯定你的学习积极性。你清醒地认识现在学习这些科目的重要性，如果说大学前两年是打基础，那接下来的两年就是为你们的就业做好准备。我想对你说，你的态度是非常值得肯定的，坚持下去！

你有问题可问，是你平时思索的结果。证明你学习是有目的、有方向的，这是值得提倡的。就你提出的一些老师觉得你提的问题太过简单甚至有些不屑一顾，我想可以这样来解释。我们老师不应该有觉得学生提问太简单的态度。一方面，学生以学为主，老师以教为主，要是学生什么都懂，那还要老师干什么？老师应该抱有和同学探讨的虚心态度，无论简单与否，悉心教授；另一方面，学生的问题也是老师上课没有讲清楚的地方，老师更应留意，是不是自己教学上的疏忽造成的。作为学生，在提问时，也应该做到以下几点：

● 不要一有问题就向老师提出。要记住，学习是非常依靠自主性的，在遇到问题时，首先应自主独立地思考、分析，增强自学能力。现在的学习手段很多，图书馆、网络等均可利用。有了问题，多去自主查阅资料。这样，在你寻求原来问题答案的过程中，你又会发现新的问题、新的思路，从而可能解决新的问题。即使最初的问题你依然没有解决，但你已经能够充分了解与之相关的知识、背景，同时，这其中也包含了很多你自己的思考结果。这时，你再带着疑问和你思考的结果去向老师咨询，你会更容易明白老师给你的答复，因为你已经具备了相应的知识储备。这样，你才能真正地提高。

● 要充分理解老师。老师的时间也是有限的，他要应付很多压力，学校的，社会的，一些名师更是如此，社会非常相信“能者多劳”这句话。老师不可能每天都等着来接待学生。作为学生要理解老师。面对这样的情况你们应该怎么做呢？可以在老师给你们上课的时候提问，抓紧时间。其实我觉得最好的方式是邮件。就我个人来说，我非常欢迎这种方式，我们不需要费力地找一个双方都有空的时间来见面，而是通过这种方式节约了大家的时间。

● 要使用礼貌用语。每当问老师问题时，语气要谦逊，态度要恭顺。并且要用“请问老师”、“向您请教个问题”、“麻烦您给指点一下”、“劳您费心解答一下”、“请您百忙之中赐教”等。当老师解答之后，一定要真诚地说“谢谢老师”、“老师再见”；如果老师先走，要说“老师走好”等。

另外，你听到一些闲言碎语，说你故意接近老师。我的看法是，走自己的路让他们去说吧！在追求真理的道路上，为了自己的理想而奋斗！祝你一路走好！

67. 如何正确对待老师的批评?

学生：最近我心里非常难过。好像有点无所适从：我本身理科基础相对差一些，尽了我自己最大的努力学习每一门课程，数学期中测试不及格后，数学老师批评我按兴趣学习，没有全面发展的要求；我努力和班级的每一个同学搞好关系，甚至牺牲许多自己的时间陪同学聊天，但辅导员老师点名批评我不讲原则……您是党员老师，党中央不是强调实事求是和建设和谐社会吗？请杨老师给我评评理。

杨老师：你在大学里，不仅要学习文化知识，而且要学习对人生极为重要的做人道理，并且需要生活的积累和总结。既然是面对着“生疏”、“不懂”，你在学习过程中就难免会出现这样或那样的“不足”或“错误”；既然是需要“积累”和“总结”，你在大学生活中就应该把握每一个机会，包括老师对你的每一次批评。

● 珍惜批评。批评并非贬义词。老师批评学生的目的，其本质上是促进学生进步，避免今后遭受更大的损失，只有负责任的老师才能如此真诚地指出你的不足。所以，作为学生要做到善待批评，更要珍惜批评。对于批评，一个明智的学生会把它当做前进路上的“垫脚石”；一个愚蠢的学生会把它当做前进路上的“拦路虎”。人常说，师如父母。可见老师对学生如同父母对子女。既然如此，学生对待老师的批评，无论这个批评是“激烈”还是“和风细雨”，都要尽最大努力虚心接受、积极改正，避免再犯，以求进步。老师和同学的批评，都是为了自己的进步，尽管偶尔方式可能不太恰当，事实可能有些出入，但其出发点和最终目的都是善意的。因此，当你受到批评时，不要去计较老师的脸色，更不要把批评你的老师当做“对头”。一般来讲，老师虽然比较严肃，但出发点是为了学生；虽然严肃，但要明白这比较严肃的面孔中蕴藏着老师深深的爱，老师这种对学生的爱是至高无上的。另外，教师也是人，也有可能犯错误；如果在管理学生方面偶有你认为是错的时候，先要冷静思考，然后再私下单独与老师交流。

● 反省自我。你作为学生，首要任务理所当然地是学好每一门课程。老师于对你数学期中测试不及格的批评，可能是基于你文科兴趣而言的，目的是提醒你全面发展。“数学期中测试不及格”肯定是你的“错误”，你能以自己“基础差”而埋怨老师、容忍自己“不及格”吗？你说你很努力，这是以你的

“标准”所作的“评判”，老师是以学校的标准要求你。关于与同学处好关系，你与每一位同学“套近乎”的过程中，是否存在“不讲原则”的情况？如果不分场合、不论是非，那就是你需要反思和总结了。同学之间相处，或者闹些摩擦，应该是“大事讲原则、小事讲风格”。所以，若自己遭到老师和同学的批评，要向自己多问几个“为什么”：他们为什么要批评我？我做得如何？经过一番反省，一般都会正确理解老师和同学批评的初衷，认识到自己的不足，吸取经验教训。

人非圣贤，孰能无过？大学生在成长过程中不成熟甚至犯错误并不可怕，可怕的是不能正确认识自己言行或所犯错误的根源及危害性，尤其是不会找到改正的方法。一个明智的学生会积极听取老师和同学的意见和批评，并及时改正，努力不犯同样的错误。唯有糊涂的学生、不求上进的同学害怕别人批评或指出缺点，最终害的仍将是自己。

我今天是教师，以前和你一样当过学生。感谢你与我这位曾经的学生交流。最后我以过来人的身份送给你忠告：批评是“良药”，是“清醒剂”。当你能正确对待老师的批评的时候，你正在向“合格大学生”和“受社会欢迎的人”的目标迈进。

68. 如何靠近博学的老师?

学生：这学期我们有一门课，授课老师是一位博学的教授，他讲课生动风趣，深入浅出，我很喜欢听他的课，所以对这门课也学得很卖力，对很多内容都钻得很深。每次上完课都想和他就某个我已准备好的问题进行探讨，可是又担心他没有时间回答，也担心他会认为我提的问题太简单、没有深度，更担心其他同学会认为我是故意在和老师“套近乎”、想拿高分，我应该怎样比较好地协调好各种关系，真正能和老师进行学术上的交流呢？

杨老师：能在大学学习阶段得到博学老师的授课，应该说是一件很幸运的事情。如果能和这位老师结为挚友，那更是一生都难得的财富，它不仅会在专业知识上给你很大的指导，也会在今后的生活中给你无形中的帮助。我大学时候的导师就对我学习、毕业、择业有很大的影响，我们现在一有机会就会一起畅谈呢。

看到你所说的担心，我首先希望你能坦然，接近老师并不是为了套近乎、拿高分，只是很单纯地以学术交流为动机，使自己获得更多的知识，以及从老师身上学到做人的风范。如果是为了考试得到“优”而想方设法让老师记住你，这种行为是不好的。当然，我相信你不会是这样的。

接近老师，取决于你主不主动。有些同学就指望着老师来找到他、问他问题，如果不懂，老师就额外地辅导，这些都是小学、初中的情况了。上了大学，强调自律自学。如果有问题自己不主动请教老师，一般说来，老师是不可能主动找到这位同学的。

接近老师需要一个长期的过程，不能指望一两次课以后老师就会对你印象深刻。老师每天的工作都很忙，教授还有课题的研究、出席各种学术讨论会等。老师时间很不充裕，这点你要理解。如果你不能处理好时间的关系，反而会给老师带来不便。那么我把我的一些建议提供给你参考。

● 继续保持对这门课的热情。花比别人多的时间在对相关内容的探究上，阅读大量资料，积累比别人多的知识；设想如果在老师上课的时候不经意提出一个问题，而且有一定的难度，在别的同学都答不出来的情况下，你利用平时的准备，给了老师一个满意的答案，并且利用老师还记得你上课时候的表现，在当堂下课的时候主动找到老师，就某些问题提出自己独特的看法，你说这种学生老师会不注意到吗？如果一次没记住，下一次再下一次也是这样的“精彩”，老师会留心这样优秀的学生的。这不是一天两天就能达到的，我想你喜欢这门课，肯定也是自己有兴趣在这块领域上有所钻研，多花些时间也是理所当然的。如果在课堂上没有机会回答问题的话，最好是留心老师上课时提到的一些内容，比如希望同学们课后看哪些书啦，课后思考哪些问题啦。别人也许不大会在意的，而你去阅读了，并在阅读中思考过，得出自己的见解，再拿去与老师讨论，会比问一般的课本上的问题要事半功倍。

● 邮箱也是一个很好的桥梁。现在老师一般都会提供自己的邮箱，你可以将问题搜集起来，通过邮件发给老师，然后表明希望能和老师当面求教的意愿，在下次上课后可以和老师说，自己就是某某，上次发邮件的那位同学。这样的优点是老师也许会事先准备对你的问题的解答，会让你受益更多。你要记得在一些重要节日比如说教师节、春节等，给老师发一张贺卡，这样你们的交流就不仅仅是学术上的那样苍白，会慢慢渗透到生活当中。

● 不断联系。一般老师只带一个学期，课程结束后，千万不要与老师中断联系，比如保持邮件联系。如果这位老师开有其他的课，会对你的专业有帮助的，建议你可以选修。你可以问一些当前学习中遇到的困难，即使不是老师所教的科目，他也会乐意地帮助你解决。

● 尊敬老师。在和老师的交谈交流中，首先要尊重老师，称呼、举动等要注意；其次是要虚心求教，不能只顾提自己的观点；还有要学会思考，提问题要有价值。老师的时间很紧，如果你的问题不能让他眼前一亮，是很难有效果的。老师喜欢能独立思考、有见解的学生。还有学会感谢，在每次老师帮助你释疑解惑后，说一声“谢谢老师”，会让老师觉得自己得到了尊重。

总之，拥有一位良师益友将是自己一生的财富。希望你好好把握，从好的老师身上学到更多的东西。

69. 怎样接待到宿舍来看望学生的老师？

学生：最近，辅导员老师多次在我们几位学生干部面前感叹，批评有些大学生一点礼貌都没有，如老师到宿舍看望，大学生表现出的淡漠、随便令老师们非常难受。隆老师，请您为我们谈谈如何在接待老师中体现文明礼貌，好吗？

隆老师：好的。我给你们提出以下建议：

第一是准备：首先收拾房间。你家里要来客人了，你得把房间打扫干净吧，这是最起码的礼貌。窗明几净，客人看着舒服，你自己也舒服。如果你们知道老师要来，应该先把宿舍整理整理，总不能被子不叠，地也不扫，物品堆得乱七八糟，桌上放着两天没洗的碗，苍蝇乱飞吧。其次收拾自己。在西方礼仪中，美国人以为穿着睡衣见客，是没教养的表现。不要认为我们的穿着打扮只是自己的事，与别人无关。你把自己搞得邋里邋遢，是对客人极大的不尊重，相反，我们注重自己的仪表，不仅自己好看，也体现了我们对客人的重视。

第二是迎接：要以热情、精神的状态迎接老师的到来。热情如何体现？眼睛要放光，脸上有灿烂的微笑，嘴里要说话：“老师好！”“老师您来了！”“欢迎老师！”精神状态要积极，怎么体现？人要起立，不能坐着，更不能躺着。

第三是招待：古人说：坐、请坐、请上坐；茶、上茶、上好茶。首先要热情地给老师让座，为老师拉开椅子，说“老师，您请坐。”别忘了用“请”字，称呼老师要用“您”，而不是“你”，“您”是敬称，是“心中的你”，我们对师长说话都要用“您”。然后给老师倒茶水，注意用干净的杯子，切忌用手碰杯口。茶一定要用沸水冲泡，双手奉茶，并说：“老师，请喝茶。”

第四是交谈：主动、热情地和客人交谈是一种必不可少的礼貌。老师来到宿舍，老师就是客人，同学们是主人，应尽好主人的职责。在与老师交谈时应注意：首先是必须使用礼貌用语，多使用尊敬之语、文雅之语和谦虚之语。既不可信口开河、以自我为中心，也不可始终一言不发、沉默不语，和老师讲话时态度要认真、热情，语气语调要“气平声谦”，给人以敬重感。其次当老师说话时，必须认真倾听。倾听就是用耳朵听着、用眼睛看着、用大脑思索、用心灵感受，不要表现出一副心不在焉、爱听不听的样子，要用微笑、点头、积极的语言反馈告诉老师：“我在听您说。”再次是使用积极的身体语言。我们常说，站有站相，坐有坐相，身体姿态会无声地传递信息。如你坐在老师对面，当老师和你说话时，你身体稍稍前倾，则表示你在认真听老师说。注意自己的面部表情，不要作出呆板、冷漠、厌烦的表情。说话时手势要表意明确，自然适度，但不宜过多，以免显得指手画脚，不稳重。

最后是送别：当老师要走时，必须起身，送老师到门外，和老师道别，目送老师远去。有的同学只站起身说声“老师再见”就去做自己的事情，这是很不礼貌的。

70. 如何配合接待同学的家长来访?

学生：大学宿舍是我们大学生最为固定和重要的场所。我们住进一幢楼、一间房，就和大家成为校友、“邻居”和室友，成为学校“大家庭”和宿舍“小家庭”的成员。经常有同学家长来到学校，当他们到宿舍看望自己的孩子时，我们这些“家庭成员”该如何彼此配合接待呢?

杨老师：你说得对。随着学分制的实行，大学生选课时间、内容不一，班级制教室被打破，宿舍就自然成为大学生之间最重要的联系场所。你们在宿舍交往的举止，不仅直接反映你们的素质、修养、人格，而且关系到能否共同营造出文明向上的校风、学风乃至宿舍“家风”，关乎你们的健康成长。

我曾陪同一位校友到学生宿舍看望他的女儿和一位男生亲戚。在女生宿舍，正在撰写毕业论文的他女儿的同学迅速起身说：“老师们好！我叫……”她作了简单自我介绍，并给我们让座，询问有什么需要帮助。当弄清我们几位的身份和来意后，立即打电话联系，给我们留下了深刻的印象。紧接着我们来到了另一男生宿舍，两位没有课的同学正在打牌。他们回答那位亲戚“不在”后，旁若无人地继续进行他们的游戏。这位校友感叹道，这样的大学生将来如何适应社会……同学，你愿意做哪一种大学生呢?

大学生现实生活中，在宿舍这个主要共用空间里的言谈举止往往是最为放松和随意的，也最为直露，大学生的公德、修养、人格也就在这里充分地展示，一览无余。一位学生家长说："到学生宿舍走一趟，就可以略知一位同学的个人素养和文明程度。"事实上，许多同学并不在意日常小节，并由此给人以不文明印象；有的同学由于缺乏必要的礼仪常识和习惯，面对亲朋好友的造访，往往不能正确应对，缺乏最起码的尊敬与尊重。在这里给你们讲几条接待家长亲友的礼仪规范：

● 首先要体现当代大学生的风度修养。不管是自己的家长亲友，还是其他同学的亲朋好友，都要主动打招呼和做好接待。起立、问候、让座、斟茶是接待的基本"功课"。让每一位造访的家长亲友感到这里就是他们眼中的"家"。

● 作为被亲友探望的同学，要主动将自己的家长亲友介绍给同宿舍的其他同学，紧接着把其他同学介绍给自己的家长亲友。

● 作为同寝室的同学，如果被探同学不在，应主动接待让座、介绍自己，然后问清来意，并主动给予帮助。

● 在家长亲友面前，一般不要称"小姐"、"老板"，因为这不符合学校的交往习惯。家长亲友离开宿舍时，应主动开门引导、送别。如果是外籍家长和客人，要尊重外籍人士的交往习惯与习俗。

宿舍是培养大学生与领导、与亲友、与同事交往能力的最佳实践场所。如果你从入学的第一天起，就注意以恰当的礼仪接待每一位来访的家长亲友，并乐意帮助每一位同学，那么，你就为毕业后踏上工作岗位的社会交往做好了实实在在的准备。

71. 如何调整同学间的攀比心理?

学生：我是一名来自农村的大学生。考上大学，第一次来到上海这个现代化大都市时，我就暗下决心，一定要在上海扎根。可是现实很残酷，在读书期间，由于从小和上海同学在不同的环境中长大，渐渐地，不论是物质上，还是在观念上，我与其他同学都产生了很大的差距，我总觉得同学会瞧不起我。为了改变这种现状，我开始打扮自己，消费越来越多。虽然有家教补贴，但是每个月向父母要的生活费也越来越多。我知道这样超出自己消费能力的支出会给不易的父母带来更沉重的负担，但是却改变不了自己的攀比心理。我现在心里很痛苦，希望李老师能够给我些建议。

李老师：对于一名像你这样出身的同学来说，是比较容易出现这种攀比的心理，因为每个人都是有自己的自尊的。你可能会觉得这样就能维护自己的尊严，殊不知这样完全就是“打肿脸充胖子”，到头来知识没学到多少，坏的习气反而学了一身。其实作为一个学生来说，值得攀比的地方有很多，比如学习、学生工作等方面。对自己科学定位，真正明白哪些东西值得去攀比，哪些东西必须予以摒弃。

校园是一个小社会，它必然也会受到“大社会”的影响。攀比心理之所以普遍在你们学生中刮起小风，那是因为你们还没有工作，没有体会到钱的来之不易，更不会理解父母汗水的代价，只可怜了我们天下的父母心。每个父母都希望自己的孩子在学校里不受委屈，都希望自己的子女在学校里生活得更好一些或者有一个更好的学习环境，可是在我们的父母每天为生活的压力所奔波劳苦时，你们有没有体会父母的心情呢？有没有想过当你正沐浴着高等享乐的时候，你的父母正在做什么？

对于大学生来说，不论家境是否富裕，都不应该靠父母过“潇洒”生活。心高志远之人，绝不会比吃比穿，而是比今日之实务，未来之前程。对你来说，既然此生注定不是“贵族的后裔”，那你就要努力，与人比未来，让自己成为“贵族的祖先”。也许在一些心不高、志不远的同学眼里，你不够潇洒。但在大学生群体里，并不失真正的仁人志士，你的作为，一定会得到大多数人的尊敬。

● 树立健康的消费观念。在消费上坚持独立思考，不慕虚荣、不搞攀比消费。古往今来，许多有见识、有成就的卓越人物，都在个人消费方面不追流俗，表现出很强的独立性。如曹操在《述志令》一文中，提出了“不得慕虚名而处实祸”的著名原则。曹操这里讲的虽是政治，但对于指导个人消费来说仍不失借鉴意义。那种“别人有的，我也一定要有”的攀比消费心理，是一种不健康的甚至有害的消费心理。在生存、享乐、发展这三种需求中，大学生显然是处在第一个层次。

● 克服攀比心理。在思想上要认清自己家庭的实际情况，不要不切实际地进行攀比。勤俭节约历来是中国人民的好传统，而不计后果暴殄天物从来都为国人所不齿。年轻的大学生朋友们，更要向自己的父母、师长学习，逐步树立起勤俭节约观念，从俭处理个人生活中的各种事情。这有助于养成自己在消费中独立思考的好习惯，终生受益。

最后，送给你一句谚语共勉：节俭朴素，人之美德；奢侈浮华，人之大恶。劳动是幸福的左手，节俭是幸福的右手。

72. 同学经济往来“AA 制”有道理吗?

学生: 金钱是人们交往中的一个敏感话题，在我们学生生活中也是这样。同学间，特别是寝室室友之间每天一起生活，再加上有时一起聚会游玩，就面临着钱怎么出的问题。现在都流行“AA 制”，我觉得很好，有的同学却不赞成，觉得你邀请了我，还要我自己掏钱，那还用你请吗？有时因为是“AA 制”，有的同学就不参加了，也挺扫兴的。下次聚会该采用什么方式呢？这钱也有大钱小钱，一般出去玩或花费比较大时，还是会有默契的“AA 制”；可遇到一些小事，金额少的时候就有点难办了。另外，有的时候没零钱，同学帮忙垫上了几块钱，事后还给他，他都会推托一番说不要。是我太在意了，可不还的话，自己心里又过不去，也担心别人心里还是有想法的，所以就会觉得很难办。请问怎样来处理类似的事情呢?

杨老师: 我先说一下“AA 制”。AA 是英文 Acting Appointment 的缩写。16～17 世纪时的荷兰和意大利（威尼斯），是海上商品贸易和早期资源共享资本主义的发迹之地。终日奔波的意大利、荷兰商人们已衍生出聚会时交流信息、散时各付资费的习俗。因为商人的流动性很强，一个人请别人的客，被请的人说不定这辈子再也碰不到了。为了大家不吃亏，彼此分摊便是最好地选择了。而荷兰人因其精明，凡事都要分清楚，逐渐形成了 let's go Dutch（让我们做荷兰人）的俗语。而幽默的美国人将这句话引申成为“AA 制”。

由此我们知道，“AA 制”的本意是让大家都不吃亏、明算账。随着西方观念的渗入，在我国很多地方这一做法已经流行起来，可是由于这个方式和我国的传统习惯正好相反，所以在我国有些地区还是不太容易接受，特别是在北方地区。

我曾经就这个问题和一些同学聊过，有的说：“视情况而定。如果和自己的好朋友在一起的吃饭的话，我们肯定不会‘AA 制’的。谁最近手头宽松一些，谁就会自然地付账，谁也不会斤斤计较。如果和关系一般的人一起，就应该‘AA 制’了，免得累!”，有的说：“吃个饭能花多少钱？南方就是没有北方有人情味!”，还有的说：“‘AA 制’很好，自己本来就不是什么大款，又没挣钱，何必非要打肿脸充胖子，惺惺作态?”相信这些同学的想法是具有代表性的。我们的同学来自五湖四海，各地风俗习惯、思想观念存在着差异，自然在面对这些问题时会产生分歧。

大部分情况下，同学之间经济往来“AA制”是值得提倡的。学生在校期间，绝大部分没有经济收入，而靠父母提供生活保障。实行“AA制”，对于经济比较匮乏的学生来说，一方面减轻了经济负担，另一方面也比较容易接受，很少会产生谁占了谁便宜的想法。然而，事情不可能一概而论，在中国的传统文化中，中国人有着热情好客的优良品质，因而容易产生对于“AA制”的抵触情绪，会认为实行“AA制”是小气吝啬的表现。所以“AA制”也不可以到处适用。

同学之间经济往来是否采用“AA制”，要因人因事而定，不能简单地说有无道理，不应存在占便宜的心理。对于那些家境好、每月都有很多零花钱的同学来说，他们并不在乎是不是“AA制”的，甚至还会因为没有让他在聚会时出风头而耿耿于怀。相反，倒是那些零花钱很少的同学比较赞成“AA制”，因为他们只要支付自己的那份就行了，不必担心为其他人付费。同时，他们也可以享受到同学在一起聚会的快乐。如果不是AA制，就比较麻烦了，因为谁也不能总是参加由别人出钱的聚会，这同样会让他们感到自卑的。时间长了，他们就会不再参加聚会了，这不是想看到的结果。

“AA制”是一种新的观念，它给了大家充分的空间。如果觉得这次聚会的费用能够承受，就可以参加。因为通常在一项活动之前，就可以知道应该拿多少钱，比如滑旱冰、吃麦当劳。能支付得起，就去，支付不起，可以不去，也不必担心这次你请我，我下次还得记着请你。所以，希望同学们在面对这些问题时，能做到具体问题具体分析，对不同的场合、不同的人和不同大小的事情做出具体合适的分析，然后选出最好的方式。这样能玩得开心又不会为付钱的事烦恼，不会影响同学朋友感情，阻碍正常的交往。

“AA制”消费方式所蕴涵的自主、独立、参与、合作及信守契约的精神，与市场经济、公民社会的本质精神相契合，大学生不妨把“AA制”作为培育这种意识的一个途径。

73. 如何做到帮人所需?

学生：我在生活中很爱帮助别人。不论是别人向我寻求帮助，还是看到别人有困难，我都会义不容辞地去帮助别人，但最近却碰到一件令我相当苦恼的事情，今年寝室的一个新室友屡次在我自愿给他提供帮助的时候对我进行冷嘲热讽。有一次，我把我获奖发的一个本子送给他，他拿下本子后却说，果然是好学生啊，这么多奖品。他在其他各个方面都很不错，唯独这方面总是让帮助他的人感到不大舒服。我最近也在反思，是不是因为我帮助他的方式出现了问题？请问杨老师，我应该怎么办？

杨老师：帮助他人是我们中国的优良传统，值得提倡。对于你乐于助人的精神我表示十分的钦佩，自私奸诈小人从不轻易给予别人雪中送炭，偶尔施舍是为了个人私利，因此我想乐于帮助别人的人一定是一个胸怀像天空一样宽广的人。帮助别人不一定是物质上的帮助，简单的举手之劳或关怀的话语，就能让别人感到温暖和心存感激。如果你能做到帮助曾经伤害过自己的人，不但能显示出你的博大胸怀，而且还有助于“化敌为友”，为自己营造一个更为宽松的人际环境。

既然是帮助他人，因此就成了两个人的事。我们不能一相情愿地去帮助他人，要考虑到他人的感受，而不是强制性地去帮助他人。因此在帮助别人的同时，除了端正自己的心态之外，站在对方的角度考虑也是十分必要的。

应该注意，帮助他人的最主要目的是切实帮助他人解决困难、走出困境，不能为我们的一己私利去盲目帮人，来向他人展示我们有多慷慨。在任何时候，我们要摆正自己的位子。从本质上讲，我们与他人在人格上是平等的，不管他人是否需要我们的帮助，我们不能因为我们帮助了他人，就觉得自己有多了不起，让他人感觉我们是在施舍，而不是真心诚意帮助他。这样于人于己都不好，背离了帮助他人的宗旨，帮助他人也就失去了意义。

对于接受帮助的一方，在接受善意帮助时，应心存感激，常怀感恩之心。人是需要关怀和帮助的，尤其要十分珍惜在自己困境中得到的关怀和帮助，并把它看成是“雪中送炭”，视帮助者为真正的朋友、最好的朋友。生活中，人与人的关系很是微妙的，对于别人的好意或帮助，如果你感受不到，或者冷漠处之，因此可能生出种种怨恨。生活在社会大群体里的你我，总会有人为你担心，替你着想。享受着感情雨露的人们不要做“马大哈”，常存一份感激之心，就会使人际关系更加和谐。情感的纽带因为有了感激，才会更加坚韧；友谊之树只有靠感激来滋养，才会枝繁叶茂。

现代社会竞争日益激烈，人与人之间的相处也愈加微妙复杂，你在给予对方帮助时，除了要保持慷慨的气度和不求回报的胸襟外，在帮助人时还应掌握以下基本要领：

● 帮人所需前，应注意观察对方，看对方是否值得帮助。生活中很多人抱着“有事有人、无事无人”的态度，把朋友当做受伤后的拐杖，复原后就扔掉。此类人不肯帮助人，总是太看重自己丝丝缕缕的得失。别人的困难，他却当做自己得意的资本；别人的失败，他却化作安慰自己的笑料；别人伸出求援的手，他会冷冷地推开；别人痛苦地呻吟，他却无动于衷。至于路见不平，更是不会拔刀相助，就是见死不救，也许他还会有十足的理由。对于这类自私和麻木的人，并不值得你给予无私的帮助。

● 帮人所需时，应了解对方的性格，了解对方是否会因为自尊心太强而拒绝你的帮助，并以此为耻。在给予帮助时，要注意言行，不要说得过于直露，挑得太明，以免令对方感到丢了面子，伤害对方的自尊。

● 帮人所需后，更不要四处张扬，以免给对方造成还债负担。

做到以上几点，诚心帮人，相信帮助他人不会再给你带来困扰，应该会给你带来更多的友情和快乐。

74. 与人交往最关键问题是什么?

学生： 老师，我们大学生一直听到家长和老师说到人际交往十分重要，会影响到我们自己今后的发展前景。然而，毕竟我们现在还年轻，阅历不够丰富，与人交往时往往主次轻重不得要领，希望老师帮我们分析和指导，告诉我们与人交往最关键的问题是什么。

卢老师： 我认为与人交往最关键的问题就是四个字“学会做人”。

所谓做人，简单地说就是成为一个大家都喜欢的人。而想要让人喜欢，还真不那么容易，尤其是当今的大学生往往为此苦恼不已：自己长相又不难看，学习成绩也不错，可总是和周围的人有隔阂或闹别扭，相处不和谐。我建议大学生朋友在下列方面多加注意，或许能够有所帮助。

● 真诚待人。真诚待人是做人的根本。无论对人对事能在保持充分自尊的前提下，持真挚诚恳、和善友好的态度，真心与人相处；遇到问题，能够明辨是非，实事求是。

● 记住他人。不仅记住对方的名字、爱好、特征，还要记住对方最珍惜的东西。比如记住他人的成绩和成就、祝福他人的生日等纪念日……随着时间的推移，对方最珍惜的东西你能比他记得更清楚，这足以使亲朋对你产生不可动摇的信任，也足以使挚友对你怀着永世难忘的感激，让他们因你的存在而感到幸福。

● 喜欢他人。喜欢他人也容易得到他人的喜欢。你可以通过表情、语言、态度表达对他人的欣赏和喜欢。比如可以说喜欢对方的长相、性格、能力、口才、为人等等。

● 心里容人。心理上保持较大的宽容度，宽以待人，富于弹性，给自己也给别人留有较大的缓冲余地，这是待人处世的一种高素质要求。俗话说，不能把话说死，也不能把事做绝。容人还包括容他人之不足。

● 说话敬人。说话要满足对方的心理需要。一个受欢迎的人，不是一味说自己想说的话，而是注意说让对方爱听的话。这是种境界，更是一种尊敬。比如学说以下人人爱听的七句话："对不起，我错了"、"我相信你"、"我信赖你"、"我尊敬你"、"我以你为荣为傲"、"你能行"、"我爱你（们）"等。

● 行动助人。具有助人的热情、助人的方法，乐于参加助人的组织等。处处律己，时时利他，事无巨细，总为他人着想。毛泽东同志说："一个人做点好事并不难，难的是一辈子做好事，不做坏事。"如果你能做到让所有与你交往过的人，都会感到从你这里得到温暖与助力，离开你人们会觉得少点什么，你的"人"也就做到位了。

以上种种，都是以他人为中心的思维与行为，即把自己放在行星的位置上，把他人看做是恒星，主动围绕着他人的需要去行事。如此必然会赢得他人的认可，进而在行动上得到他人的回馈，就会有更多的人愿意围绕着你的需要做事。如此大家互为行星，也互为恒星，大家都学会了做人，彼此的和谐就是自然而然的了。

75. 如何培养自己的人格魅力?

学生：何谓人格？经常听到人们用人格来评价人的言行、是非功过，但是，究竟人格一词的真正含义是怎样的，我们不是很清楚。另外，现代社会的人格要求有哪些？又怎样才能成为自己人格的主宰？应该怎么做才能树立自身的人格魅力，通俗地说究竟怎样才能让别人喜欢你、接受你、爱你？

卢老师：最简单地说，人格，就是做人的资格。就其本质的意义来说，人格是作为"个体的人的内在倾向性"。集中地表现为个人对社会伦理道德的责任意识，也就是个人的人生态度。理想的人格，也正是自己社会责任感和义务感的个性表现。

如何培养自己的人格魅力呢？这个问题可就复杂了，很难用一次谈心能解决的。我给你推荐一本书吧，就是美国安利公司总裁、现任世界直销协会联盟主席狄克·狄维士先生著的《人格的魅力》。在这本书里就系统地回答了这个问题。在此不妨把书的目录介绍给你，从这里就能让你对如何培养自己的人格魅力有所领悟：

● 做正确的事

◆ 诚实——诚实的人拥有真正的自由，不诚实的人信口开河，言行不一，牺牲的却是他自己的信誉。

◆ 可靠——可靠的人说到做到，无论他是机修工还是公车司机。

◆ 公正——抛开私欲，远离偏见，对每一个人一视同仁。

◆ 同情——同情是指关心别人，引导自立。担任其依赖，就不是同情的含义。

◆ 勇气——勇气不靠力气，更不分年龄和性别。

◆ 谦虚——不自我吹嘘，不骄傲自满，不牺牲他人成全自己。

◆ 理性——理性使勇气免于鲁莽。

◆ 自律——掌握小事，处理大事。

● 做自己想做的事，只要它是正确的

◆ 乐观——是的，我们一定能行。

◆ 投入——设定方向，全心投入，达到目标。

◆ 主动——无须借口，大胆尝试，不怕别人嘲笑。

◆ 工作——每一项工作都体现了喜悦和尊严。

◆ 坚毅——成功属于坚持到底的人。

◆ 负责——勇于承担责任，并对自己的选择和行为负责。

◆ 合作——懂得和谐有效地互助合作，能成就大事。

◆ 管理——“善用”时间、资源和才能，意味着善于管理自己。

● 帮助他人做正确的事

◆ 鼓励——鼓励必须从实际出发，在他人努力进取的时候，帮助支持他们。

◆ 宽恕——宽恕意味着承认自己与他人都不是完美的，宽恕就是忘却。

◆ 服务——爱的果实是服务。每一天每一刻，都有许多机会为他人服务。

◆ 捐赠——捐赠不在于价值的大小，而在于捐赠者付出的爱心有多少。

◆ 领导——一辈子不出错、不敢冒险、不愿做决定的人，不可能作为领导者。

◆ 机会——每个人都能改变，只要他能把握机会。

◆ 教育——教孩子分辨善与恶。

◆ 友爱——尊重每个人的权利，无论他来自哪个种族，说哪种语言，信仰哪种宗教。

学生：哦，老师，这本书的提纲写得太好啦，我真的想马上去买一本看。

卢老师：好啊，这本书的确值得一看。还要提醒你：读书只有结合自己的实际去理解，才能真正地主宰自己的人格。主宰自己的人格，也就是主宰自身的灵魂主体。珍视自身完整的人格形象，达到人生奉献的纯美与人生优美的和谐，造就一个可爱而又自尊、随和而又威严的人生姿态！

学生：谢谢老师，我心中有数了。

四、全面打造

76. 大学生心理健康的标准是什么?

在大学生心理健康教育活动中，赵老师要为大学一年级的同学，进行心理健康的讲座，为了解学生的心理状况，她通过各种渠道和学生接触。这天在餐厅吃完午饭，和高娜又聊了起来。

学生：赵老师，听说您就要给我们办讲座了，能提前给我们吃吃“小灶”吗?

赵老师：我也正想和你们沟通一下。

学生：心理健康的含义是什么?

赵老师：心理健康的含义是指一种高效而满意的、持续的心理状态，在这种状态下人能做出良好的反应，具有生命的活力，能充分发挥其身心潜能。

学生：这方面有国际标准吗?

赵老师：世界心理卫生联合会提出的心理健康的四条标准是：1. 身体、智力、情绪都十分调和；2. 适应环境、人际关系中彼此谦让；3. 有幸福感；4. 在工作和职业中，能充分发挥自己的能力，过高效率的生活。

学生：有关于大学生心理健康的标准吗?

赵老师：根据国内外学者的研究以及我国大学生的心理实际，有关专家制定出了大学生心理健康六条标准：1. 能自觉调节和控制情绪；2. 保持对学习较浓厚的兴趣和求知欲；3. 能保持正确的自我意识；4. 能保持和谐的人际关系；5. 能保持良好的社会适应能力；6. 心理行为符合年龄特征。

学生：每时每刻都要保持这样的状态，太难做到了。

赵老师：心理状态是连续的，变化的，每个人都是在一定的阶段上循环往复，谁也不可能停止在一个阶段中。

学生：心理状态有哪些阶段呢？

赵老师：在健康的阶段：人们能具有心理整合能力，能自己化解心理矛盾。好比手指划破了，不用打针吃药，就能自己愈合。如有了较轻的困惑、焦虑等一般心理问题，自己一时不能排解，通过心理健康辅导，老师朋友的劝解开导，也能将其排除，这也很正常。这两个阶段都属于心理健康阶段，我们经常在这两个阶段中循环往复。

学生：具有心理整合能力，或是有一般心理问题都属于正常，属于健康阶段。那怎样就算病态了？

赵老师：有心理障碍了，也就是说心理问题长期得不到解决，以至于影响了正常的生活和学习，持续地吃不好睡不好，精力无法集中。这就要通过专业的心理咨询人士进行治疗了。再严重的状况就是心理疾病，这不但需要心理治疗还要通过药物治疗。当然这两个阶段在实际中有时很难区别。

学生：病态阶段是心理障碍和心理疾病阶段，但愿我不会到达这两个阶段。

赵老师：你这么爱学习，又这么善于沟通，肯定会永远处在健康阶段。

学生：说了这么多，觉得很有收获，可是怎么能简便地记住呢？

赵老师：我用一种通俗的表达方式来概括吧，大学生心理健康的标准可以概括为三条：一是吃得好睡得好，二是开学的时候愿意上学，放假的时候愿意回家，三是有朋友有爱好。

学生：这样一概括好记多了，谢谢赵老师！

77. 参加文体活动对心理调节有什么作用？

周末的晚上，在学校舞厅里，大一学生付冰看到隆老师也在跳舞。休息时，他来到隆老师对面坐下，和隆老师聊了起来。

学生：老师，没想到您也会来跳舞！

隆老师：这两天工作很忙，压力很大，所以，来放松一下。

学生：是呀！我们刚考完英语四级，前段时间都在拼命学英语，又是背单词，又是做题，差点没疯掉，今天我也来放松一下。

隆老师：我下午还打了一场排球呢！出了一身汗，感觉很“爽”，心情也好多了。

学生：我们下午也在踢足球，在球场上奔跑时好像人都可以飞起来了，什么烦恼、忧愁全没影儿了！

隆老师：看来文体活动对心理调节是非常有帮助的。当我们感觉压力大，心里的负荷太重时，需要寻找恰当的方式释放心理能量，平衡自己的心理状态，而积极参加文体活动就是一种极好的选择。

学生：老师，我觉得人很怪的，有时也没发生什么大事，可心情也会不好。

隆老师：是的，一个人的心境总是在不断发生着变化，即使没有遇到明显的心理冲突和挫折，也会因身体疲劳、学习紧张、生活单调或莫名的烦恼、压抑而造成心情不佳。因此，要使自己经常处于恬静舒坦、愉快的心境之中，就必须注意随时进行心理调节。比如，通过参加自己感兴趣的文化娱乐活动，使自己的注意力得到转移，身心得到调节；参加体育运动，给大脑充足的供氧，可以消除大脑疲劳，获得机体活动后产生的快感，就能恢复良好的心情。

学生：我们宿舍有个哥们儿，除了学习对什么都不感兴趣，他每天就是看书、做题，人好像都快傻掉了。

隆老师：学生的主要任务是学习，但学习不是生活的全部。要维持健康的心理状态，大学生就应当经常保持合理的生活节奏，安排好学习时间和丰富多彩的课余生活。一个人给自己过重的学习负担，会使自己终日处于高度紧张状态，一直绷紧的弦可能会随时断裂。所以，大学生除了学习外，还应当积极参加丰富多彩的课余活动。文武之道，有张有弛，多参加文化娱乐和体育锻炼等活动可以缓解心理紧张，又能陶冶人的情操，锻炼人的意志，发展各种能力。你看看大学校园中，多才多艺的大学生一般很少出现心理障碍。

学生：老师您说得不错！而且，我还发现，多参加丰富多彩的课余活动，还能增进人际交往，让自己交到更多的朋友，这是不是也会对心理调节有帮助？

隆老师：那当然。在心理健康的评价标准中，有一条就是和谐的人际关系。心理健康的学生总是乐意与人交往，所以他们就愿意参加各种活动，并在活动中广交朋友，以一种肯定的态度和积极的心态与人和谐相处，这些又会使他们的生活更加丰富多彩，人生更加充满欢乐，他们的心理会更健康。所以，我想你再参加文体活动时，应该把你们宿舍那个哥们儿也叫上，可别让他真的傻掉啊！

学生：哈哈！老师您放心，下次我一定叫上他。

78. 如何有效地锻炼身体?

学生: 过去我是一个不太喜欢参加体育锻炼的人,上大学后发现同寝室的其他同学都很爱运动,他们总说我缺乏锻炼,所以抵抗力差,精力也不如他们充沛。请问老师,如何才能有效地锻炼身体呢?

王老师: 首先要认识到锻炼身体的重要性。科研和实践证明,体育锻炼是促进人体发展的重要手段和方法,是维持、加强生命活动,延缓人体衰老,促进人类进化的有效手段。经常进行体育锻炼有益于全身各个系统的健康,对预防心血管疾病、改善呼吸系统和神经系统的功能、提高消化系统的功能、预防骨裂、保持身体活动的能力、控制体重与改变体型等都有帮助。所以,每天锻炼一小时,健康工作五十年,幸福生活一辈子。

其二,持之以恒地锻炼身体才能真正有效。众所周知,生命在于运动,运动贵在有恒。我们人体各器官的机能,不是一下子可以提高的,它是一个逐步发展、逐步提高的过程,即锻炼效果是一个缓慢的由量变到质变的逐渐积累的复杂过程。如果违反循序渐进的原则,急于求成,不但不能有效地增强体质,而且还会损害健康。比如有的同学在开始进行体育锻炼时,兴趣很高,活动量也很大。他们对体育锻炼的期望值过高,认为只要进行体育锻炼就会立竿见影,结果锻炼几天后,未见身体机能发生明显变化,就对体育锻炼大失所望。失去了锻炼的热情。像他们这种一开始进行体育锻炼时活动量过大,突然停下来会给身体带来不适应,甚至造成运动损伤。因此,体育锻炼不能一蹴而就,必须循序渐进、持之以恒,“三天打鱼,两天晒网”是绝对不行的。

其三,有针对性的体育锻炼是非常重要的。由于先天性遗传基因等因素的影响,每个人的身体机能都有一定的差异。那么,在进行体育锻炼时就必须针对自己的问题,根据自己的实际情况,选定锻炼内容和方法,安排运动负荷,使锻炼的项目与负荷量适合自己的健康条件,以期达到良好的锻炼效果。比如,有的同学要增强自己的心肺功能,可选择步行、慢跑、骑自行车和游泳等,凡是慢节奏的运动都可以作为锻炼方式;有的同学想减肥,就应该以有氧运动为主,运动的时间相对较长,以使体内的多余脂肪充分消耗;有的同学体重偏瘦,可选择举重、健美、体操等体育锻炼内容使身体健壮、丰满起来。总而言之,每个锻炼者都应该根据自己的体质、健康状况,根据自己要达到的目标,有针对性地进行体育锻炼。这样才能真正有效。

老师想提醒你的是：在选择体育锻炼项目时，可以考虑到自己的兴趣和爱好，有兴趣才会更有动力，才更容易坚持不懈，锻炼的效果也一定会更好。

另外，还需掌握以下运动注意事项：

● 不要饭后立即运动。

● 最好在早上6点后、下午4点左右运动。

● 运动前要进行5~10分钟的准备活动，运动后要进行身体整理。

● 运动后5分钟应测量脉搏频率，恢复至运动前状态为正常。

● 运动后不要马上洗澡或进餐。

● 合理的运动频率目前国际上多数采用每周3~5天（次）的频率，低于每周3天（次）则无效果。

79. 面对压力，如何培养自己健康的心理素质?

上课的时候，隆老师收到了一张字条，上面写着："老师，这次四级考试我们宿舍就我一个人没通过，马上要期末考试了，我又怕我的高等数学和会计两门课考不过，我现在压力好大，每天晚上都睡不好觉，心情非常差，总是处在紧张不安之中，我真怕自己患上了心理障碍。老师，我需要您的帮助。"下课后，隆老师把字条的主人——一个叫廖红的学生请到了办公室。

隆老师：我知道你现在感觉压力很大，但老师要告诉你的是：我们总认为别人比我们活得轻松、顺意，其实生活当中很多人都会遇到压力，只是你不知道而已。我们所生活的这个时代就是一个充满压力的时代，在生活道路上遭遇到一些坎坷、挫折是非常正常的事。你有你的苦恼，别人也有别人的难题。

学生：老师，您也有压力吗?

隆老师：当然。我们教研室又新进了两个博士，我的压力就来了，应该考博吧？手头两本书的截稿日期都快到了，得熬夜赶吧？你看这一办公桌的作业要批吧？回到家还得辅导女儿功课吧？

学生：可您神采奕奕、笑容满面的！一点也看不出您有压力。您怎么做到的？

隆老师：要保持阳光般的心理状态并不难。首先，改变不了事情，就改变对事情的看法。比如，你说这次英语四级考试宿舍里就你一个人没通过，这是事实，你改变不了的。但你为什么不能换个角度看，在所有女生里不是你一个人没通过吧？在你们班里不是你一个人没通过吧？再说了，谁说英语四级考试非得一次通过？你这样想压力就不会那么大了。告诉你，我上大学的时候第一次英语四级考试也没通过，我就是这样调整自己心态的。

学生：真的吗？老师也和我一样？

隆老师：是的，没必要因一次失败就否定自己，那是很愚蠢的。其次，凡事要往好的方面想，碰到倒霉的事，很高兴地感到："事情原来可能更糟呢！"比如现在，你担心期末有两门课可能考不过，你应该高兴：幸亏不是所有的功课！可能有同学比你担心的还多呢！而且，你只是担心而已，不是确定。也就是说，你现在用用功、努把力，可能就考过了。谁告诉你明天一定就会失败呢？

学生：这倒是！我也告诉自己不要背包袱，可心里就是放不下。

隆老师：那老师告诉你几个舒缓压力的办法：一是合理宣泄。心里难受的时候，可以"大哭大叫"，将积聚在内心的破坏性能量尽可能地统统倾泻、释放出来。二是适当转移。可以去听听音乐、打打球、看场电影，在新的情境中稳定情绪，消除压力。三是找人倾诉。培根说："一个欢乐，两个人分享，就变成了两个快乐；一个痛苦，有人分担，就剩下半个痛苦"，当你心中有压力、感到郁闷时，找朋友倾诉，你就会卸下心灵的负担，感觉到轻松的。不妨试试看。

学生：是的，和老师说说，我已经感到舒服多了。

隆老师：最后，老师再送你几句我特别喜欢的普希金的诗句："假如生活欺骗了你，不要忧郁、不要愤慨，不顺心的日子暂且忍耐，相信吧，快乐的日子就会到来！"

学生：太好了，谢谢老师！

80. 品德在人才的素质中占有什么样的地位？

针对班里有些同学重才轻德的倾向，担任班长的学生王雪涛想在班里想搞一次关于大学生品德修养的演讲比赛，这天他敲开了赵老师办公室的门……

学生：赵老师，想和您探讨一下品德在人才的素质中占有什么样的地位这个话题，好吗？

赵老师：很好，我最近也在思考这个问题。

学生："德者，才之帅也。"是史学家司马光说的吧？

赵老师：对。道德是我们的成才内在因素的灵魂，是古今中外人才的最基本条件。

学生：为什么这么说呢？

赵老师：因为道德的正确与否决定着才能的价值取向，才如河水德如渠道，才能之水只有流入良德之渠，方能造福社会，若人无德之道，便会害人害己。现在出现了一些高智商、高科技犯罪的案例，就说明了这一点。

学生：是的，如果价值取向错了，误入歧途，智商越高，危害越大。

赵老师：道德水平的高低，还决定着才能的实现功能，才如枝叶德如树干，才能之叶只有牢牢地结合在粗壮的树干上，方能枝繁叶茂，否则便会枯萎凋零。

学生：就是说道德水平低的人，他的奋斗精神也容易不足，遇到困难就易退缩。

赵老师：对。有一位成功的企业家常爱说的一句话就是：只要思想不滑坡，办法就比困难多。说的就是这个道理。

学生：其实，在我们心中最崇敬的人也还是品德高尚的人。

赵老师：道德看似无形，实则最有力，尤其是作为一个领导者。你现在虽然只是一个学生干部，在工作中也肯定有这个体会。将来到了社会上就更能看到这一点：无论有多少管理手段和领导艺术，都有鞭长莫及的时候，这就要靠道德的力量了。一个领导者人格的力量，可以穿越时空，深入人心，起到其他手段起不到的凝聚力和感召力，激起属下"士为知己者死"的激情和自觉奉献的精神。世界上最无价的东西是人心，而人心是需用真心来赢得的。

学生：您说得太对了！那么道德的内容概括地说有哪些呢？

赵老师：道德的内容主要包括政治品德和伦理道德。

学生：政治品德是核心，其基本要求是，确立正确的政治方向，是吗？

赵老师：对。其主要内容是：坚持四项基本原则，坚持辩证唯物主义与历史唯物主义的世界观，坚持为人民服务的人生观，科学地认识和理解建设有中国特色的社会主义理论，坚持党的基本路线，积极参加祖国的现代化建设。

学生：伦理道德是指以高尚的道德情操处理人与人、人与社会之间的关系，及其在社会活动诸方面的体现。是吧？

赵老师：是。现阶段主要是指遵守社会公德、职业道德、家庭美德。最基本的要求是爱国守法、明礼诚信、团结友善、勤俭自强、敬业奉献。现在又将政治品德和伦理道德的内容具体化为"八荣八耻"。

学生： 我都能背下来：以热爱祖国为荣，以危害祖国为耻；以服务人民为荣，以背离人民为耻；以崇尚科学为荣，以愚昧无知为耻；以辛勤劳动为荣，以好逸恶劳为耻；以团结互助为荣，以损人利己为耻；以诚实守信为荣，以见利忘义为耻；以遵纪守法为荣，以违法乱纪为耻；以艰苦奋斗为荣，以骄奢淫逸为耻。

赵老师： 哈，真不简单！

81. 如何表达对父母的“孝”?

今天是母亲节，隆老师去花店给母亲买花时看到了日语专业大一学生张恒，他也是来给自己的母亲买花的，于是，两人一边选花，一边聊起来。

隆老师： 你是个很孝顺的孩子，在母亲节能给妈妈送一束鲜花，妈妈一定感到非常幸福。

学生： 中国人说“百善孝为先”，老师我觉得自己做得很不够，一年当中也就是母亲节、父亲节还有他们生日的时候我能买一点礼物给他们，平时，我并没有为他们做过什么。

隆老师： 我觉得大学生对父母的“孝”其实并不过多地表现在物质层面上，毕竟大学生还没有工作，没有稳定的经济来源。知道如何有效地从精神层面孝顺自己的父母，是衡量一个大学生文明素质的重要指标之一。

学生： 精神层面？老师您能具体说说吗？

隆老师： 孝顺孝顺，以顺为孝，顺着父母的心说话、做事，就是孝顺。告诉老师你能做到以下这些吗？尊敬自己的父母，从不顶撞他们；每天早起问候他们、睡觉前向他们道晚安；出门前和他们说声“爸爸、妈妈，我出去了，再见！”回家时说“爸爸、妈妈，我回来了！”；父母身体不好时多关心他们、问候他们，帮他们多干点家务活，做点他们喜欢吃的；平时多和他们聊聊天，说说话。

学生： 您这么一说我才发现很多方面我都没做到。可能因为是一家人吧，总觉得自己心里是很爱爸妈的，不需要表现出来。我想等我上班有钱了，一定好好孝敬他们。

隆老师： 不表现出来父母怎么知道你是爱他们的？你说等你有钱了？世界首富比尔·盖茨接受意大利《机会》杂志记者采访，在回答“最不能等待的事情是什么”时说：“天下最不能等待的事情莫过于孝敬父母”。在你们经济有基础的时候赡养父母、让他们生活得更好些是应该的、必需的。不过现在也得多行孝啊！平时要做到：理解父母：从父母那一代人的条件出发来理解父母，认同自己的家庭；尊敬父母：不顶撞父母，以父母心为己心，常与父母沟通交流；帮助父母：帮助父母学习电脑等新知识、新技能，关心父母健康，帮助家庭渡过难关；回报父母：勤奋学习、积极上进、立志成才，为父母争光。总之，我们每个人都应懂得对父母行孝是不能等待的，就从现在开始，把自己对父母的爱表达出来，把自己对父母的孝道表现出来。

学生：老师我知道了该怎么做了，今天回家把这束花献给妈妈时，我一定会说："妈妈，我爱你！我会让你们以我为荣的！"

82. 如何培养自己"守时守约"的好习惯?

晚饭后，隆老师在校园散步时碰到了英语导游专业大一学生徐伟，他沮丧地告诉老师本来和朋友约好了6点在操场见面，自己又来晚了，结果把朋友气走了，因为自己已经是第三次迟到了。徐伟自己也非常懊悔。

学生：老师，我也不想迟到的，可我又总是迟到，都习惯了。

隆老师：习惯是一种长期形成的思维方式、处世态度，它有很强的惯性，像转动的车轮一样。人们往往会不由自主地启用自己的习惯，不论是好习惯还是不好的习惯，都是如此。可见习惯的力量——不经意会影响人的一生。你是英语导游专业的学生，将来是要做外语导游的，你知道国际交际礼仪中第一条原则就是守时原则，一个导游如果迟到，让游客等你，那绝对是失职的表现，经常这样的话，你就等着被炒鱿鱼吧！

学生：老师，我也知道自己这个习惯不好，我想改的。可该怎么培养"守时守约"的好习惯呢？

隆老师：培养一个好习惯是需要时间和毅力的。一般来说要经历三个阶段：第一个阶段：不习惯不自然。建议在你经常看得到的地方写上标签，提醒自己正在改变坏习惯，比如写上"我要守时守约"或"守时守约是好习惯"等等，这样做，一来可以时刻提醒自己，二来也起到一个加深印象的作用。你可以把这段时间自己和别人的约会都记录下来，同样贴在醒目的地方，提醒自己准时赴约。另外，你也可以请家人或好友帮忙，把自己要参加的活动、要约会的时间告诉他们，请他们提醒自己。在赴约时，记住校准你的手表，预留出足够的提前量，让自己尽量提前到达。第二个阶段，不习惯已自然。在这个阶段，你已经用不着时刻来提醒自己，只要隔三差五来检查自己是否做到“守时守约”就可以了，一旦发现自己做得不够，要及时纠正。千万不能“半途而废”。第三，习惯成自然。到了这个阶段，你会发现，你对不守时不守约的行为嗤之以鼻，绝对难以容忍，你以自己守时守约为荣，你会非常自然地去那么做了。

学生：老师，要达到习惯成自然的阶段，是不是要很长时间？

隆老师：好习惯不是一天两天就能养成的，坏习惯也不是说说就能改掉的。这需要毅力和恒心。美国著名教育家曼恩说：“习惯像一根缆绳，我们每天给它缠上一股新索，要不了多久，它就会变得牢不可破。”还有一种说法，叫做21天养成习惯。你在21天里做到不迟到，你的守时习惯就已经开始形成了。只要有恒心有毅力，就一定能养成好习惯。关键是你有这个决心吗？你能坚持吗？

学生：我有决心！我能坚持！

隆老师：那么立即行动吧！

83. 如何培养自己的诚信品质?

财会系大二学生向全校学生发起了一个“无人监考，诚实考试”的倡议书，财会系学生会主席孙刚想听听隆老师对此事的意见。

学生：老师，我们发起的“无人监考，诚实考试”的倡议书您看过了吧？对此，您有什么意见？

隆老师：这个倡议很好！诚实守信是中华民族的优良传统之一，大学生是社会的高素质群体，将担当社会的重任，“厚德明法，格物致公”，作为新世纪的大学生应该具备诚信的优秀品质。

学生：是的，可现在校园里诚信缺失的问题很严重，比如作业抄袭、考试作弊；还有伪造证件、简历注水；拖欠贷款、工作违约等等。我们就是希望通过“无人监考，诚实考试”这样的活动，让同学们养成诚信的好品质。

隆老师：诚信的好品质，从形成到确立是一个由量变到质变的渐进过程。你们搞这种倡导诚信的活动是需要的，可以在整个校园营造一种“以诚实守信为荣”的良好风气。但我认为大学生要成为一个诚实守信的人，还应从一点一滴的小事抓起，中国人常说“勿以善小而不为，勿以恶小而为之”，有意识地从自身做起培养自己的诚信品质是非常必要的。比如，大学生可以努力做到以下要求：

● 不说谎。说谎话能一时欺骗人，但决不能永远骗人，说谎者的下场只会是以后说真话也没有人相信。大学生要讲真话，不要信口雌黄，正如西方有句谚语说“一个谎话需要十个谎话来圆”，有时，谎话、假话说上了瘾，想悬崖勒马也来不及了。

● 不虚伪。巧言、阿谀的虚伪行径是内心思想和外在行为背离的表现，是一种极大的不诚实。

● 言行一致。子思曾呼吁：“有其言，无其行，君子耻之。”一个人如果说的是一套，做的又是另一套，这不仅是自欺欺人，也是对他人的公然欺骗，品德高尚的人都应该以此为耻辱。

● 不慕虚荣，不沽名钓誉。追求虚荣和沽名钓誉实际上都是在追求虚假的东西，自然违背诚实精神。

● 不文过饰非。不但对自己的缺点要勇于承认，不掩饰，也包括对别人的缺点错误不袒护。

● 遵守诺言，说话要算话。做不到的事情不要说，不管对谁。说了，就努力做到。很多时候，我们不经心的一句话，感觉做不做无所谓。习惯养成以后，做什么事情都不会诚信。美国心理学家威廉·詹姆斯曾说过“种下一个行动，收获一种行为；种下一种行为，收获一种习惯；种下一种习惯，收获一种性格；种下一种性格，收获一种命运”。不要小看自己轻易许诺、大包大揽等行为，时间长了，你会发现自己已经难以自拔了。

另外，大学生应该从现在做起，从身边事做起，把诚实守信贯穿到学校学习、生活、工作的各个方面。比如，同学们之间相互监督做到：作业不抄袭、考试不作弊等，班级里定期开展评比，树立诚实守信的模范，批评不诚实不守信的行为。学校要奖罚分明，对诚信的模范要奖励，对不守信用的行为则应予以惩罚。

还要指出的是同学们不仅在校园内要诚实守信，在校园外的表现同样会记录到你的诚信档案中。有个中国留学生在德国硕士毕业后找工作，屡屡碰壁，所有的单位都拒绝接收他，原因只有一个：那就是他曾三次在乘坐公车时逃票。德国人认为他的诚信有问题，虽然他是高才生，却难以让人产生信任感。可见，一个人只有在公共生活、家庭生活、职业生活中都注重诚实守信，他才可能真正培养起诚信的良好品质。

学生：是的，让我们一次考试不作弊并不难，一次做到说话算话也不难，关键是永远都能做到，而且是在无人监督的情况下。

隆老师： 你说得很对！我希望你们学生会能经常搞类似的活动，从而激发大学生的诚信意识，让我们的每个同学都能以诚实守信为荣，以见利忘义为耻。

84. 烦恼有什么积极作用？

赵老师在学院有“快乐老师”之称，老师和同学有了烦恼都爱与她聊一聊，常常都是郁闷而来快乐而去。可是这天宋丽丽在校园见了赵老师，却发现她精神状态不太好，感到有些纳闷……

学生： 赵老师，看您有些不高兴，是吗？

赵老师： 是啊，有点烦。

学生： 您怎么也有烦恼啊？

赵老师： 无论轻重谁都难免会有烦恼，绝对快乐的人是没有的。良好的心态并不是绝对地快乐，而是快乐和烦恼的平衡与和谐。

学生： 我能帮您做些什么？

赵老师： 哈哈，谢谢！你这么一说，我轻松多了。好了，不说我的事了，咱们今天就谈谈烦恼的积极作用吧！

学生： 烦恼还有积极作用？

赵老师： 我们都知道人生的本质是追求快乐，可谈起快乐，就不能不想起它的影子——烦恼，其实快乐就是烦恼化解后的感觉。好比先有痛后有快，不痛不快，小痛小快，大痛大快。

学生： 快乐就是烦恼化解后的感觉，这就是烦恼的积极作用？

赵老师： 是的。烦恼可分为两类：一为自然之烦：人人都可能经受的烦恼，如亲人的丧失、疾病、失恋等。二为自寻之烦：通过主观努力可以完全消除的烦恼。

学生： 怎样具体认识烦恼的积极作用呢？

赵老师： 举几个例子吧：先说“困惑”，它可以使我们的人生充满了悬念，吸引着我们去探索，因此人生才充满了魅力。如果我们人生的最终结果，事先都一清二楚，那我们的人生岂不太乏味了？再说“愤怒”，它能使我们调动能量，打败对手，克服阻力，达到目标。还有“悲痛”可以提醒我们避免类似事件的重演；适度的“恐惧”可以促使我们采取措施、避免危险。适度的“焦虑”可以使我们保持一定的紧张水平，做出努力，提高事物的保障度。

学生：呵，您说得真有道理。不过我经常感到的烦恼是孤独。

赵老师：其实每个人都是孤独的，不论有多少人在你的身旁，归根到底还需要自己去独立地面对人生。然而，正是有了孤独，我们才有了独立，有了独到的见解，有了独特的创造能力，有了别人无可取代的价值，有了心灵深处一方净土，有了别人无法享受的人生乐趣。

学生：呵，原来如此，我感到不孤独了。

赵老师：总之，烦恼的积极作用就是可以让我们自动地趋利避害。

学生：谢谢赵老师，我今天又有收获了。

85. 消除烦恼有哪些方法？

最近，赵老师在博客中，发现同学们向她询问比较集中的问题，是如何利用各种方式消除烦恼，一个匿名“快乐音符”的同学，在留言中这样写道：赵老师，我不想总是依赖您的帮助消除烦恼，您能告诉我一些驱散烦恼的方法吗？这样我就可以自己消除烦恼了。赵老师看到这段留言后，博客中发表了一篇《消除烦恼的方法》的文章，摘要如下：

消除烦恼的方法有很多，今天主要谈：理智、宣泄、宽容、意志。

● 理智。遇到烦恼一是了解“是什么”，二是判断“为什么”，重点要放在主观上，因为主观是我们可以左右的。我们无法改变气温，但我们可以增减衣服。三是思考“怎么办”。根据上述的分析和判断，针对可能出现的几种情况，想出对策，一一列在纸上，从中找出最好的办法，以避免重复思考。四是着手“马上干”。按照既定的计划，立即付诸行动，哪怕是小小的举措。行动起来会使你感到充实，充实的心灵会让烦恼无处藏身。

● 宣泄。向他人表达：找老师、同学、朋友、上网聊聊。向客观环境表达：运动。无论打球、跑步、还是其他的运动，只要你全身心地投入其中，你就会觉得神清气爽、烦恼皆忘。升华表达：它是超越所有的表达对象，将烦恼转向更高层次的需要，为高层次需要提供能量，这叫“变废为宝”。如文学艺术的创作，“愤怒出诗人”。如演唱歌曲，“心中有了不平事，山歌如火出胸膛”。

● 宽容。对社会的宽容：如有两支火把周游世界，一支燃烧，一支熄灭，燃烧的看见的是一片光明，熄灭的看到的是一片黑暗。圣人对这支熄灭的火把说：“当你抱怨这个世界不够光明的时候，要想一想是不是有些黑暗是我们自己造成的?”对他人的宽容：理解别人的不理解，正确对待别人的不正确。对自己的宽容：不求尽人如意，但求无愧己心。不要过于自责，竭尽全力办不成的事，就是不该办的事，起码说明条件还不具备。宽容看似温柔，实则蕴涵着坚强的力量。弹簧对于外来的压力是宽容的，却比那易折的铁棍有力得多。海洋对江河小溪是宽容的，才使自己博大浩瀚。“昂首胸怀宇宙，低头容纳百川”，这才是大家风范。

● 意志。豁达乐观的人，常是历经苦难的人；多愁善感的人，恰是磨难不足的人。不要总是企图一帆风顺，要知道人生就是克服困难，有困难克服就是幸福。著名电影演员王晓棠说过：“一个有意志力的人，顺利时谨思慎行，胜利时不骄不躁，挫折时毫不气馁，绝望时不屈不挠!”

总之，得到的一切都值得珍惜，哪怕是一针一线；失去的一切都不必在意，哪怕是一座金山。有了这种潇洒的心态，烦恼就容易被我们尽快地驱散。

86. 如何开发快乐的渠道?

这天，赵老师应邀参加了一个班的心理健康座谈会，会上大家畅所欲言，会议开得很活跃，最后话题集中在如何开发快乐的渠道上。班长刘春明的提问比较有代表性，下面是刘春明和赵老师的对话摘要：

学生：开发快乐渠道很多，您能给我们说点最主要最简便的吗?

赵老师：最主要最简便的就是“珍惜”，拥有的便是最好的。知足常乐不是自满，而是对以往奋斗的一种肯定，这不但不会使我们停滞不前，反而会因为享受到了成功的快乐，而激发出更强的奋斗热情。

学生：其实自己和自己比容易快乐，就是看到别人比自己强，就有些失落。

赵老师：是的。如果我们只追求快乐，那就简单了，其实快乐的成本并不高，

只要我们善于体会。随处可见的小成功、小快乐，它同样能引发我们的成就感，无数个小快乐汇集起来，就是一笔巨大的财富。现在的问题是我们常常要求比别人快乐，这就有点难了，因为我们总是片面地、夸大地看待别人的快乐。其实，“谁家秋院无风人，何处秋窗无雨声?”“树有多高，影子就有多长。”

学生：还有什么渠道?

赵老师： 要说开发快乐的渠道，用“丰富”最能概括了。肥沃的土壤，要有充足的养料；良好的心态，要有多点支撑；永久的快乐，要有实力支持。一要善于创造，只有创造才能使人潜在的活力充分激发出来，才能使人彻底得到快感。聪明人更善于将缺憾转化为成功，将烦恼创造成快乐。二要有兴趣爱好。脱离功利目的的爱好，是自己真正喜欢的事情。做真心所爱的事，才能深切地体会到人生的美妙。这既是锦上的花，又是雪中的炭。三要有情感支撑。作家刘心武说：“幸福与金钱地位关系有限，与真情实爱血肉相连。”

学生： 那在追求“丰富”时，应注意什么问题？

赵老师： 适度、适当。追求要符合主观和客观条件，标准不要过低也不要过高，过低不利于彻底发挥潜能，过高会因不易实现而产生挫折感。

学生： 这里的关键是什么？

赵老师： 关键是在竞争激烈的当今社会，我们要保持一份清醒和冷静，功利性不要太强了，否则可能会使人格变形，还可能会使体力透支，或者会无暇顾及家庭，都会使你丢掉了最大的目标——幸福。宁可没有高峰，也不要出现峡谷。各科良好就是优秀！有一个寓言说有一只小狗，不停地绕着自己的尾巴转圈，筋疲力尽地躺在地上喘气。因为朋友告诉它，假如它可以追到自己的尾巴，便可以永远得到幸福和快乐。大狗见了叹了一口气对它说：在我年轻的时候，追逐幸福和快乐，它却永远不在我前面，反而当我不刻意追逐，一切顺其自然之时，才发觉幸福和快乐在后面日夜跟随我！

学生： 这个寓言我看到过，挺深刻！

赵老师： 我还有几个非常喜欢的格言，送给你们：“有心练功，无心成功。”“华山论剑的最高境界是：心中无剑！”“唯大英雄能本色，是真名士自风流”。

学生： 真好！我代表全班同学谢谢您！

87. 如何克服自卑心理？

下班后，赵老师打开电脑，连上线，通过QQ和同学们聊起来，别的同学先后下线了，一个叫“蓝天白云”的同学，还不肯离去，说自己很自卑，觉得处处不如人，想在夜深人静的时候和赵老师谈谈怎样才能克服自卑。

学生： 上大学以后，我始终找不着成就感，学习很吃力，家里比较穷，穿的也不如人家好，也没有什么特长……怎么办呢？

赵老师： 自卑是自信的大敌，但如果你有自卑也不用紧张。只要你仔细研究就会发现，其实人人都有自卑的心理，因为世界上没有十全十美的人，是人就有缺欠，有缺欠就会有自卑。但自卑通过我们积极的努力是可以转化为自信的。

你知道吗？很多人就是因为自卑对自己产生了不满，因不满而设法改变自己，从而取得了成功的。可以说“自卑使人进步”。

学生： 呀，听您这么一说，我顿时感到轻松了许多。

赵老师： 你说你现在比较贫穷，那怕什么？穷则变，变则通，通则富！物质上的贫穷，并不意味着你精神不富有，你有金钱难买的知识才干和亲情友情吧？

学生： 可以这么说吧。

赵老师： 你完全可以觉得自己很富有，而且精神是可以转化为物质的。有一位年轻人，进大学读书时，是靠半工半读的方式完成学业的，但他并没有感觉自己是第二流的学生，离开大学后赚钱一直很顺手。他说：因为我从来没有因贫穷而产生一种劣等感。自尊，真正诚恳的自我尊敬，是获得所有财富的最基本的元素。清朝《格言联璧·持躬》里有一段话：“贫贱是苦境，能善处者自乐；富贵是乐境，不善处者更苦。”贫穷，当你软弱时，它对你就是一种伤害。当你坚强时，它对你就是一笔财富。它可以让你见到世态炎凉，体会生活艰辛，增强对美好生活的渴望，激励发奋努力的斗志！

学生： 听您说话，真长精神！可是，学习不好怎么办呢？

赵老师： 一时和别人有差距也不要紧。勤能补拙，我们多下工夫，多动脑，差距就会逐渐缩短，直至超过他们！盛衰强弱大小之间不是一成不变的，是可以转化的。关键是你不要总是拿自己的短处和别人的长处比，你肯定有比别人强的地方，从今天起每天发现一个自己比别人强的地方，哪怕是一个小小的地方，告诉我。

学生： 哈哈，我还第一次听说这样比，以往长辈们总是要我们多看别人的优点。

赵老师： 什么事情也有个度，你的问题是看别人的优点看得太过了，比得自己都没自信了，所以要反其道而行之。

学生： 其实我的韧性比一般的人好，一件事我要是看准了，会持之以恒，就是靠着这股劲，我考上了大学，这是我们村的骄傲呢！

赵老师： 哈，我太高兴了，你是多么有灵性啊，一点就透。人是各有所长各有所短的。清朝诗人顾嗣协说：“骏马能历险，犁田不如牛；坚车能载重，渡河不如舟。舍长以就短，智者难为谋；生材贵适用，慎勿多苛求。”不要企图处处比人强，也就不会觉得处处不如人了。

学生：我明白了，谢谢您！

88. 如何增强自信心？

学生杨玉素质不错，各科成绩都挺好，就是遇事不敢争先，参加集体活动，总是随大流，从来不敢单独出头露面，“七分的手艺三分的胆量”，为此他很想改变自己，不知怎样才能增强自信心，他通过电子邮箱向赵老师求教，赵老师回信如下：

杨玉同学：

增强自信心有很多途径——

● 要有良好的自我意象。人的才能及道德、行为、情感等等，和他的自我意象是一致的。你若把自己想象成失败型的人，尽管不愿失败，也会不由自主地向着失败走去。同是一个人，由于自我意象的改变，人的行为结果在不长的时间内会判若两人。“你想什么，什么就是你”。有的学生，在原来的学校是差等生，转入一个新学校后，他想以新的面貌出现在“观众”面前，结果真的成为优等生，可见自我意象多么重要。

● 先选择难度较小的目标。你可根据自己的特长和爱好，选择一个自己兴趣较浓，难度较小，客观条件又允许的追求目标。如当众演讲，你如不敢在班里讲，可先在小组里讲，或者在班里讲之前，先在宿舍里试讲。这样你的注意力、创造力、毅力等就容易被调动起来，你就容易获得成功，你的自信心也就容易建立起来。

● 勇于付诸行动。生活中我们可能有过被“逼上梁山”的经历，被迫做那些自认为办不成的事情。最初你会感到很为难，可一旦行动起来进入角色，潜能被激发出来以后，您就会觉得：原来不过如此，自信心顿时增强。一位将军曾说过：“大部分人不知道他们实际上有多勇敢，事实上很多潜在的男女英雄一生都在对自我不信任中度过了。如果他们知道了自己的潜能，那将有助于他们产生解决问题甚至克服巨大危机的自信心。”你一方面要抓住被逼成才的机会，另一方面也需自己主动投入，寻找机会，付诸行动。

● 注意心理演练。有人通过三组队员做过一项篮球投篮实验。第一组在20天内每天练习实际投篮20分钟，第二组第一天和最后一天练习实际投篮，中间不做任何练习。第三组第一天和最后一天也练习实际投篮，但中间每天花20分钟做想象中的投篮，如果投篮不中时，便在想象中做相应的纠正。结果，第一组进球率增加24%，第二组毫无进步，第三组进球率增加了23%。我们在从事一项活动之前，也认真地做做心理演练，做好充分准备，定会有助于成功。

● 善于利用失败。无论做什么事，失败总是难免的。著名的科学家爱迪生有一间价值几百万美元的实验室，没买保险被火白白烧掉了。一个人问他："您该怎么办呢?"爱迪生回答："我明天就开始重建。"我们面对失败，就要有这种洒脱的气度，更要有这种继续进取的精神，还要从失败中吸取教训，在失败中寻找另一种展示才能的机会。当你战胜了失败，你从中会更清楚地看到自己的能力，这时生出的自信，将比顺利获胜时得到的自信强烈得多。

● 常回忆成功的经验。有人静下心来，习惯回忆起过去的失败，想起当时令人懊恼的情景，这样会动摇甚至摧毁我们的自信。诚然失败是不能轻易放过的，但应保留下来的是失败带给我们的教训，而不是失败的图景。而回忆起过去的勇敢、成功，则是恢复、强化自信的有效方法。回忆成功时的美好体验，心理会产生愉悦的感觉，会激发我们再次奋斗的信心与斗志，这就进入了良性循环。

89. 如何打造坚强的意志?

董艳阳是一个上进心很强的学生，学习能力也很强，就是毅力差、控制感情的能力差，容易受到外界的干扰和诱惑，最近网络小说又使她沉迷其中流连忘返。制定的学习目标，常常半途而废不能实现。她陷入了又恨自己又管不住自己的矛盾中，这天她将自己的苦恼告诉了赵老师。

学生：您说我怎样才能克服这个弱点？怎样才能打造出坚强的意志?

赵老师：首先我们要了解意志具有的品质：

● 自觉性：能认同自己所负的责任，能做好应该做而不愿做的事。

● 独立性：不为一时的享乐而放弃对既定目标的追求，不受外界的干扰。

● 专注性：为了既定目标的实现全力以赴。"风吹云动星不动，水涨船高岸不移。"

● 坚定性：敢于坚持真理，敢于坚守自己做人的原则和意愿。"花繁柳密处，拨得开方见手段；风狂雨骤时，立得定才是脚跟。"

● 持久性：持之以恒。丘吉尔曾用他一生的成功经验告诉人们：成功根本没有秘诀。如果有的话，就只有两个，第一个是坚持到底，永不放弃；第二个就是当你想放弃的时候，请回过头再照着第一个秘诀去做：坚持到底，永不放弃！

● 果断性：要记住："现在"就是行动的时候！

学生： 没想到意志还有这么多的特性！听您这么一说，我的头脑清楚了许多。我觉得核心的问题就是"坚持到底，永不放弃！"还有什么具体的方法吗？

赵老师： 一要反复强化自己的奋斗目标，将自己的学习计划，贴在自己的床头天天能看到，或告诉自己的好友，让她提醒自己。

二要付诸行动并及时奖励自己。如实现了一个小目标，就满足自己一个小小的心愿，如买一件小礼物给自己。让良好的行为在心理上产生一种愉悦的体验，这会对今后继续努力形成自觉的动力。一般说来一个行为改变、习惯的养成最初的21天很重要，一旦坚持到了21天，以后就容易形成习惯了。

三要对自己的"违规"行为进行惩罚。如闻一种难闻的气味。同理可证，让半途而废的行为，形成一种痛苦的体验，以后一旦想打退堂鼓就想起那难闻的气味，成为一种条件反射，有助于增强我们的控制能力。

四要对目标进行合理性的检验。如果目标定的过高，可适当调整，有的目标通过实践检验如果发现没有必要，则可以放弃，人的精力有限，不要太难为自己。

五要用今后美好的远景激励自己。想到目标实现以后的美好前途，想到先苦后甜，那么现在的苦也就不觉得苦了。

六要用榜样的行为引导自己、感染自己。经常看一些成功人士的事迹和传记，或和身边意志力强的同学交友。

学生： 老师，您就看我的实际行动吧！

赵老师： 我相信你！

90. 内向性格必须改变吗?

这天，赵老师在电子邮箱中看到了吴国涛的来信：我有一位同乡，上大学期间很少与同学交往，常常独来独往，默默地学习，学习成绩很好，在班里总是前几名。后来他失恋了，性格变得更加孤僻，在求职时又因不善言辞而屡遭拒绝，最后他盼望的“三好学生”也落选了，接连的挫折使他的精神一下崩溃了。在找到系主任评理未果后，跳湖自尽了。我得知后很难过也很恐慌，因为我也是一个内向的人，想找您谈又不好意思，几次来到赵老师办公室门前，都不敢敲门。您能告诉我吗？内向性格必须改变吗？赵老师热情地给他写了回信：

吴国涛同学：

你好！其实，内向与外向本无好坏之分，有的专家还认为内向性格者大脑皮层非常敏感，即使是不太强烈的外界刺激，也会使他们产生强烈的反应。从纯生理角度看，内向者比外向者要聪明一些。但为了保护自己，他们往往会逃避周围的世界，控制自己的愿望或约束自己的行为，以减少与他人的交流、冲突和可能受到的伤害。

然而，表面看起来他们很安静，内心却冲突不断，一方面渴望交流和被人理解，另一方面又对交流的情景和结果心存畏惧；一方面渴望在公众面前表现自己，另一方面又对自己拙于言辞而深深自责；一方面想追求自己应得的利益，另一方面又不敢大胆地去争取……内心长期的冲突不断地积聚，如不能及时地宣泄，日久天长，到了难以承受的时候，就会像火山爆发一样不可收拾了。

所以，我们要从极端的内向中走出来。

● 树立自信，欣赏自己。找出自己的优点，把优点一一列在纸上，不要因小时候家长或别人几句“你真笨”、“你真丑”的气话，形成心理定式。大家都知道“丑小鸭”原来是优美高雅的白天鹅呀！

● 抓住机会，从小事做起。比如，在同学聚会时，你如无法表演精彩的节目，可以向大家送上一句衷心的祝福，或同别人一起唱一首歌。走出第一步，接下来就好办了。

● 做好一件事，让自己有好心情。再把做事的经验和愉快的感受，拿出来与他们一起分享。

● 在别人困难时，及时地帮助他们。平时注意关心周围人的喜怒哀乐，当别人述说时，专心地做一个好听众，做出相应的安慰和赞赏。

● 培养一项兴趣爱好。这不仅可以丰富自己的精神生活，还容易与别人有相同的话题，一起分享爱好的乐趣。

● 投入群体生活。尽量和大家一起吃午餐、看电影、逛街，一起探索学习中的问题。

● 向外向者学习。和他们在一起，观察模仿他们与人交往的方式与技巧。

有一位杂志社的编辑，原来也是一个内心自卑、见人说话就紧张的小男孩。上中学时由于学习好，被选为班长。开始走上讲台，面向全体同学说话时，他满脸通红、结结巴巴。后来在老师的鼓励下，他又走上讲台，请求每人给他写一张纸条说出他的缺点。同学们先是奇怪地看着他，然后突然热烈地鼓起掌来。他收到了很多纸条，其中最集中的意见是说他太骄傲，对人总是爱答不理。没想到同学们这么看得起他，他开始反省自己，同时也增强了自信，下决心改变这种局面。后来他努力组织集体活动，主动与人交流，毕业时成功地组织并主持了毕业晚会。现在他早已不是当初的他了，已经完全走出了自己。

如果经过努力，你还不能使自己有很大的改变，那也不要紧。你可以继续做一个内向者，但不应是封闭的，不能和人没有交流。要做一个健康的内向者，自然和谐地融入社会，找到自己的位置。

有一个大学毕业生，根据自己内向的性格和在电脑方面的特长，顺利地和一家网络公司签了合同，成了该公司的网络技术员，现在已是业务骨干。他虽不善言辞，但也不拒绝和别人交往。大家都觉得和他相处挺顺利，他觉得大家能接受他，内心也很坦然。

91. 大学生应具备哪些基本能力?

孙言在听了赵老师《祝你快乐祝你成才》的讲座后，又找到赵老师，请她再具体讲一讲大学生应具备哪些基本能力。赵老师说："我正想在博客中写一篇这方面的文章，咱们博客中见吧!"赵老师的博文如下:

先讲一个故事吧，有一个人在一个小山村，见到一个专打铜锣的铺子，工匠师傅已经近70岁了，还每天坚持掌锤。他的两个儿子虽然已经干了十几年，但每到了锣心的时候，他们就停止了。这个时候，他们把锤子交给父亲，由父亲完成最后的一锤。有人不明白，问老者。老者说，这锣心的一锤与周边的锤法都不一样，锣心以外的每一锤都只是准备，最后的一锤才是定音的。或清脆悠扬，或雄浑洪亮，都因这一锤而定。这一锤打好了，就是好锣，要打得不轻不重，恰到好处。否则，这只锣就废了。这就叫一锤定音!

能力在我们大学生的素质中的地位，就好比这定音的最后一锤。一切素质都要体现在能力上，能力是人才的核心竞争力。大学生的能力主要体现在两个方面，一是动脑的能力，一是动手的能力。

动脑的能力也可以说是智力，主要有:

● 观察能力——精确、全面、敏锐的观察能力。

● 记忆能力——记忆的敏捷性、保持的持久性、再现再认的正确性和记忆内容的充分储备。

● 思维能力——思维的广阔性：善于从不同知识和实践领域中思索开拓；思维的深刻性：善于概括事物的规律和本质；思维的独立性：冷静地以客观为依据，不为他人他事观点所左右；思维的敏捷性：迅速而正确地反映认识和解决问题的能力。

● 想象能力——这是创造能力的基础，是对客观世界的一种特殊反映形式和能力。

● 社交能力——能准确判断自己在交际活动中的地位和角色，选择正确的方法，实现有效的沟通，拓展自己生存和发展的空间。

动手的能力也就是实际操作技能，如计算机操作、勘察设计、绘画雕塑、语言表达、写作等专业技能。

总之，一要会为人，二要会做事。愿我们：能在需要的时候把真本事展现出来！能在最重要的时刻，把最强大的力量施展出来！能在最关键的时刻，断然一击，一锤定音，一鸣惊人，一举夺魁，一笑凯歌还！

92. 如何锻炼口才?

精彩纷呈的演讲大赛刚刚结束，大一学生刘勇就找到了作为主评委的隆老师。

学生：隆老师您好！您给我们上课时我们就特佩服您的口才，刚才演讲赛上您的点评真是太精彩了！令人羡慕，我很想知道怎样才能拥有您那样出色的口才呢？

隆老师：不用羡慕，不用佩服，你也可以做到的！好口才完全可以通过后天的锻炼而获得。

学生：可我总觉得口才是天生的。

隆老师：口才并不是一种天赋的才能，它是靠刻苦训练得来的。古今中外历史上一切口若悬河、能言善辩的演讲家、雄辩家，他们无一不是靠刻苦训练而获得成功的。

学生：那么，老师，该怎么练呢？

隆老师：其实口才不好的人，也分几种情况，最常见的是没话可说和不知

道怎么说,

学生: 我就总觉得没话可说，我们宿舍里其他人都很能聊，他们说话时我总是插不上嘴，不知道说什么，有时自己想说的话又被别人抢着说完了。

隆老师: 所谓“口才是浪花，内涵是海水”。我们的心灵和大脑相对于我们的嘴来说，就好像是一口井，它源源不断地向我们的嘴输送源泉，当我们这口井很满时，我们所知道的东西就会像流水一样从我们的嘴里自然地流出来。而一旦知识欠缺，肚里没货，则表达就会空洞无物，捉襟见肘。“书到用时方恨少”啊，纵然你有伶牙俐齿，也少了口若悬河的根基。所以，对于总感觉无话可说的人，我认为最好的办法是丰富你的心灵和大脑，让你的这口井能源源不断地涓流。我给你两个建议，一是要博览群书，古人说上知天文，下晓地理，通过读书你的知识就会增多，你就有了谈话的资料。二是观察和品味生活，我们常说读万卷书不如行万里路，行万里路不如阅人无数。一个用心观察生活的人总会发现平常之中的不平常。你知道得越多，你的话题就会越多，你懂得越多，你说话的欲望就会越强。

学生: 那么老师，有的时候虽然有话可说，可是“茶壶煮饺子，有货倒不出来”，我发现同样是说话，我说出来就没人家说得好听。

隆老师: 对这种情况有一个最有效的办法，那就是多说，多实践，表达的过程是越练越快速、越准确，越不练越迟钝。在生活中，你会发现，大多数被人们公认为口才好的人都有个特点：喜欢说话，乐于表达，他们越说越会说，越能说，对语言的驾驭能力就越强；而那些被人们称为口才很差的人也大都有这样的特点：不爱说话，他们总觉得自己说不好，于是就不愿意说，越不说就越说不好，甚至感觉表达不出来了。

学生: 是的，我就是这样，越来越不想说话。

隆老师: 你知道世界管理大师杰克·韦尔奇吧？他有着非常棒的口才，但他小时候却是一个口吃患者，因为他说话结巴，别人就学他，嘲笑他，他对妈妈说，我不想再说话了！妈妈鼓励他说，宝贝，你知道为什么会这样吗？因为你太聪明了，你的小脑瓜动得比别人快，你的嘴跟不上你那么聪明的脑袋，所以才会这样，宝宝，别着急，咱慢慢说。从那以后小韦尔奇比过去还爱说话，而每当有人嘲笑他时，他就想：笑什么笑！我妈说了我比你们都聪明，我的小脑瓜动得太快，我的嘴跟不上所以才会这样的！爱说敢说使得韦尔奇最后不但不结巴了，还练就了一级棒的口才。

学生: 哈哈，太有意思了！看来我以后得强迫自己多说话。可是，多说话就一定能拥有好口才吗？

隆老师： 当然多说还不够，就我的经验来讲，我认为还应养成三种说话习惯。一是养成打腹稿或草稿的习惯。在比较正式的场合中，你千万不要冒险去信口开河，想到哪讲到哪。这样你给人的印象肯定是思维混乱，语无伦次，瞎说话，你自己也会越来越不自信。你可以迅速在心中理清头绪，归出条理，拟好说话层次，必要时应打好草稿。你们觉得隆老师口才好，每一次讲话都好像出口成章，其实很多时候我都提前做了准备。二是养成“角色讲话”习惯。很多时候，我们是交际场合中的听众或观众，我们可以作“假如现在让我说话”“如果我是他”的“角色”练习，经常这样训练自己，我们就能自如地面对各种场合。三是养成反省的习惯。我们常常为一句话没说好而后悔莫及，总觉得“如果我不那样说就好了。”其实这又为你提供了一次训练的机会。中国古人说“吾日三省吾身”，我希望你每天也能经常反省自己所说的话，经常想想下一次在那样的场合，碰到那样的人或事情，我该怎么说。

学生： 谢谢隆老师，您说的我都记下来了。

隆老师： 只记下来可不行，关键是要付诸行动。

93. 创新性人才有哪些思维特性?

学生： 在当今世界，经济飞速发展，科技文化日新月异，主要源于各个领域的创造性。从宏观上讲，创造性是社会进步的动力之一；从微观上讲，创造性是衡量一个人才华高低、能力大小的尺度。创造性思维是创新人才的智力结构的核心。那么创新性人才有哪些思维特性？或者说创造性思维有哪些特性？

赵老师： 创造性思维是在一般思维基础上发展起来的，是人类思维的最高形式，是以新的方式解决问题的思维活动，其特性主要有如下几点：

● 思维的求实性。创造源于发展的需求，社会发展的需求是创造的第一动力，思维的求实性就体现在善于发现社会的需求。我们应发现人们在理想与现实之间的差距，从满足人们的需求出发，来拓展思维的空间。

● 思维的批判性。人们原有的知识是有限的，其真理性是相对的，而世界上的事物是无限的，其发展又是无止境的。无论认识原有的事物还是未来的事物，原有的知识都是远远不够的。因此思维的批判性首先体现在敢于用科学的怀疑精神，对待自己和他人的原有知识，包括权威的论断，敢于独立地发现问题、分析问题、解决问题。

● 思维的灵活性。创造性思维思路开阔，善于从全方位思考，不拘泥于一种思维模式，能灵活多变地调整思路，随机应变地转变思维方向，从而寻觅选择出最佳方案。举例如下：

◆ 辐射思维：以一个问题为中心，思维路线向四面八方扩散，形成辐射状。如人们在从事某项工作，解决某个问题时，往往是多比较、多权衡，制定出若干个方案，以增强解决问题的应变能力。

◆ 多向思维：从不同的方向对一个事物进行思考，更注意从他人没有注意到的角度去思考。爱因斯坦创立的相对论，就是在对事物用不同视角进行观察后，抓住事物的本质，对其相互之间的关系，做出了自己的解释。

◆ 换元思维：根据事物多种构成因素的特点，变换其中某一要素，以打开新思路与新途径。在自然科学领域，一项科学实验，常常变换不同的材料和数据反复进行。在社会科学领域，这种方式的应用也是很普遍的，如管理中的人员调整，文学创作中人物、情节、语句的变换。

◆ 转向思维：思维在一个方向停滞时，及时转换到另一个方向。很多人在探索过程中，“旱路不通走水路”，在此专业研究未达到预期效果时，转向相关学科和边缘学科则做出了重大的贡献。当今各种交叉学科、边缘学科和横断性学科层出不穷，跨学科研究已成为一种趋势，就是最好的证明。

◆ 对立思维：从对立的方向去思维，从而将二者有机地统一起来。邓小平同志就是将社会主义制度和资本主义制度两种不同的社会制度，结合起来进行思考，提出了香港回归后的祖国统一的“一国两制”的构想。我党又以此为例，顺利地解决了澳门回归的问题。

◆ 反向思维：从相反的方向去思维，寻找突破的新途径。吸尘器的发明者，就是从“吹”灰尘的反向角度“吸”灰尘去思考，从而运用真空负压原理，制成了电动吸尘器。

◆ 原点思维：百思不得其解的问题，最终回到问题的原点去思考，答案迅即出现。例如在美国纽约，鳄鱼皮制成的女式提包曾价格昂贵，因此很多人将鳄鱼皮看做是财富的象征。巴赛蒂斯先生花了几年的时间调查谁最需要鳄鱼皮。在众多的答案中，有一个答案被公认为是最妙的答案：“鳄鱼最需要鳄鱼皮。”

◆ 连动思维：由此思彼的思维，从而获得新的认识和发现。即由浅入深，由小及大，推己及人，触类旁通。如纵向连动：看到一种现象就向纵深思考，探究其产生的原因；逆向连动：发现一种现象，则想到它的反面；横向连动：发现一种现象，能联想到与其相似或相关的事物。

● 思维的综合性。任何事物都是作为系统而存在的，这就要求我们在思维时，应将事物放在系统中进行思考，进行全方位多层次多方面的分析与综合，找出与事物相关的、相互影响的内在联系，详尽地占有大量的事实、材料及相关知识，运用智慧杂交优势，发挥思维统摄作用，深入分析，把握特点，找出规律。

这种“由综合而创造”的思维方式，体现了对已有智慧、知识的杂交和升华，不是简单的相加、拼凑。摩托车的诞生就是如此，它是将自行车的灵活性、轻便性和汽车的机动性、高速度结合而成。后来日本的本田会社又综合了世界上九十多种各具特色的发动机之优点，研制出世界上综合性能最佳的发动机，用其装配出世界一流的摩托车，成为世界摩托车行业的领头羊。能将众多的优点集中起来，就是协调、兼容和创造的结果。

94. 公共场合表达不流利，甚至口吃怎么办?

这天，隆老师打开电脑收发邮件，一封主题为“老师，请求您帮帮我!”的新邮件引起了她的注意，打开一看，是一位一年级女生的来信：

隆老师：您好!

我是一名大一的女学生，名叫千千。我有一个非常痛苦的事情，就是不敢在公共场合说话，平时在宿舍里，或亲朋好友们闲聊我还可以，虽然也不是很会说很能说，但表达也没什么大问题，可只要在大庭广众之中我说话就特别不流利，甚至会出现“口吃”，我不知道怎么会这样！上课时我就怕老师会叫我发言，小组讨论时我总是不说话，我好羡慕别人能侃侃而谈，滔滔不绝，可我就做不到！我觉得自己太差劲了，太没用了！隆老师，我请求您帮帮我吧，我真的很着急很痛苦……

看了这封信，隆老师思索了一下，马上坐下来给千千回复。

千千同学：你好!

首先，老师想告诉你有很多人会面临你这样的苦恼。我们平时的一般交谈和在众人面前的说话是不一样的，许多人在朋友之间聊天时也能谈笑风生，可往大庭广众之中一站，面对着一双双看着自己的眼睛，大脑就跟电脑死机一样——一片空白。

那么，为什么会出现在公共场合表达不流畅，甚至“口吃”的问题呢?其实，这就是我们常说的怯场。怯场是由于过度紧张而产生的胆怯害怕心理。

一般来说，准备不足、感到陌生、期望太高和自信心差等都容易引起人的紧张情绪。因此，老师给你以下几点建议：

● 事先准备充分

事先做好充分的准备是极其重要的。许多被人们认为口才极佳的人其实在发言前都会做精心的准备，比如英国著名的首相丘吉尔，当人们对他每一次精彩的演说赞不绝口时，他的儿子却说："我父亲一生三分之二的时间都用来写他的发言稿。"口才棒的人尚且如此，何况那些表达能力欠佳的人呢？有了充分的准备，发言时就会心中有底、胸有成竹，就会成功，有了一次次的成功，你的自信就会建立起来。相反，如果你怯场，又没好好准备，自然会表达不流畅，甚至语无伦次，招致失败，而失败会打击你的自尊心和自信心，你会不断地给自己心里暗示：我不行，我真的不行。那么，你的怯场就会更严重。所以，老师希望你每次在公共场合发言前，都能认真地做准备。你可以列一个讲话的提要，或者是把所有要说的话都写下来，做到倒背如流，然后你可以带上发言稿或写有提纲的卡片，这样就会有备无患了。

● 努力勤于实践

许多口才好的人，他们一开始并不是出类拔萃的，而是经过相当长时间的艰苦磨炼才有此成绩。通常，由于经验少，资历浅，难免产生或轻或重的紧张情绪，出现怯场的情况相对来说比较多。只要不是过度紧张，都属于正常现象。而身经百战的人相对来说怯场的情况就比较少，这就是"练"出来的结果。所以，你应努力勤于实践，让自己的每一次说话都能比上一次提高一个百分点，那么，你就在不断地进步，在不断的实践中，随着你的紧张情绪的逐渐消失，怯场现象自然也就得到克服。

● 现场排除方法

以下几种现场排除怯场的方法是我常用的，你可参考应用，或许能大有帮助的。

◆ 语言暗示法

下面七句话对于缓解紧张情绪很有益处，你不妨试试看：

我行，我棒，我能成功！（我的亮点，我的胆）

我已做了充分的准备。（吃一颗定心丸）

豁出去了！（死猪不怕开水烫）

很多时候，别人是看不出我的恐惧的。（我一定笑得很真诚）

开心一点。（潇洒走一回）

声音大一点。（为我壮胆壮行）

有头有尾，别忘了说“谢谢”。(留个好印象)

◆ 呼吸松弛法

你可以尝试用呼吸松弛法来缓解紧张情绪。呼吸松弛法有深吸、慢呼、稳呼、匀呼四种方法。你可在发言以前自己有节奏地缓慢做几分钟深呼吸，注意气要吸得多、吸得深，然后缓慢地均匀地吐出，可以自己心理数数，或看着时间，一口气最好用30秒吐光，如此反复多次，直到使自己紧张的心情恢复到完全平静为止。

◆ 要求降低法

许多人在众人面前都想把话说得十分完美。其实，完美反被完美误。金无足赤，人无完人，世界上没有十全十美的东西。因此，你如果想通过非常完美的准备达到避免怯场的做法，这本身就存在误区。完美是一种美好的愿望，事实上不太可能。如果你对自己要求一定要打100分，那么一点点小小的失误都会让你紧张不已，这样反而更加容易导致怯场的发生。所以，不妨给自己打70分，我们对自己的最大希望是全力以赴，相信下次一定会比上一次说得更好。

千千同学，希望你能照着老师的建议去努力，只要假以时日去训练自己，我相信你一定会走出“痛苦”的阴影，老师支持你！相信你！

95. 办公自动化的时代，还有必要刻苦练字吗？

今天是在心理咨询室值班的时间，王老师刚刚坐下来就传来了三下敲门声，打开门一看，原来是心理协会的主席张磊同学。

学生：王老师，我这学期选修了一门书法课，开始兴趣是比较大的，可现在有点不想去学了。老师您说说看，在现代办公自动化的时代，还有必要刻苦练字吗？

王老师：你选修书法课说明你对书法艺术和自身修养还是很重视的，如果半途而废是很可惜的。学习书法可以滋品导行，倡学兴问，静心养气，炼意砺志，探美求新。我先给你讲讲学习书法的好处吧。

● 写得一手好字就拥有了一张特别的优美的名片。有句俗话说，字写得好，是一个人的门面。因为我们在和人打交道的时候，往往会有一些文字往来，比如会议签到，简短的一些文字说明等等，虽然已经到了电子化办公的时代，但书写的用途还是很广泛的。可能几个蹩脚的字也可以为现代人所理解和谅解，但是，如果你能写得一手好字，让人一看，眼睛一亮，点头称好，那就会给人留下一个极佳的第一印象，如果遇到书法爱好者同道，就会拉近彼此的距离，为以后的交往打下良好的基础。

● 学习书法可以陶冶情操，提高审美能力。著名书法教育家陈振濂说过："书法艺术是艺术美中最具有理念意义又最淳朴的美的形式。"且不说篆、隶、真、行、草诸体各具情态，诸如：提按、顿挫、轻重、快慢、枯润、疾徐等对立统一的形式美法则在书法艺术中都有着最充分的体现；从美育的层面上看，又有着不同的阶段和层次，初级的要做到严正、端庄、均衡、对称、流畅之美，高级的则应在运动、节奏、意境、神采、气息、格调、情感上下工夫。练书法可以提高我们的人文素养。通过练习，书法艺术中的"险""劲""潇""散"等这些较高层次的审美要求以及"神""韵""意"等层次都可以涉猎和初步接触，随着认知能力的提高与学习的深入，你的基本人文艺术素养必然会提升。

● 可以传承中国文化，发扬国粹。汉字书法是中国特有的一门传统艺术。书法艺术是我国的优秀传统文化，不但国人喜爱，深受华夏文化影响的亚洲地区，尤其是日本和韩国，也非常重视书法及书法教育。在日本，汉字书法教育被称为"书道"。韩国、新加坡、马来西亚等东亚、东南亚国家，也极其重视汉字书法教学。近几年来，西方掀起了"中国书法热"，国外的不少艺术、文化教育机构都十分关注中国书法，投入大量的人力、物力加以研究，还派了不少留学生来我国学习和研究书法。中国书法的影响正在向全世界拓展。显然，书法艺术已经超越国界成为人类共同的文化遗产。外国人这么爱惜我们的文化，而我们应更加小心地呵护我们的国粹，并使之健康地传承下去。当然，我们练习书法不一定会有多大的成果，但是用自己的实际行动为传承国粹做点贡献还是力所能及的。

● 学习书法修身养性，有益身心健康。香港大学心理学系高尚仁教授从事书写研究二十余年，高教授认为，汉字具有不同于其他文字的形态及复杂的结构，学习中需要更多的智慧。写字时，视觉及精神集中于此，回顾、运笔、记忆、反馈，整个身体都参与活动又得到放松与平静。重新写同一个字时，又是一种创新，带来新的感受。书法是三维操作过程，在练习书法时，人的呼吸、血压、心跳都会发生变化。首先，在书写之始，提笔端坐或站直伏案，能将受外界干扰而心忧意乱的情绪，调节趋于安稳；加上运笔之初，呼吸随着胳膊、肘、腕、手指的挥舞、移动，可达到宁心静气，全身舒畅，欢快之情油然而生，工作、生活中遇到的麻烦、坏心情自然一扫而去。其次，在具体书写过程中，临摹时的选帖，各种字体和名家大师作品的欣赏，更能进一步起到修身养性、陶冶情操的实际效果。练习书法可以调身理气血脉通，轻灵气息入脑神，心身舒泰乐康然，自然可起到养生长寿的良好效果，为数众多的书法艺术大师年过百岁仍然身心健康，就是很好的证明。

学生：谢谢王老师，练字有这么多的好处，我还是坚持把这门选修课上完吧。

96. 如何养成整洁的好习惯?

西楼315男生宿舍连续三次在卫生检查中倒数第一，这天，隆老师来到了该宿舍找四个男孩谈话。

学生：老师，您是来批评我们的吧?

隆老师：当然要批评你们！看看你们宿舍，被子不叠，地也不扫，东西堆得乱七八糟，你们自己在这里生活，很舒服吗?

学生：男人嘛，就得“糙”点！

隆老师：真正的男人可以不拘小节，但不是邋里邋遢；可以起居简单，但不是把自己住的地方弄得一塌糊涂。所谓“一屋不扫，何以扫天下”，一个连自己家都收拾不了的人，怎能做大事情?

学生：老师，我们也想干净啊！可在家里都是父母给收拾，现在，我们自己总是做不好！

隆老师：不是做不好，是根本没好好做。要养成整洁的好习惯，首先得承认自己有不爱整洁的坏毛病，如果你们不承认，就不可能改掉。然后你们要订立一个大家都必须共同遵守的“公约”。

学生：公约?

隆老师：对！在公约上规定每天早上起来要相互监督，谁不叠被子，谁就将受罚；每天轮到谁值日，谁就必须认真打扫寝室卫生，做不到要受罚；如果谁乱丢东西，不及时整理，谁让宿舍丢分就罚谁；每周一次宿舍清扫，谁不参加下次就罚他一个人清扫。

学生：老师您可真厉害，怎么都是罚罚的！

隆老师：要奖励呀?有！下个月卫生检查，如果不是倒数第一我会在课上表扬你们；再下个月能达到及格我让女生们来参观；到三个月后能进入良好，奖励自己出去吃一顿。怎么样？

学生：哈哈！其实也没啥难的，不就是收拾收拾房间吗？

隆老师：不光是房间，你们自身也得养成整洁的好习惯。比如：要经常保持仪容仪表的整洁，女孩子都喜欢清爽干净的男孩。记住衣服要干净，上面不要有污渍、油渍和汗渍，要经常换衣服，换下的衣服要及时清洗；养成勤洗澡的好习惯，不要让别人闻到你身上有汗臭味；早上出门前照照镜子，不要让自己脸上有眼屎、鼻屎，身上有头皮屑、残发等；保持口腔清洁，饭后刷牙漱口；鼻毛要定期修剪；手要保持干净，指甲里别有污垢等等。怎么样？这样的帅男你们能做到吗？

学生：老师，这有什么难的？只要我们想，我们就能做到！

隆老师：真的吗？别吹牛！我给你们三个月的时间，拿出点样子给老师看看。建议你们在宿舍里贴一个字帖，把当年周恩来就读的天津南开中学时的仪容仪表训词写上：

面必净	发必理	衣必整	纽必结
头容正	肩容平	胸容宽	背容直
气象：	勿傲	勿暴	勿怠
颜色：	宜和	宜静	宜庄

你们每天以周恩来为榜样，养成好的整洁习惯，一生就会始终以面净、发整、衣挺、钮结、头正、肩平、胸宽、背直、不傲、不怠来要求自己，果真如此你们将受益终生啊！

学生：老师说得对，榜样的力量是无穷的。我们马上按您说得去做。

隆老师：老师等着欣赏你们的新形象啦！

97. 如何打扮自己？

隆老师应校团委的邀请，在校园网上回答大学生提出的问题。其中，有个署名“爱美丽”的学生写道：“我特爱打扮，但同宿舍的人却说我臭美，我爸妈也说我把自己弄得不像个学生，请问大学生该如何打扮自己？”隆老师回答如下：

人们常说，“三分长相，七分扮相”，天生丽质，虽然人人希望，但并非人人拥有。不过，我们如果能进行恰如其分的装扮，就可以使平庸的形貌变得生动，使自己外在的仪表仪容之美构成一道亮丽的风景线。如何打扮自己呢？

● 服饰装扮让你仪表美

其一是色彩的搭配。记住身上的颜色不要太多，最多不超过三种，颜色太多会使你看上去像棵圣诞树，令人眼花缭乱。常用的色彩搭配法有同色搭配（完全同种颜色搭配）、相似色搭配（邻近的两个色系搭配）和主辅搭配（身上有一主色调，再辅以另一个色调）三种。需要指出的是你应该根据自己的肤色选择服装的色彩。

其二在穿着原则上。通常应根据年龄、身材、气质、身份等来选择衣服。现在校园中有些大学生穿着过于暴露、过于透明、过于紧身，追求的是时尚和性感，却失去了大学生特有的青春、单纯、活泼与可爱的气息。我认为学生时代的着装应以“自然、大方、整洁、明快”为原则，与青少年的纯洁、活泼、可爱相适应。总的来说，服装应该朴实、整洁、合体、大方，既不能太新潮时髦，又不能太古板守旧，应给人一种“稳重”的“时代感”。

其三在饰品的佩戴上。一般应少而精，佩戴饰品时应考虑到自己的脸形、身材、所穿服装及出席场合等多方面的因素。切忌佩戴的饰品多（从头到脚全副武装）而杂，不节钿饰、琳琅满目反而给人轻浮浅薄、庸俗不堪的感觉。

● 淡妆修饰让你仪容丽

其一在化妆上。有的女生喜欢将自己浓妆艳抹，脸上的脂粉简直快要掉下来；有的女生把眉毛描得细细的，而眼圈又画的青紫；有的女生将手指甲甚至脚趾甲涂上鲜红的指甲油，凡此种种，把原来女孩所特有的清纯形象损失殆尽。对于大学生来讲，平常没必要化妆，而当有重大的事情或出入比较正规的场合时，可以考虑化淡妆，淡妆会给人以自然、含蓄、舒适、得体的感觉。人们常说“化过妆就好像没有化一样”的效果就是化妆的最高境界，这就叫做美得自然。尽量不使用闪光化妆品，不涂深红的口红，香水喷洒要恰到好处，指甲要整洁、干净，不要涂成五颜六色。

其二在发型、发色的选择上。不能仅仅考虑自己的喜好，同时还要遵循美观、大方、整洁、方便生活和学习的共性原则，另外还要考虑自身的条件如性别、发质、脸形、体型、年龄、气质以及环境等因素。发型和发色是为大学生仪容服务的，我们不主张过于时尚和庸俗的发型和发色，不主张男生留长发和男、女生染“彩发”。

总之，爱美没错，但要会美，通过恰当的打扮使自己的仪容仪表更漂亮，让自己神采飞扬，让他人赏心悦目。

98. 如何塑造优雅而得体的体态?

隆老师应邀为大学生们作了一堂“塑造良好礼仪形象”的讲座，在谈到大学生如何塑造优雅而得体的体态时，她讲到：

体态，就是人的身体姿态，又称仪态，包括人的站姿、坐姿、走姿、手姿、表情等。一个人的礼仪修养如何，别人可从他的仪态举止中察觉出来。在中华民族的礼仪中，“站有站相，坐有坐相”是对一个人礼仪修养的最基本要求。要塑造优雅而得体的体态，应注意做到以下要求：

规范的站姿：规范的站姿有四条标准，即“正”、“直”、“挺”、“垂”。“正”——头正、眼正、肩正，即头要正，双目要平视，双肩要舒展。“直”——身体直立，双腿挺立。“挺”——挺胸、收腹。男生站立时，应讲究挺拔、笔直，使人能有稳定感，即“站如松”；女生站立时，应讲究挺直、舒展，古人常用“亭亭玉立”来形容。“垂”——双臂自然下垂。有些大学生站立时耸肩驮背、松腹含胸、东倚西靠、一个肩高一个肩低……这些不良站姿会让你的形象大打折扣。

优雅的坐姿：坐姿也是一种静态造型，同样有好与不好之分。首先入座时要轻柔和缓，起座时要端庄稳重，不宜猛起猛坐，弄得桌椅乱响。着裙装的女生要养成入座时整理裙子的好习惯。记住无论是何种坐姿都应该腰背挺直，双肩齐平，两膝从容靠拢（男生膝部可分开一些，但不要过大，一般不超过肩宽），两手自然摆放，要稳重、端庄、大方、自然、舒适。大学生应努力避免下列不良坐姿：如全身完全放松，瘫软在椅子里，头仰到沙发或椅子后面，屁股溜到椅子边缘，两腿叉得开开的，尤其是女性要注意，架起“二郎腿”，小腿晃晃悠悠，一条腿甚至双腿抖动等等。

正确的走姿：走姿是一种动态之美。行走时应轻而稳，注意昂首挺胸收腹。肩要平，身要直。女生走一字步（双脚走一条线，不迈大步）要轻，巧，灵；男生行走时双脚跟走两条线，步履可稍大，表现稳定矫健。走路时，男生不要扭腰，女生不要摇臀。要避免以下走姿：挺胸腆肚，身体后仰，外八字或内八字，脚步迈得太大，身子上下摆动，像鸭子一样行走，脚步拖泥带水，蹭着地走，手臂、腿部僵直或身子死板僵硬等。

恰当的手姿：说话时我们的手会来帮忙，有时，手甚至比我们的嘴更会说话。向上伸开手掌，表示真诚、友好、服从要求；手掌向下，则有命令、压制的意思；不要用食指指指点点，这样显得咄咄逼人、缺乏礼貌修养。当你做手势时，注意表达的意思应明确，手势应自然适度，同时注意说话时手势不可太多，以免给人张牙舞爪、手舞足蹈的感觉。

良好的表情：人的容貌是天生的，但表情不是天生的。托尔斯泰曾经说过："人不是因为美丽而可爱，而是因为可爱而美丽"。有些大学生长相很好，可表情不好，就不会讨人喜欢。还有的大学生本来相貌一般，表情更难看，那更令人讨厌。可见表情多重要！人们常说：和蔼可亲的表情是最受别人欢迎的。如何营造呢？首先是目光语。眼睛是心灵的窗口，要用礼貌、真诚、热情的目光看人，注意用平等注视的目光，切忌盯视、扫视、窥视、斜视他人。其次，微笑是一种非常美好的面部表情，它表示着友好与自信。一个爱笑的大学生是让人愿意亲近的，是令人心情舒畅的，也是叫人难以忘怀的。

99. 如何做到"自爱"?

学生：社会越发展，人们对自我越关注，同学们也都对自己越来越关心，可是不久前我和一位同学谈起"自爱"这个话题，她说自爱就是每天都要为自己做一件好事，我觉得不尽然，可是我又说不全，您能谈谈如何做到自爱吗？

赵老师：自爱应是对自己全面负责，进行全面塑造。包括如下内容：

● 自我认识：能比较客观全面准确地对自己做出评价，能正确认识和对待别人对自己的评价，找准自己的定位。

● 自我接纳：宽容、原谅不完美，不求全责备，不苛责自己，接纳自己无法克服的天然缺陷和难以克服的后天不足。

● 自我欣赏：每天对着镜子里的自己，微笑着说："你真棒！""你真漂亮！""全世界的人都喜欢你！"

● 自我勉励：列一张自我勉励清单，列每天的成绩，显示自己的价值，关注自己的价值，每天自我十次表扬。

● 自我尊重：维护自己的尊严和正当权益，敢于并善于表示自己的愿望和要求。

● 自我觉悟：知道自己在他人心中的位置，能准确地预测自己的言行给别人造成的印象；知道自己在所处环境、所处事件中的位置；知道自己需要什么，在做什么，应该做什么，应该怎么做。

● 自我否定：知道自己不知道什么，知道自己与别人的差距，一旦做错了事，能很快发现自己错在哪里，勇于承认并改正自己的缺点错误，不犯同样的错误。

● 自我呵护：每天至少做一件令自己愉悦的事情，向自己证明你重要，值得花时间、精力、努力和金钱。

● 自我设计：对自己的能力、心理状况和社会的适应度进行分析，列出使自己充实，焕发青春的“任务单”，订出努力的目标。

● 自我塑造：使自己具有人的魅力：在思想、品德、性格、意志、文化、技能等各方面不停顿地完善。使自己具有性的魅力：男性具有阳刚之美，女性具有阴柔之美。达到健康美，外表美，内在美，气质美，整体美。

● 自我保健：会保养自己的身体，生理功能正常，有抵御疾病的能力，有对外界环境的反应能力和耐受能力；懂得如何做到心理健康，能有一种高效而满意的、持续的心理状态。

总之，自爱主要还是应先完善自己。因为越是对自己负责，越是将自己塑造得全面，就越能得到他人的欢迎和喜爱，越能得到生活的奖赏。用一句诗来结尾吧：自爱是一座灯塔，只有点燃自爱之光，才能吸引幸福的航船！

100. 怎样才能做到“自强”？

学生：老师，现在学工委在全校举办“寻找大学生自强之星”活动，这两天我们都在热烈讨论什么样的大学生才能当选“自强之星”，以及大学生怎样才能做到“自强”？您能谈谈您的看法吗？

隆老师：《周易》中说“天行健，君子以自强不息。”自强，是人生的动力，是历史上仁人志士的共同特点。作为当代大学生，要想未来成就辉煌的人生，就必须从现在开始，让自己成为一个自强不息的人。我认为一个自强的大学生应该做到以下几点要求：

● 不依赖他人。一个靠父母、靠关系生活的大学生，是不自立的人，也肯定成不了自强的人。他们总是希望有人扶自己一下、拉自己一把、帮自己一回、送自己一程，遇到困难他们首先想到的就是“找靠山”、“拉关系”，这样的大学生如同永远扶不起的“刘阿斗”，纵然再有背景，也难以长久。而那些自强的大学生，首先是一个自立的人，他们不等、不靠、不要，他们懂得自立方能自强。

● 不怨天尤人。面对生活中的失败、挫折和困苦时，有些大学生怨天尤人，喜欢找各种借口埋怨生活、抱怨世界，在抱怨中他们的人生一如既往、毫无起色，甚至更为糟糕。其实，怨天尤人只是不自强者为自己寻找到的托词罢了。那些真正自强的大学生，则敢于直面生活中的失败、挫折与困苦，会笑对人生，正如唐人李咸诗："眼前多少难甘事，自古男儿当自强。"自强的大学生们知道："苦难是一所大学堂，会交给你更多的东西。"

● 不甘于平庸。有些大学生在生活中随波逐流，得过且过地混日子，他们没有理想、没有信念、没有目标、没有计划，在年复一年的时间流逝中变得平庸、毫无斗志。自强的大学生则不同，他们有着远大的理想、坚定的信念、明确的目标和清晰的计划，他们知道自己想要什么、想干什么，现在能做什么，应该做什么，他们不甘于平庸、不愿意随波逐流，他们会让自己的每一天都过得有意义、有生命力。

● 不自暴自弃。孟子说"自弃者，不可与有为也"，一个人，哪怕是天纵奇才，自暴自弃也终不能成就大事业。有些大学生遭遇了生活的失败、打击和磨难后，就一蹶不振、自暴自弃，而自强的大学生则不灰心、不气馁、不自卑、不退缩，他们敢于迎着困难上，始终不放弃，以坚忍的态度和执著的精神去战胜困难，赢得属于自己的成功。

● 不听天由命。有些大学生家庭贫困，或现在的生活陷入困境，但自强的大学生不会听天由命，轻易屈服。看看浙江的刘廷背起母亲上大学，看看河北的赵新霞打工赚钱供自己和妹妹上大学等等，这些自强的大学生并不屈服于命运的安排，他们像贝多芬一样"勇敢地扼住命运的咽喉"，用自己柔弱的肩膀挑起了生活的重担，用自己的双手改写自己的人生。他们就是自强的中国大学生。

101. 大学生的"自尊"表现在哪些方面?

学生：我们常说：大学生要成为自尊、自强的人。请问老师，大学生的"自尊"都表现在哪些方面呢?

隆老师：自尊又称作"自尊心"或"自尊感"。它是自我意识中的核心要素，也是人格系统中的重要组成部分。大学生是青年中优秀的群体，又是一个较为激进和敏感的青年群体。成长中的成功体验和经历，使得你们有着比同辈群体更高的自我期望和更强烈的自尊要求。但由于你们现有的心理水平和所处的独特发展阶段，所处的高竞争、高对比环境，加之认识水平、价值取向上的不成熟，自尊敏感也成为一个明显的现实问题。我认为大学生的自尊在以下四个方面表现突出：

● 对平等和尊重的强烈要求。大学生认为自己已经长大成人，不想别人当自己是小孩子，他们渴望取得和成人同等的权利和自由，需要别人的尊重和理解。所以，家长和老师在对大学生的教育上不再像对中小学生那样，以“管教”为主，否则会极大伤害你们的自尊心，也容易导致情感的疏远甚至对立。

● 渴望表现自己。大学生不同于中学生，你们会有意识地通过积极的自我设计、自我奋斗来表现自己、完善自我，而且会把别人的评价和自我表现相联系。当他人对自己称赞、鼓励、尊重时，你们会产生满足感从而更加积极向上，更加自信。即使批评，只要是诚恳的、善意的，你们都会虚心接受。而高高在上、盛气凌人，你们才不会买他的账。

● 极为关心自我外部显现。自我外部显现是以个人对外显现的非稳定性、非本质的外观特征作为获取自尊途径的方式，它主要包括容貌显现、身材身高显现、荣誉显现、身份地位显现、学习成绩和名次显现、服饰外观显现六方面。其中最为明显得是对外表的重视和对身份地位的看重，比如许多大学生会因为长相、身材不佳产生强烈的自卑心理。而一些家境贫困的大学生会觉得自己在同学们面前矮人几分。

● 对自尊的情绪反应强烈，有明显的波动性。大学生自尊的获得方式主要来自社会评价，即从周围人的认同中获得自尊，主要包括师长、同辈群体、异性认同。当社会评价满足个人自尊时，会产生肯定的自尊感，那么会表现出更加积极向上，以追求更高的社会期望。但当社会评价不能满足个人自尊需要，产生矛盾时，往往会有两种反应，一种是把压力转化为动力，通过努力，迎头赶上；另一种则会怨天尤人、妄自菲薄，甚至自暴自弃。

102. 对钱特别看重是拜金主义者吗？

在校园BBS上，某女生发了一个帖子，她说自己对钱特别看重，觉得只要有了钱，自己的人生就会大不同。同寝室的同学说她就是个拜金主义者。她却不这么认为。她问：对钱特别看重就是拜金主义者吗？对此，隆老师提出了她的看法：

所谓“拜金主义”亦称货币拜物教，是随着私有制和商品货币关系产生而出现和发展起来的一种腐朽没落的价值观念。在现实生活中，拜金主义表现为对金钱的盲目崇拜和迷信，以追逐金钱为人生的最高价值，并且主张一切价值都要服从于金钱价值。由此可见，一个对钱特别看重的人，未必就是一个拜金主义者。

我们常说：“君子爱财，取之有道”，看重钱财本无可厚非，关键是用什么方法去得到钱财。如果一个大学生用自己的辛勤劳动、用自己的聪明才智去获得钱财，那么他的收入既是受国家法律保护的，也是必须被他人承认和尊重的。其实，生活中有许多人都特别看重钱，但他们并不像拜金主义者那样把钱当成唯一，把金钱在商品交换中的职能泛化，成为人们一切社会交往活动的媒介。他们不会为了钱财就出卖自己的灵魂。他们看重钱财，但知道该怎么得到钱财，也知道该怎样使用钱财。

拜金主义作为一种人生观和价值观，对青年大学生的危害是非常大的。它会诱导少数学生“一切向钱看”，对金钱和财富顶礼膜拜，把人与人之间的关系看成是赤裸裸的利益交换关系。正如马克思、恩格斯所揭示的那样，“在资产阶级看来，世界上没有一样东西不是为了金钱而存在的，除了快快发财，他们不知道还有别的幸福，除了金钱的损失，也不知道还有别的痛苦。”当前大学校园中，不就有学生不惜荒废学业和牺牲人格，想方设法地拼命赚钱吗？什么“大学生三陪女”、“大学生做枪手”、“大学生当二奶”等现象愈演愈烈。所以，大学生必须认识到拜金主义的错误与危害，自觉抵制拜金主义的侵蚀，否则，就必然会沦为金钱的奴隶。

103. 特别注重外表有害吗?

某系辅导员向隆老师反应：该系大一女生阿丹太爱美了，穿着打扮非常突出，同学们说她平时把零花钱几乎都用来买衣服和化妆品了，辅导员好几次发现她早上不跑操，却在宿舍里化妆。为此，隆老师把阿丹找来谈谈。

隆老师：老师知道你注重自己的外表，爱美之心，人皆有之，这本无可厚非。

学生：就是嘛！老师，坦率说我认为今天就是“姿色经济”时代！

隆老师：哦？你的意思是说只要拥有美丽的外表就能拥有一切？

学生：那当然。

隆老师：那老师问你，如果你找男朋友，他长得帅呆了，可空有一副好皮囊，内里是草包一个，你也愿意？

学生：老师你干吗不能帮我找一个又英俊又能干的男朋友呢？

隆老师：女人喜欢又英俊又能干的男人，男人同样更喜欢“秀外慧中”的女人！注重外表没有错，但如果认为只要有外在美就足够了，那就不对了。

学生：老师您看过《睡美人》吧？如果公主长得丑，王子会吻她吗？这难道不能说明外表有多重要吗？

隆老师：哈哈！拿童话故事来和老师辩论了！那么你也一定读过《白雪公主》了？皇后长得很美，可一副蛇蝎心肠，最终落得个什么下场？白雪公主不但美丽，更重要的是她心地善良，所以，她才会得到那么多人的帮助，得到王子的爱。

学生：可你看现在各种各样的选美，形形色色的整容，不都说明“外表”有多重要吗？

隆老师：可你没看到现在几乎所有的选美活动都开始转向对内在修养的要求了吗？光有长相没有头脑的人只能当“花瓶”，供别人玩赏而已。靠“外表”是吃青春饭的，你能一辈子靠整容来留住青春吗？你留得住吗？所以，人更重要的是内在的素养，是内在美。歌德曾告诫人们：“外在美只能取悦于一时，内心美方能经久不衰。”雨果也曾指导过人们：“假如没有内在美，任何外在美都是不完备的。”当你几乎把所有的时间、精力和金钱都用在装扮“外表”上时，你就会忽视用知识和智慧充实自己，你就会忽视自己性格、情操、品德的修炼，当你缺失了内在美的支撑，你的外在美还会有多少价值？

学生：我辩不过您。可我爱漂亮，这又没妨碍到别人！

隆老师：现在的问题是你过分注重“外表”，几乎把所有的零花钱都用在了穿着打扮上，你是否扪心自问过：父母辛辛苦苦挣钱供你上大学是为了什么？还有，你现在只对穿着打扮感兴趣，对读书、对学习都缺少热情，那么几年大学你能学到什么？得到什么？将来你怎么向父母交代？又怎么向自己交代？

学生沉默不语。

隆老师：最后我想指出的是：虽然在各种文化中，人们都很喜欢外表漂亮的人，但今天这个时代却是知识经济时代。你很幸运能拥有外在美，为什么不用知识和智慧充实自己的内在，那么，你的未来将会更加美好！

104. 整容有什么利弊?

寒假过后，开学第二天，饭店管理系学生高娜娜来找隆老师，她说突然发现原来熟悉的两个同寝室女孩变“漂亮”了，一个单眼皮变成了双眼皮，一个做了抽脂手术变苗条了，看着她们的变化，她很心动，也想去整容了。

学生：爱美之心，人皆有之。以前我们常说“容貌是爹妈给的，难以改变”，现在通过整容立刻就可以改变。

隆老师：是呀，科技的发展真是令人瞠目！现在“人造美男”、“人造美女”还不少，听说韩国明星大多数都整过容。一般来说，整容的学生主要有两种：一种是外貌有缺陷的，比如塌鼻梁、人太胖、两眼不对称等；另一种是外貌正常，但总觉自己还不够美。通过整容他们觉得自己外形变“漂亮”了，内心也就更加自信了。

学生：所以老师，如果我想去整容，您会支持我吗?

隆老师：去整容是需要勇气的。躺在手术台上的滋味并不好受，而手术后的痛苦等待也不是皱皱眉头便能熬过去的。而且整容手术不可能做到百分之百成功，因为整容而毁容的案例并不少见。你想过这些吗?

学生：我没那么倒霉吧?!

隆老师：还有价格不菲的手术费谁来帮你出？你可别告诉老师你要让你父母埋单。

学生：就算我先跟他们借呗！等我工作了我再还他们。您想我整容后形象会更佳，自然就会找到更好的工作，挣到更多的钱。

隆老师：如果你认为好容貌就等于好形象，好形象就等于好工作，那我认为你对于美的理解还太肤浅了。一个人的外貌再美，也会随着岁月的流逝而改变，人总不能靠一辈子整容来留住外在美吧！而且，一个人如果缺乏内在的文化素养，即使把自己的容貌修整得再完美，他（她）的美也缺少了依托，没有了深度。现在很多著名企事业单位在招聘员工时并不是“以貌取人”，相反，人家更在乎的是你的能力。所以，与其把心思花在整容上，不如花大力气提升自己的内在修养。

学生：您说得有道理，我不知道怎么反驳您了。

隆老师：再说了，你本来就很好看，何必去折腾自己?

学生：我也觉得自己长得不错，老师您说得对，我干吗要整容！

105. 大学时代当志愿者的意义是什么?

大一新生黄婷婷想报名参加社区志愿者活动，但同寝室的两个女孩却劝她别参加，说又累又不赚钱，傻瓜才会去干这种事。黄婷婷一时拿不定主意，她来找隆老师。

学生：老师，您对大学生当志愿者怎么看?

隆老师：我非常支持大学生当志愿者，因为这非常有意义。

学生：那有哪些意义呢?

隆老师：首先，大学生通过参加志愿者服务活动可以培养自己的社会责任感。大学生是青年中优秀的群体，是一个国家的未来，担负着党的重托和人民的希望。我们常说："铁肩担道义，妙手著文章。"大学生是应该有这种使命感和责任感的。但许多学生整日生活在象牙塔中，两耳不闻窗外事，一心只读圣贤书，看不到外面世界，什么国家的发展、民众的疾苦等，似乎都与自己无关。通过参加志愿者服务活动，大学生接触了社会，社会责任感将会大大增强。在西方，不论是求职还是晋升，是否当过"义工"或志愿者是一个不可或缺的条件。

其次，大学生通过参加志愿者服务活动可以培养自己的奉献精神。大学生是富有爱心的时代青年，在志愿者活动中，服务他人，奉献爱心而并不求取回报，这种锻炼会激发大学生内心深处的善良、宽厚、博爱等美好的情感，使得大学生在奉献中真真切切感受"赠人玫瑰，手有余香"的快乐和幸福。

再次，大学生通过参加志愿者服务活动可以培养自己的服务技能。把理论和实践很好地融合，使自己的专业、特长在实践中得到充分的发挥。同时你又可以在实践中学习、提高自己，增长自己的才干。你看咱们导游系的市区导游服务志愿者，利用他们的语言优势和专业优势，为外国朋友介绍上海景区点，他们凭借着素质好、技能高、精神佳，成为上海的一道亮丽风景线，给市民和社会留下了难忘的印象。而他们自己也在和老外们的接触中口语能力有了更大的提高。

最后，大学生通过参加志愿者服务活动可以培养自己的社会交往能力。当志愿者，为他人服务，就必须学会与人打交道，要与许多陌生的人接触，要处理许多过去从未遇到过的事务，还要学会和自己的团队合作、共事等等。这些都将提高大学生的情商，对他们更好地融入社会是大有帮助的。

学生：我想报名参加社区志愿者，本来有点犹豫，听老师这么一说我拿定主意了，我现在就去报名。

106. 我一定要减肥吗?

晚上，隆老师经过操场时，遇到刚跑完步的大一女生史萍萍，她告诉隆老师她没吃饭，因为在节食减肥。

学生：老师，我们宿舍的其他三个女孩都在减肥，她们这么折腾弄得我也得减肥。

隆老师：你要减肥？你又不胖，干吗要虐待自己？

学生：我们宿舍有一个姐妹比我还轻两斤呢！她都在狂减。

隆老师：你一米六的个头，看上去也就一百斤，减什么肥呀？

学生：老师，现在流行“骨感美”，就像您这样的。

隆老师：我都愁死了，怎么吃都胖不起来！什么“骨感美”？瘦的像营养不良的难民，一点都不好看！你们这些孩子，现在正是长身体的时候，不好好吃饭，那营养怎么够？大学里的功课虽然不像中学里那么繁重，可也不是非常轻松的，你们这样节食减肥，对身体肯定会造成损害的。

学生：不会吧？老师，我们吃水果、吃蔬菜的。

隆老师：人体的健康必须荤素搭配、营养均衡。节食必然会导致蛋白质的摄入不足、各种维生素的摄入不足、各种无机盐类及矿物质的缺乏。而这些，是人体维持健康平衡都不可缺少的。比如人体一旦缺乏维生素，会导致败血症、口角发炎、骨骼代谢异常等；缺铁会出现贫血，缺锌会影响人体生长等；消瘦，抵抗力会下降，智力发育亦会受到影响。如果一味节食，会使胃部受到伤害，甚至会导致“厌食症”，想吃都吃不下，人就完蛋了。

学生：会有那么严重吗？老师你可别吓唬我！

隆老师：唱“Yesterday Once More”的著名歌星卡伦·卡彭特就是因为总觉得自己胖而拼命节食减肥，最后患上了“厌食症”去世的。最近也有好几个报道都是说模特减肥患上“厌食症”的。

学生：看来节食减肥对身体真的有害。我看很多人选择运动减肥。

隆老师：运动是好事，生命在于运动嘛！通过锻炼达到减肥的效果的确是一个很好的选择，但不可以为了减肥过量运动，因为过量运动会引发疾病，损害身体机能，那样就得不偿失了。

学生：我们宿舍的秦小静每天运动5个小时，两个月瘦了8斤！她原来有145斤呢！

隆老师：所以，我就纳闷了，这胖人是没办法，的确需要减肥，因为肥胖会影响到他们身体的健康。你这瘦人干吗也要减肥？你这不是瞎起劲吗！

学生：既然老师您都觉得我不胖，我就不遭这个罪了。现在我就去吃东西去。

隆老师：等等，回去告诉你的同学们，到网上查一下身高与体重的自测公式，只要体重基本符合健康的标准，就是美丽的。

学生：我一定转达！老师，您真好！

107. 上大学后如何与父母做有效的沟通?

旅游管理专业大一学生陈立通过电子邮件给隆老师发了一封信，他说从上大学后由于一个星期才回去一次，和父母的沟通变少了。他爸妈总是抱怨他现在和父母说话越来越少，而他总觉得自己父母没受过高等教育，并不能理解他。他希望老师能告诉他该怎样与父母做有效的沟通。很快，隆老师给他回了信。

陈立你好！

就你的问题我有几点想法：

首先，必须重视与父母的沟通。中国有句老话叫“不听老人言，吃亏在眼前。”意思是说老人的话有着深刻的人生道理，老年人对一些事务的深刻认识是年轻人所不能达到的。所以说，多与父母交谈，能增长见识、开启心智、获得人生的经验。千万不要因为父母说话啰唆、话题较陈旧、思想较落伍，就认为父母的身上没有可贵的人生经验可以吸收。有些人生经验是与时代没有太大关联的，特别是做人的道理，从古至今不变。而父母经历了几十年的风雨，见多了世态变迁，对于该怎么做人是有着深刻认识的。因此，不妨多与父母谈谈，多增长些见识、多获些人生经验、多懂些做人的道理。

其次，在与父母沟通时应该诚实、认真。与父母开诚布公地交谈是非常重要的。父母是这个世界上最爱我们的人，他们关心我们胜过关心他们自己，他们永远会保护你，而不会有意伤害你。所以，当你和父母交流时，应该把心里的想法如实地告诉父母。当父母和你说话时，不管他们说的是否有道理，你都应该认真倾听，而不是似听非听，听而不闻，听过则已。这样，你和父母之间的谈话才会有效果，有收获。

最后，可以充分运用多种沟通方式与父母沟通。沟通方式主要有口头语言的沟通和书面语言的沟通。而口头语言的沟通除了当面的交流外，还可以打电话。有时，当面不好说的话，可以利用打电话的方式。另外，给父母写信，通过书面语言的形式和父母沟通也是非常好的。因为书面语言可以字斟句酌、可以几易其稿，可以让你把口头无法表达的话都自然地倾泻在纸上。这种沟通方式很容易拉近父母和孩子之间的距离，可以使双方的心灵贴得更近。

108. 如何看待社会的阴暗面?

学生：进入大学后，我们大学生开始关注起社会。随着信息量的增加，一些社会阴暗面的东西也跟了进来，什么“拉关系”、“走后门”呀，什么“高干子女特权”、“官场腐败”啦，什么“坑蒙拐骗现象”啊，等等，往往也成为大家的谈资。开始听的时候倒挺新鲜，听多了感到现在的社会很可怕，加上师兄师姐临毕业的“赠言”，真的不知道该怎样去面对社会了。王老师，您能帮助指点“迷津”吗?

王老师：你们所说的社会阴暗面，实际是社会上的一些不良现象。这些现象不是你们上了大学后才在社会上冒出来的，而是以前就存在的，只不过你们在高中阶段把注意力主要放在了学业上，且接受的教育以正面为主而已。进入大学后，大学的教育是开放式的，学生有了更多的自主权，因而你们在获取各类知识的同时，会通过各种渠道去获知社会信息。但社会信息是多样的，有正面的，也有负面的。这时，就有必要去学会一些认识论的基本方法。只有掌握了这些方法，你和大家才会正确地去看待社会的各种现象。

学生：老师，那您赶快把这些方法教会我们大家吧。

王老师：有一个已经毕业了的学生学习小组，他们当时也像你们一样对一些社会问题存在模糊认识，后来他们进行了专题讨论，形成了一份集体学习心得。我把其中关于如何看待“走后门”现象的一节整理成十二条，提供给你和你的同学，会对你们有所启示。

● 后门是房屋建筑的专用名词，是由于房屋结构的需要而设计预留的。在一般情况下，后门是供仆人进出主人家庭或运送日常生活用品及物品的通道。如遇特殊或紧急情况时，主人才会从此门进出。

●“走后门”是人们对社会不良现象的一种异化语言，意指通过不正当的手段去获取本不该得到的利益的一种行为。

●“走后门”起始于商品（物品）匮乏年代，而后被扩展到各行业各领域。

●“走后门”行为不是现代社会的专利，而是历朝历代都存在的现象，只是表现形式、表现手段、表现内容不同而已。

●“走后门”的根本原因是供需不平衡的矛盾和人的不平衡心态导致的错误行为。供需矛盾是客观的，而观念和行为是主观的，是可以随时修正的。

●“走后门”行为显失公平、公正和正义，造成人与人之间的不和谐，人与社会的不协调。

●“走后门”是社会上一些人文化落后、文明缺失、道德退化的表现。

●“走后门”者往往会得到想图的利益，他人见了也仿效着做，必然会使这一不良现象蔓延乃至盛行，长此下去，轻则扰乱了人们的心态，重则搅乱了社会秩序，践踏了道德规范，败坏了社会风气。

● 人们痛恨“走后门”行为，却有意或无意为谋求一己私利而重蹈一种错误的行为。

● 人们应当遵循社会约定，规范自身的行为，不图谋小利而贻害社会。

● 当代大学生是文化层次高、文明素养好、法律意识强的一代，应当自觉践行道德规范、社会准则，不做有损于国家、集体和他人利益的事，把“走后门”扔进历史的垃圾筒。

● 大学生要以科学的态度求发展、求进步，为加速发展生产力，加快创造丰富的物质财富贡献力量。

学生：我阅读了这份剖析“走后门”不良行为的资料后，不由地对大哥大姐们产生了一种敬意，自己的心情也顿觉轻松了许多，明白了要用积极的态度去观察事物认识事物的道理。

王老师：老师还要提醒几句：消除社会不良现象（阴暗面）是一项长期的任务。每一个有理想有道德有文化的青年学生，都要为人类的文明、社会的进步做出不懈的努力。如果大家行为诚信一点，社会的“阴暗面”就会少一点。若持之以恒地信守社会准则，模范践行社会公德，那么大家追求的理想社会必定会来到。当然，要做一个守纪律的社会人是非常不容易的，因为人碰到困难或挫折时往往会想到走“捷径”。因此，用端正思想，正确看待社会问题显得尤为重要。理念指导行为嘛。倘若你们碰到不顺的情况，就把老师提供的这份有价值的学习心得摘要拿出来再看看，相信你们还会有新的启迪，也相信你们定会为社会的诚信与进步贡献自身的力量。

五、干部工作

109. 班干部如何避免因性格内向而被老师忽略或误解?

下午5时30分，鲍老师在办公室收拾好东西准备回家，突然听到有人在轻轻地敲门，进来的是一位个子不高、面目清秀的男生。进门后他先做自我介绍:“鲍老师好！我是大二的学生。我在大一时听过您的课，最近有一件事我想不明白，不知怎么办才好，有的同学建议我找您请教，请您给我指点指点。”

鲍老师：好，请坐下谈。

学生：我在大一时当选为班长，一年多来，我觉得自己在实打实地为班级同学服务，辅导员老师吩咐的事情我也都照办了，在同学中也是有威信的。我们学院实行半军事化管理，按照常规，从事学生管理工作的中队长将从我们这届的班长中选拔。我们班的一些同学认为我可能被选上，我也有这个愿望，同时认为自己也有这个能力。然而，没有想到，不仅辅导员没有让我当中队长，并且有消息说：辅导员打算通过重新选举，换班长。这实在出乎我的预料，一时难以接受，不知问题出在哪里。

鲍老师：在此之前你了解辅导员对你的看法吗?

学生：不知道，我从来没有和辅导员单独接触过，几乎没有说过什么话。

鲍老师：哦？那你是怎样配合辅导员工作的？比如接受任务时总要说点什么吧?

学生：在这一点上我和其他班的班长的确不一样，当老师提出某种设想和分配任务时，其他班长都一个劲儿地迎合，甚至还有恭维之词。我不习惯，也不赞成这种做法。我当时虽然没有说什么，但我心里是同意的，我更喜欢用行动说话。

鲍老师：没有语言，用表情表达赞许也可以呀！

学生：我是个感情不外露的人，没有表达不同意就是同意了。

鲍老师：呵呵！小小的年纪就如此的“深沉”啊。告诉你，你的问题就出在这“深沉”二字上了，也就是说，你的内向性格影响了老师对你的正确认知。别人赞同，唯独你不说话，一般都会被理解为你不赞同。虽然你在实际工作中干得不错，但容易被老师忽略，因为老师的思维兴奋点早就被积极表态的其他班长们吸引去了；即使老师看到了你的成绩，也往往被看成是勉强而为之，与其总是勉强而为，不如不为，所以有了“换掉你重选”这个想法，这就是误解。遭到误解，必然委屈，所以，你此时的心情我完全可以理解。

学生：老师您分析得很对，的确是这么回事儿。有什么办法挽回吗？

鲍老师：我想，解决这个问题的唯一途径，就是尽快与老师沟通，消除这个误解。

学生：哎呀，我最怕和老师单独交流，不知见面说什么。另外，我也不喜欢辅导员老师的个性，他分不清好坏人，平时围着他转的人，他就喜欢、重用，甚至和这样的同学称兄道弟，有失老师的体统。据说，这次我们班准备换上的新班长就是他的一个“兄弟”，同学们都知道，这个同学的思想道德水平和能力都很一般，就是会搞关系。我跟他不是一路人，即使这个班长不当了，也绝不做巴结辅导员的事儿！

鲍老师：如此说来，你更要和辅导员有一次深谈了。

学生：为什么？

鲍老师：为了更好地对你们班级负责，对辅导员负责，对社会负责！

学生：有那么崇高吗？

鲍老师：你这个词用得好，就是“崇高”。具体地说就是崇高的责任感。因为这不仅仅是你当不当班长的问题，而是该由什么样的人当班长的问题。

首先要纠正你的一个用词，和辅导员进行正常的沟通不等于巴结，这是两个性质不同的概念。沟通是通过正常的途径，借助语言与对方交流，达到思想上的彼此认知；而巴结则是趋炎附势，极力奉承。显然你的人品说明了你不是后者。

第二，现在你当不当班长这并不是你个人得失的问题，而是对你是不是有责任心的一个考验。因为我们“个人需要”的实现，必须依赖于“社会需要”这个大前提，试想：如果学校管理中不需要设班长这个岗位，也就没有你当不当班长这回事了。既然学校设立了这个岗位，就说明它在管理中有重要作用，要使这个岗位的作用发挥好，就必须让德才兼备之人在这个岗位上工作。如果你因为个性原因让这个误解继续下去，于是，由德和才均不如你（甚至德才不佳）之辈担任之，从狭隘的角度看，仅仅是你个人失去了一个发展的机会，然而，如果从学校（社会）需要的角度看，没有把你的才华贡献给班级建设，则是学校的一个损失。并且由此把一个不称职的人推向班长的岗位，这更是对辅导员工作、对班级建设和学校管理的不负责任。

学生：啊！如果这样思考问题，结论就大不一样了。现在我觉得真应该和辅导员好好谈谈。

鲍老师：是啊，每当你遇到问题时，如果你能够跳出个人的小圈子，从学校、班级（未来社会）需要这样的高度认识，你的心胸就开阔了，就不会因一些不健康的思想（比如把正常的沟通看成是巴结）阻止你前进的道路。另外，你也不要怪你们辅导员不理解你，因为在这个问题上，你也有责任。作为班干部，你的职责就是下情上传，上情下达，这一传一达都离不开说话，而你恰恰在“说”的这个关键点上不到位，这是管理者的一大弱点，要有意识地克服。

学生：这是性格造成的，不好改变吧？

鲍老师：你的性格是比较内向，虽然说性格是先天遗传的，但并不是不可改变的。心理学界研究表明，纯粹、单一气质（性格）的人很少，大多数人都是混合型的，这其中就有后天锻炼作用的因素。只要你从主观上努力，在实践上锻炼，就会有很大的改变。从口才锻炼的角度看，更是大有可为，因为俗话说：诗人是先天的，而演讲家是后天的，是后天练出来的。不信，你从现在试着多与人沟通，多在公众场合讲话，不会用多久，你说话时就敢和人对视了，语气也会坚定了，词也可达意了，你的口才就练出来了。

学生：呵呵，让您这样一说，我的信心大增。不过，还想请教您，我见到辅导员该说些什么？

鲍老师：当然是说作为班长早就该说的话——下情上传：汇报班级工作，谈班级建设的设想。然后，再根据情况谈谈你的思想，让老师了解你先前的作为是因性格所致，并非不配合；还要表达继续要求上进的愿望和改进的方法，同时，恳请老师多帮助，多指导。

学生：我明白了，谢谢老师！您今天的这些观点不仅是对我目前的学校生活的指导，而且对我日后走向社会都有重大的意义，如果我还有点悟性的话，它可能会影响我的一生。

鲍老师：但愿这个观点能够经得起时间和实践的检验。

110. 性格外向的干部工作中应注意什么问题?

学生：我是一名性格外向的学生干部，为人直爽，思维活跃，各种活动都冲在前头。慢慢地我发现，似乎周围的人对我的态度开始发生改变，让我觉得自己做错了什么，是不是我工作方法有什么问题？在工作中我应该注意点什么呢？

唐老师：我非常高兴，因为你已经开始观察和感受到周围同学对你的看法，这说明你很细心，观察力很敏锐，绝不是那种简单“外向”、大大咧咧型的学生干部。发现了问题才有更正和解决的可能性，恭喜你跨出了可喜的第一步。

在和你一起分析和解决这个问题之前，我希望弄清楚造成同学们对你的看法改变的原因是什么？是你的确做事过分“自我”，没有考虑周边人的感受，还是仅仅因为性格外向、单纯执著，行为方式上显得与含蓄保守的大环境有所背离？

如果是前者，我希望你能在做决定或者号召同学们参与活动的时候，多保持随和谦逊的风格。以一个组织者或者服务者的身份，让同学们更多地感受到你的积极主动、你的热诚和你真心希望为大家做些什么的心态，而不是以一个“领导者”的姿态去领导同学们。这里有一个心理调适和自我定位的过程，即选择做学生干部究竟是为了什么？可能问一百个人有一百个答案。在我看来，担任学生干部的经历是比将来的任何领导岗位都更能锻炼和塑造你的“人格魅力”。如果说在某个公司某个部门担任领导，无论如何都是一定范围内的“权力”，在某种程度上掌握着考量下属工作优劣的权能，因而，工作取得成绩，大家的认同、配合，一定程度上可能来自“权力”的威慑。换言之，究竟你的管理科学与否，大家是服从还是发自内心的认同，都被下属毫无疑义的执行掩盖了，这样的局面使你很难看清自己的能力和人格魅力在团队工作中的分量。学生干部的工作就不同了，对于周边人而言，你是他们的同学，从人格到权力大家完全平等，你不享有特殊的领导权和支配权。如果大家认同你，想跟着你的创意去努力，愿意为了你制定的目标而共同奋斗，那是多么大的认可和赞许啊！拥有这样一份支持，我相信你今后的人生一定与众不同。所以，从这个角度而言，你如果把握好了学生干部的角色定位，看清楚了它对你人格养成的帮助，就会集中心思并以更多的宽容、更平和的心态去投入你的工作。

如果是后一种情况，即你只是单纯地想做一些事情，也从内心想着服务于同学，却偏偏让同学们觉得你很“另类”。我觉得你大可以放宽心，从不同的角度去思考和释放自己。

● 人和人是不同的。只有认识到人的差异性，面对不同声音的时候，我们才会更坦然一些。换一个角度想，你有时是否也抱怨过其他一些同学的过分内向？你是不是也在为很多人有自己的想法却从来不愿意在公众场合表达而感到奇怪？你是不是也抱怨过怎么有那么多“闷”的人？是的，龙生九子，各个不同啊。正是每个人的差异性，才组成了社会的多元性，才会有那么多不同性格的人在不同的岗位上取得成就。

● 你是幸福的。为什么这么说呢，因为你的优秀和执著决定了你站在前台，得到了太多人的关注。因为耀眼，因为突出，所以你的优点和不足都被自然地放大和关注了。所以你是幸福的，很多人的很多弊病都在黑暗处被掩藏。注意，是掩藏，不是消除，而你却幸运地在这么年轻的时候，就被那么多人关注，有那么多人通过不同的方式，提示着你的缺点，让你意识到了，继而加以更正，促使你比其他同学更早地成熟，是多么幸运和幸福啊。

● 宽恕自己，坚持自己。前提是你分析了自己的做事方式的确是没有问题，而只是和你做事风格不同的人占多数的情况下，请保持自己的独立性。很多时候，大多数人都认为对的方式并非是最正确的方式，正如大多数人是平凡一生而只有少部分人获得成就一样。如果你思维活跃，喜欢做事冲在前面，并且有能力将事情做好，那么未尝不是一件好事，说明你的能力在人群中的确是突出的，你将来的成就势必是要超越你的同伴们的，这样的领导才能在青年时代就得以展现是多么棒啊！

● 用心做事，真诚等待。路遥知马力，日久见人心。相信真心诚意、不计回报地为大家做一些工作，同学们会看在眼里的。从心理学角度而言，别人适应你的工作作风也需要时间，等时间够了，大家对你了解充分了，知道你的真实用意了，就会理解你，转而支持你。所以，请给自己和别人都多一点的时间。很多时候，唯有时间才会给我们最真切的答案。

说到具体的工作方法，我觉得你可以在实施之前先听取大家的意见，在过程中多收集同学的信息反馈，多和同学交流，问问他们的真实看法；活动结束以后，及时加以总结，必要的时候做好记录，为今后顺利开展工作做好铺垫。

最后，我想用几个词结束我对你困惑的回答：悦纳自己，宽容别人，笑对生活，用心执著。相信你会克服困扰，和你的伙伴们愉快相处并取得成就。加油哦！

111. 怎样理解班干部的特权?

学生：听了您跟我们做的“如何做好学生干部”讲座后，受益匪浅。请问杨老师：学生干部在实际的工作中有怎样的一些权力，如何来理解和使用这些“特权”呢?

杨老师：要正确认识和理解班干部所谓的“特权”。大学作为年轻人跨入社会的最后一道门槛，出于培养优秀青年后备军的目的，大学在学生干部队伍的建设方面投入比较大，学生干部也拥有了中学干部所未有的权力，许多时候甚至可以代替老师决定一些事情。这就是大学学生干部拥有“特权”的原因。同时，由于接触老师的机会比较多，往往在生活上和工作上得到老师的特别照顾，比如备受辅导员老师的关注。毕业的时候，很多用人单位在接受大学生时，认为学生干部比一般同学更富组织经验和领导能力，常常优先录取。在留校深造方面也是优先考虑的对象。可以说是一步领先，步步领先。但是在现实生活中，并不是每位学生干部都能够很好地对待自己所拥有的权力和地位，比如滥用职权、以权谋私的现象也时有发生。而一些老师在审查这些干部时，由于带上了太多的主观因素，评判并不公允，造成同学意见很大。

前不久，我接待了一名辅导员助理的母亲，提到了这样一件事情：自从她的孩子当了辅导员助理之后，每日的应酬总是特别多，从同学到同级的学生会干部，常常以各种名义请客吃饭，有时还送一些东西，目的很简单，由于辅导员助理是辅导员的耳目喉舌，所以都希望通过这位同学，在个人测评、经费审批等方面得到一些好处。对此，这位母亲深表忧虑，生怕孩子还没有跨入社会，就沾染上社会上的歪风邪气。对于这个问题，孩子的观点却与母亲不同：“我当了学生干部，拥有了这样的权力，同学们才能尊重我，当官真好。”另外，在一些学生干部的选举过程中，也出现了让人惊骇的贿选事件，一些学生为了担任学生干部，费尽心机，托关系，走后门，甚至把父母也派上了场。

上述现象又一次提醒我们，一些社会不良现象正在污染大学生的心灵。一些大人送礼、行贿、以权谋私的现象被大学生看在眼里、羡慕在心、暗暗模仿。受社会不正之风的毒害，一些大学生染上了不良习气，并深谙“为官之道”。这样的话，不仅让学生干部不能专心学习，更严重的是影响他们做人。

有朝一日他们走上社会，很有可能会为“官”而投机钻营。

作为学生干部，要正确理解手中的权力。“水能载舟，亦能覆舟。”要明白手中权力只有更好地用于为学生服务才能发挥其真正效力；如果使用不当，以权谋私，导致班级同学反感，可能会影响步入社会后的个人发展。

从教育的角度来讲，同学们喜欢当“官”是好事，它有利于学生的成长与进步。问题是我们该如何正确对待这个“官”。因为只有正确对待，才能当好这个“官”，才能从中受益；若缺乏正确认识，把这个“官路”走歪了，心灵就有可能被扭曲。学校是培养人的地方，“学生官”不是凌驾于他人之上，而是要培养自己责任感、自律意识以及为他人服务的思想；要真正感受到责任与荣誉同在。“学生官”也不同于机关领导，有能力、有胆量的学生可以上，能力较弱、胆量较小的学生更应该参与。若一味地去满足热衷于当“官”的学生的兴趣，并放纵一些父母为孩子跑“官”的行为，就有悖于教育培养的初衷，未必是好事。

我认为，学校要真正为学生的发展考虑，应采取一种学生轮番做“官”和竞争选“官”相结合的办法，即让每一个学生都当上一回“官”后，再采取竞争选优的办法选“官”。这样既能让学生真正得到锻炼，又能使不正当的“为官”思想和“官场”行为自然消失。现在的你们都是独生子女，往往比较自我，而且生活自理能力都比较弱，通过当班干部，可以从一定程度上培养学生良好的品质和个人能力。从大多数当了班干部的学生来看，学习积极性和上进心、集体荣誉感都增强了，班级管理变得很顺。因此，运用好学生干部手中的权力，做好学生干部，对学生、班集体、学校是三方得益的事情。

112. 为什么工作干得多却没有得到同学们的尊敬?

学生：老师，我是一名学生干部，担任班级的班长和系学生会的宣传部长。这半年来，我做了很多工作，在班里和系里都组织了好几个大型活动，为此，我牺牲了很多业余时间，连学习都受到了影响，我觉得我付出了很多。可学期末的民主评议中，我的支持率却很低，我听到有些同学背后说我的坏话，甚至今天我们宿舍的两个男生和我吵嘴时竟然说我只为自己！我想不通：为什么我工作干得多却没有得到同学们的尊敬？

隆老师：我想首先请你明白一点：工作干得多不等于干得好。有些人误以为当学生干部就是要搞活动，谁搞的活动影响大、规模大，谁就是优秀的学生干部，这是不正确的。因为在同学们看来，有些学生干部忙忙碌碌地搞活动只是为了自己的私利，比如满足自己的虚荣心，他们并没有脚踏实地、全心全意地为同学做些实事。而且开展活动过多，自己的学习必然受到影响，成绩就会下降。这样的学生干部在同学们心目中是缺乏威信的。另外，据我观察，主要有三个方面的问题容易导致学生干部得不到同学们的拥戴：

● 角色意识的问题。你听过这个经典案例吧？有一天深夜，维多利亚女王办完公事回到寝宫，却发现寝宫的门被反锁了。只好敲门，她先生明知故问：“谁呀？”她说“我是女王”，不开门。再敲，仍问“谁呀？”她回答“维多利亚”，还是不开门。第三次敲门，还是问“谁呀？”她答“你的妻子”，门打开了。在这个案例中，第一次说是女王，女王是宫廷上的角色，说自己是女王等于告诉所有的人都应臣服于自己脚下；第二次她说了自己的名字，名字是个中性词，不带有太多的感情色彩。第三次女王才找准自己应有的角色，此时，她只是一个普通的妻子而已。这个案例告诉我们必须要有正确的角色意识，准确认知和把握自己担当的角色。作为一名学生干部，你的角色是什么？我认为应该是一名服务者和志愿者，是同学中的带头人，是同学和老师间沟通的桥梁。你要诚心诚意地为老师和同学们服务。如果你做所有工作时都能把握好自己的角色，同学们怎会不尊敬你呢？我们现在有些学生干部，认为自己高人一等，是可以对同学指手画脚的学生贵族，他们在自己同学们面前出现时脸上好像写着“我是领导，我和你们不一样”。甚至有人俨然一副未来就是党和国家领导人的派头，你说，这样的学生干部谁会买他的账？

● 工作的方式方法问题。如果方式方法不对，即便初衷是好的，愿望是好的，也常常不能得到同学们的认同。比如，我们有的学生干部做工作喜欢独断专行，民主意识淡漠，不懂得换位思考。他们组织一个活动，没想过从其他同学角度考虑一下，如果你这样安排，这样做，他们会怎么想。有的学生干部脱离群众，与老师关系很好，但与同学关系一般，成天围着老师转。有的学生干部不懂得发动群众，忽视倾听其他同学的建议和意见，好像班级是他一个人的。总之，学生干部在干工作时，注意正确的方式方法，才可能得到同学们的支持和信任。

● 人际交往问题。学生干部要会做事，更要会做人。许多学生干部在人际交往方面是需要学习的。他们在同学们中缺少朋友，在宿舍、在班级都不受欢迎。这主要是因为他们要么不会说话，经常是祸从口出，有意无意间得罪别人；要么是自身性格缺陷，无法让他人喜欢自己；要么是个人缺乏人格魅力，难以吸引别人；要么是不会与人合作，不能团结大家等等。可见，要想做一个受同学们拥戴的学生干部，就必须是一个可爱的人，是一个情商高、会做人的人。

学生：老师，我明白了。我知道我的问题出在哪了，谢谢您的点拨。

隆老师：不用谢，找到问题就积极解决它，老师相信你会成为同学们喜爱的学生干部。

113. 当班长需要拿架子吗？

学生：作为大学班长，我自认为做得还不错，也有一定的能力。但是有些同学不配合工作，我难免拿拿架子，绝对不是觉得自己有什么了不起，只是想工作开展顺利。开始的确是有点效果，可是后来发现身边的人慢慢地远离。这让我觉得很累，现在的我闷闷不乐，感到很委屈。我不想过这样的生活，而放弃又不是我的性格，我该怎么做？是不是班长一点架子都不应该拿？

朱老师：作为班长，在开展工作时遇到一些困难也是正常的。你能力不错，但是切忌摆官架子。想要做一个让人尊敬的班长，最重要的是要对班级负责，尽心尽力，这样同学们才能认可你的努力、认可你的工作，他们才会全力支持你、配合你。

在告诉你如何做之前，你首先要把“拿架子”可能会带来的后果考虑清楚，千万不要认为自己是班长——一班之长，就要和其他人不一样，要像班级的绝对领导一样，高高在上，要和同学有距离感，保持自己的威严。如果是这样做的话，不但不会拥有你想要的威严，反倒会给你带来现在的这种尴尬局面——身边的人慢慢地远离你，你也越来越觉得累。长此以往，你将彻底失去“架子”。

首先是对自己的定位和心态。班长也是全班中的一员，成为班长并不代表你在班里有多高的地位，更不代表你有什么特权。多的只是责任，你应该是同学的公仆、老师的助手，做同学们的表率。你要带着感激的心情去对待支持你、帮助你做好班级工作的人，你要爱你的班级，关心同学，要让同学感觉到温暖。你要开开心心地面对每一天的工作，不要一遇到麻烦就心烦了，觉得不能做了，你只有先战胜自己，才能管理好班级啊，不是吗？

其次是工作方法。在开展班级工作的时候，因为每个同学的想法不同，就会遇到一些同学不支持甚至反对你的情况，这是正常的。为了让你的努力被更多的同学所接受，在开展班级工作的时候还要注重一些方法，考虑问题要细致周到。每一次活动、每一次班会都要做足功课，认真考虑每一位同学的需要，切实为同学做点事情。

另外，作为一个好的班长，要对自己严格要求，不管是工作上还是学习上，要起到先锋模范带头作用。俗话说，其身正，不令则行；其身不正，虽令不从。平时要注意自己的一言一行，提高自身的人格魅力，这对自己的成长也是有好处的。

不是每个同学都有机会当班长，希望每个现在做班长的同学能珍惜这个锻炼自己的机会，多和同学交流，多些对工作内容的思考，对自己有信心。我觉得只要通过不懈努力，肯定能做个同学支持的好班长的。

114. 学生干部如何处理好学习与社会工作的关系?

学生：学生干部如何处理好学习和社会工作的关系，是一个一直困扰着很多学生干部的问题。就拿我来说，虽然我知道要协调两者关系，也知道要通过提高学习效率来兼顾两者，但说起来容易做起来就不那么简单了。我也想好好上课，安排好学习时间，但好像总是被突然冒出来的事打乱计划，同学有事要帮忙，活动有环节出问题要解决，总是想做好这件事就可以安心学习了，可是事情总会不断冒出来。虽然成绩都还不错，但总觉得自己是在考试前“恶补”，纯粹应付考试，没有真正学进去。有时想什么事情都不管，只管自己好好学习，可是对社会工作又放心不下。

杨老师：学习和工作二者并不是单独分离的，而是有交叉的。这个交叉又对二者有着重要的影响。学生干部，顾名思义，既是学生，又是干部。但要谨记，他首先是个学生，然后才是干部。作为一名学生，他在学校的主要任务是学习，而工作是次要的。工作和学习的矛盾许多时候集中表现在时间的支配上。

● 科学地安排时间。在讲求效益上下工夫。应把专业学习和学生工作都当做一个学习的过程，不管是在学习上还是在工作中都要用心去做。学习的时候不要想着工作，工作的时候也不要怕浪费时间。只要把二者的效率提高，你就会发现二者完全可以协调，甚至可以互相促进。还有，主动去驾驭时间，合理地分配自己的时间去工作和学习，随时抓住可利用的时间处理工作和学习的矛盾。工作时“上下请示，多方求援”。对于学习，一要勤奋，二要讲究学习方法，苦干加巧干。

● 学习时心无旁骛。上课时专心听讲是首要的，不要一边听课，一边分心思考工作。要学会用顽强的意志力控制自己，使自己心智专一，争取成绩优异。因为学生干部学习不好，威信是不会高的，这样反过来又会影响工作。

● 明白一个道理。工作方面的许多事情不是一时就能解决的，可以在合理安排后几件事一起做，这样效率会比较高。建议在自习的时候尽量远离手机，学生工作毕竟不会像急诊那样必须马上处理。安心读书，提高学习效率的同时提高工作效率才能将两者兼顾。

● 给你一个经验。凡事都要与优秀的人一起去做，学习的时候你要和班上成绩好的同学一起；工作时，要和办事能力比较突出的人共事。这样不管是学习还是工作，你都能从别人身上学到很多东西。当然，我们也需要用辩证的眼光去看待身边的每一个人，即使后进的同学，他们都会有值得你学习的地方。要取百家之长来完善自己。

115. 社团班子成员如何搭配和相处?

学生：最近，我当上了一个社团的社长。我从小就开始当学生干部，应该说还是比较习惯的，而且自认为还是有一套工作方法。我对社团工作全身心投入，社团在我带领下，开始经营得还不错，但是，问题开始渐渐暴露。比如，一些原来大一的学弟学妹现在升为大二，好像觉得自己成长成熟了，对他们的部长（很多大三的）也不像从前那么尊敬了。一些新任的部长与仍然做副部长的同学也有些明争暗斗。一些流言也传入我耳朵里，说和我一个系的同学因为我的原因当上了部长、副部长。我觉得很委屈，明明自己很努力地工作，没有一点私心，可为什么还被别人误会呢?

杨老师：首先我想向你说明一下大学社团的特点。大学生社团是大学生们依照学校的规章制度，根据自己的兴趣、爱好和特长等而组建的一种学生组织。同其他组织相比，它的特点还是很鲜明的：一是自主性。大学生社团成员的更新是由上一届社团成员自主推荐、招募、选择，同时社团成员能自主决定活动的范围和目标，一般不受外界因素的影响。同时它的自发性也不可忽视，社团全体成员都具有某一方面的共同点，所以在主观上就要求拥有能发挥这一特长的机会，这就使得社团的活动是一种社团成员具体愿望的体现。二是自觉性。大学生社团为了自我完善和发展，会在主体上实现不断的自我更新和代谢，自觉地创造一种适合大学生社团存在的内部和外在环境。

大学社团也有自己的薄弱环节。首先便是社团工作对个人的依附性较强。不少大学生社团往往由会长或团长一人说了算，没有建立起一个团结有力的领导核心，因而个人工作热情的高低直接影响到大学生社团的发展。其次，社团工作缺乏必要的监管机制。目前在大学生社团中迫切需要建立起相应的监督管理机制，因为大学生社团本身就是学生群体，缺乏工作经验，不可避免地在工作中存在着盲目性，同时社团本身又有较强的独立性，所以应有适当的约束，避免某些社团“老乡化”、“个人化”，为社团建立起一个良性的人事循环制度。

明白了社团的特点，你所说一些大二的学弟学妹们不太“尊敬”他们的学长学姐的事就不难理解啦！

首先，我们应该看到他们的成长，他们已经从一个刚进大学时的那个freshman 成长为现在的 sophomore 了。他们已经完全适应了大学的生活，而且可以肯定的是，他们已经成为大学里的主人之一，主人有强烈的主人翁意识是再正常不过的事情了。他们迫切需要别人的认同和肯定。同时，由于他们已经熟悉了这里的环境，他们的自我意识开始显现，他们不会再满足听命于对他们没有控制力的学长学姐们的“教诲”，而是想闯出自己的一片天空。对于这种想法，作为社团的社长，要学会循循善诱，要充分利用他们的激情和创造力。比如安排他们做宣传，带领他们做外联，把你们的经验传授给他们，同时要放手大胆地让他们去做，不要老把他们藏在学长学姐的身后。他们不愿意，这样也不利于他们的成长。放手让他们干吧，即使有些失败也是成长的代价，也是这个社团成长的代价，因为你们迟早要把社团交给他们。

其次，在处理各个部长与副部长之间的关系的时候，仍然要以正面引导为主。在选人的时候要充分了解他们为人处世的作风，要根据他们的性格安排搭配人员。比如两个都很有想法的人最好不要安排在一个部门担当领导职务，因为当两个都能干的人在一起的时候，不同的意见会成为他们最大的敌人，也会让他们的部员不知所措。尽量一动一静，一个善于表达，一个善于实干。部长与副部长的搭配应该多考虑互补，而不是一味强调强强联合，这往往适得其反，一加一小于二。

最后，任人唯贤。你任用的部长和你同一个系，而导致让人议论，是常见的现象。你要做的是一碗水端平，千万不要以有色眼镜看人。能者上，庸者下，和自己关系好的同学有能力当然要用，用人不疑，疑人不用。当然，这时要特别注意别人的想法。一方面，你任命的人要有出色的表现，让别人没有理由怀疑；一方面，要更加关心那些没有被提拔的同学，让他们感受到你并不是个任人唯亲的“领导”。

116. 社团干事如何招募新社员？

学生： 陈老师，您好！今年我们社团社长把“招新”的任务交给了我。我知道招募新会员对一个社团的重要性不言而喻，是每个学年初的重头戏。没有新鲜的血液，没有优秀的人才，社团是无法长久维持下去的。因此，招收新会员成了让我头痛的问题，要怎样才能吸引同学来参加？怎样才能找到真正适合社团的人才呢？社团人数应该怎么来控制？有一些新入校的同学对社团毫无了解，误打误撞进入不适合自己的社团，对社团性质的不了解造成社团在今后一段时间里管理困难，这种现象又怎么来避免呢？

陈老师： 每年9月底新生军训结束之际往往是社团招募新会员的时期，也可以说是社团新老交替的阶段。招募的新社员是否优秀，换来的新鲜血液是否与组织兼容，关系着社团的前途。重视“招新”是社团领导应该树立的思想意识，做好充分的准备是每个社团招募前的主要工作内容。

学校对于学生社团管理有一系列规章制度。社团的招募工作要在服从学校统一安排的前提下自由招募。一般来说，学校安排的时间最多为两天，事先排好了各社团各自的招募摊位，桌子、椅子等各项招募需要的硬件设施，其目的在于避免招募时的混乱秩序。对社团来说，统一的招募只有一两天的时间，要一针见血地吸收到最适合的新鲜血液需要做很多事先工作。

● 好的宣传是吸引眼球的法宝。在招募的新社员中有很大一部分是新生，他们初入学校，对于各个社团的特点以及自己适合哪个社团存在着模糊概念，甚至连学生会和社团有什么区别都不知道，这就要求社团宣传要到位，把社团的特点写到新生这张白纸上，留下深刻的印象。宣传分两种：一是事先的宣传，二是现场的宣传。事先的宣传可以在迎新生时，采用为新生提供一些人性化服务，比如发生活小贴士之类的指南的同时，宣传一下自己社团的历程、特点。在招募新会员的现场宣传也十分重要，一张引人注目的海报是必不可少的，要注意的是海报文字要简明概要，太多的文字只会适得其反，如对社员有特殊要求的要明确注明。在招募当天发送介绍社团的宣传单也是一个好办法。另外，招募干事要热情介绍，解答各来访者的疑问。

● 到位的面试确保择优录用。一般而言，招募时会招到超出社团需要人数的社员，这就需要删选，要根据去年的活动情况来控制今年的人数。删选主要采用面试的方法，面对面的交流比笔试来得更有针对性，是社团对于新人的一种考验，也是新人对于自己向往的社团的一种测试。面试的方式主要是由社团的性质、特点决定的。在面试时选有才干的人固然重要，但最重要的还是选有热情的人。能力可以培养，可热情不是勉强得来的。当然有些大社团需要招募很多新社员，那就可以采用两轮面试，由不同的社团骨干进行面试打分，在适合者中选取最优者。面试时还可以掌握一个原则，就是如果招募的新成员比较多，远远超过了社团的需要人数，而且新成员的面试表现也都不分伯仲，可以适当多录用新人，以作储备。

● 注意新社员的管理。市场经济的时代是个变化的时代，员工跳槽现象普遍，通过了面试也并不意味着招募工作已经结束。社团不发工资，不能用工资来留人，当然招了20个人，第二天就走了十几个的现象也可能出现。怎样安排新会员可以说是招募新社员的核心内容。社团用魅力来凝聚新社员是王道。为了让新的会员尽早地融入整个社团，可以在招募后尽快召开一次全体会员大会，让新老会员充分交流，这是需要花心思安排的，社团的文化要在其中体现，社团的生命力要在其中绽放。在新成员落到了各自的岗位后，也可以进行一个一到两个月的新生考核，由老干事来执行，这也是新社员与社团的磨合期。通过了磨合期，新鲜的血液才算是真正地注入了社团体内，展现活力。社团不是靠某个人的存在而辉煌，而是集体的力量；“一朝天子一朝臣”不是社团所需要的，和谐才是一个成功社团的精髓。

117. 社团中社长的职责是什么？

学生：学期初，我参加了我们社团的社长竞选并且很荣幸地竞选成功。本来我是对社长一职信心满满的，觉得自己有能力更有热情做好社长一职；但当真的做了，才发现原来想象与现实有那么大的区别。想尽可能地了解社团的所有环节，做个负责任的社长，可是事事关心导致事事都会忍不住“插一脚”，自己很累不说，还让人觉得我们社团仿佛就我一个人，没有团队感。尽量把事分配给大家，让大家来做决定吧，有些事实在达不到我的要求不说，又让人觉得我凡事不做主，没个领导样。作为社长到底我哪些该做哪些不该做呢？我的职责到底在哪里？

杨老师：首先，对于你对社团工作的热情我表示赞同。对于任何一个社团人来说，他们在社团做事都是在为自己的理想而奋斗，尤其作为一名社长，对社团工作热情是十分必要的。社长作为一个社团的家长、管理员和 leader，对内对外都承担着相当重要的职责：

可以说一个社团就是一个公司，社长就是公司的 CEO。他们制定决策、协调关系、量化目标、计算成本，达到尽可能的最优。

对内，社长要拥有出色的组织能力、活动能力和强大的人格魅力，管理好自己的部长，组织好自己的社员，具体的工作职责包括以下几个方面：

● 负责社团的全面工作，拟订阶段性工作计划，制定社团的整体发展规划。作为社长，应明确社团的发展目标。在社团的各个阶段结合社团的内部及外部环境，明确社团的优势、劣势、机遇及挑战，扬长避短，打造社团品牌。

● 领导各部门及下属组织的日常工作，主持工作例会；监督各部门工作；对各部门工作进行考评。社长应严格执行社团内的规章制度，实现社团管理制度化、规范化及信息透明化，使社团得到良性有序的发展。

● 负责社团重大活动的筹备和组织，加强内部人员的团结，充分调动各方面积极性，协调各方关系，争取各方支持。一个社团只有让同学知道它的存在、看到它的价值才会有生命力，这就要求社长及时抓住机遇，在有资源支持的情况下，筹办大型活动以扩大社团在校内外影响力。

对外，社长就如同一个家的家长，是社团的代表。社团在学校里搞活动，牵涉到学校的方方面面，作为一个社长尤其要协调好与学校、团委的关系。这对社团能否顺利地开展活动是十分重要的。学校的社团众多，只有与学校团委沟通良好才能协调好各活动的进程。

归纳以上对内及对外的具体职责，一名优秀的社长必须做到以下两点：

一方面，社长要管理社团，但这绝不意味着什么都要管，让每个部门能够各司其职，在必要的时候给予一些意见才是管理社团的方法，大可不必也切忌事事亲为。要注重其他社员的能力培养，社长的个人能力要强的确不假，但比个人能力更重要的是组织协调能力。没有组织协调社团内各事务的能力，充其量只能算社团骨干而称不上合格的社长，就如同骁勇善战的斗士能冲锋陷阵但未必能成为一名合格的将军。

另一方面，社长的个人能力或者说是个人魅力也是相当重要的。优秀的社长是带领社员实现梦想的社长，社长不仅要让社员知道社员要做什么，更要知道为什么要做，做这些事的目的是什么。这样才能让社团聚成一个团，向着一个共同的目标努力。社长的人格魅力在于用自己的魅力让他人感受到社团的魅力，也就是说社长的魅力在于他的社团而绝非如同明星般的个人崇拜。现在有不少社团有换届如重组的现象，社团没有传承的社团文化。社团不应该靠社长个人来支撑，而应该是靠社团的文化来支撑，这样的社团才有永恒的生命力。其实，社团文化的建设就如同企业文化的建设一样，当今社会越来越注重的是团队精神，"1+1>2"。社长如有个人英雄主义，对这个社团的建设十分不利。

结合你目前的实际情况，提出以下几点意见，希望能给你带来帮助：

● 明确社团内各个部门的分工。对部门负责人给予充分的信任和一定的权力下放，给各部门负责人提供发挥个人能力的空间是很必要的，这样才能充分发挥每个人的潜力，为社团的发展提供更多创意。

● 避免长期的指导型管理。事事都手把手教导，是导致你很累的主要原因。应逐渐放手给社团内其他社员去发挥，一方面可以增强社团的活力，另一方面也可以从中选拔合适的社团接班人。

● 魅力吸引与管理结合。在权力下放的同时，对这些部门负责人的管理又显得尤为重要。作为社团负责人，你应不断增强个人人格魅力，让各个部门负责人被你所吸引，紧紧地凝聚在你的周围，向社团的共同目标迈进。

● 实施重点管理。在对各个部门负责人管理过程中，应对核心部门的负责人进行重点管理，避免多头管理，从而提升效率。

118. 社团成立的仪式和程序有哪些?

学生：本学期我受学院团委的委托，要组织成立大学生海洋环境协会。请教高年级学生，他们说一定要搞好成立仪式，但我不知道究竟包含哪些内容和程序，要做哪些准备工作。请杨老师给我指点一下。

杨老师：社团成立仪式是大学生社团活动中的重要环节，因为这是社团在校园或社会第一次展示自身。社团组织经过精心准备，举行一个气氛热烈、主题鲜明的成立仪式，可以宣传社团的宗旨，营造舆论，扩大影响；可以引起领导重视，赢得更多的支持和扶植；可以吸引大学生的注意力，动员更多优秀的志同道合的大学生参加。而且很重要的一条就是通过社团成立，检验和提高社团领导的领导能力和社团成员的凝聚力。

关于大学生社团成立仪式，可从以下几方面做准备：

第一，做好舆论宣传。可通过校报、校广播台、校宣传栏进行宣传，也可自编宣传小册子（或单页）发放。其内容一般应包括：社团成立仪式举行的日期、地点、议程，特别注明社团宗旨、指导老师和出席典礼的领导姓名以及欢迎大学生出席等内容。

第二，提前发放请柬。社团成立仪式的成功与否，在很大程度上取决于出席仪式的主要嘉宾身份与人数。因此，要提前（留有回应与确认的时间）邀请学校领导、教授，学校有关职能部门（党委宣传部、学生处等）的负责人，学校团委、学生会主要负责人，其他学生社团代表以及媒体（校报、广播台）记者等。特别注重邀请与社团性质相关的社会名流、专家（如学生诗社、文学社可邀请著名诗人、作家出席）和上级（团市委、市学联等）领导。请柬要放入信封内（请柬与信封名字、地址切忌写错），学生亲自送交（校内）或邮递（校外）。

第三，布置现场环境。社团成立仪式一般在校内礼堂、教室举行。可根据性质与出席人数进行选择。应布置会标，要排好座位（主席台席牌、来宾座位等），准备好签到簿，也可摆放花草，或准备一些价廉物美的纪念品和相关作品。

关于社团成立仪式的程序，因社团性质而各有不同，但大体内容则是一致的，一般包括以下方面：

● 排座次。应以请到学校的主要负责人为中心，然后按职务一左一右排列（按照我国传统以中心人的左方为上，若在台下看，即为右方）。若主席台上人员为双数，将主要负责人定位后按职务一右一左排列。比如，校长坐正中间，二级学院院长坐在校长的左边，专家教授坐在校长的右边（如果专家教授是多人，可以安排前排正中就座）。社长坐在主席台左边最后一位领导或来宾的旁边。注意，因为社长是学生干部，在有校领导和重要来宾在场的情况下，不能居中而坐。

● 介绍和欢迎来宾。主持人（社团负责人之一）请来宾（领导、专家、其他社团代表）到主席台就座，介绍来宾名单（介绍次序：按照职位先高后低，即先介绍本校领导，然后介绍其他来宾），全体到会者鼓掌欢迎。

● 介绍社团性质、任务。主持人宣布社团成立仪式开始，社团主要负责人（社长、常务副社长或主要召集人）致词，向来宾表示感谢，简要介绍社团宗旨、组织机构与主要任务。

● 请来宾讲话和代表发言。这种讲话和发言属祝贺类、礼节性，较为简短；讲话与发言次序要安排确认，一般安排顺序为：本校（学院）领导、指导老师，本社代表、其他社团代表，社会名流、专家，上级领导。

● 介绍会后相关安排。主持人宣布社团成立仪式结束后，介绍会后安排事宜。要安排人员引导来宾等与会者参观陈列作品的展览，安排与来宾、代表座谈，送别来宾、代表；安排人员整理会场。

119. 在社团工作中受人排挤怎么办？

学生： 我在社团里面做事已经有两年了，当初加入社团是因为自己的兴趣爱好，希望能通过社团的平台得到更多的机会去娱乐；在进入社团后，因为自己能力比较强，再加上自己有想把社团建设成更好的团队的愿望，在活动中很积极，也很努力，所以本学期以来现任社长经常在活动中把我推向前台，有意推举我为下一届的社长人选。不过我渐渐发现，社团里的同学们都不大帮助我了，搞活动也懒懒散散的，我成了孤家寡人，我很想知道原因，只是因为我将要成为社长人选吗？

杨老师： 做社团工作是你提前进入社会的一种历练，在任何团体中工作，都有可能会遇到这样的情况。说白了，就是一种人际关系的考验，而人际关系不是单方面的，它出现的任何问题都是双方的。那就让我们来分析一下。

我们首先应该剖析自己，是不是自己什么地方做错了？看来你是一个很努力、很上进、很能干、也很有思想的人，对自己的目标也很明确，能很好地安排计划，这点很好。但是，想一想，当自己有意向被提拔时，你的作为是否有不合适的地方？比如当你在每一次活动中发表意见的时候，你每一次受到表扬的时候，你每一次没有将任务完成好的时候，你每一次需要别人帮忙的时候，你的态度、语气、行为有无不当之处。

接下来，我们要正确理解社团成员。一种情况是：进入社团的同学，都是很出色的，他们也有自己的目标，也像你一样，想干出一番事业。当得知被提拔的人选不是自己的时候，对他们自然是一种失意。失意就可能情绪低落，在工作时表现出配合不积极，实属正常。对此，你必须给予极大的理解与宽容，给他们时间消化这种失意。相信他们会很快恢复信心，与你并肩战斗；第二种情况是：不服你，有意把你挤垮。这就看你是否具备领导者的意志和智慧了。如果你真的有志向成就建设社团的“大业”，就必须有顶住压力和“阴谋”的气魄和胆略：人们越是质疑，我做得就越好。只要你始终保持积极、乐观、豁达的心态和面貌，努力工作，大家终归会被你的精神和作为所打动。只要你挺过这段困难时光，你一定会发现，同学们又回到你周围了，没准在选举时，还会投你一票呢!

学生: 杨老师，经您这么一分析，我的心里明朗多了。如果换届时，我当上了社长，请问还要注意哪些问题?烦请老师给提个醒。

杨老师: 作为社长，最重要的就是凝聚社员的力量，有些建议希望能对你有帮助。

首先，要协调好领导者与非领导者的关系。在领导社员们搞活动时，要表现出作为社长的果断、睿智、坚强、拼命，才能服众，才有理由让社员们跟着你干；而在平时，要把自己看成普通的社员，社团里一些小的内部活动，不要以“忙”为借口推托掉，参加活动往往是和社员搞好关系的关键。在活动中要放开，不要认为自己是社长而太顾及自己形象，使自己和大家产生距离。

其次，要协调好荣誉和责任的关系。在每一个活动完成后，不管是在庆功会还是写总结时，千万不要把笔墨都放在自己是怎么努力、怎么策划、怎么完成的这些内容上。除了这些，一定要强调这是整个社团成员的智慧结晶。没有他们的帮助，不可能会有这样圆满的结局。如果可以，最好把每一位成员都负责了哪些工作详细点出来，让他们觉得自己付出再多也是值得的；在没有完成好活动的时候，要记得，自己是社长，有什么事情不能一味地追究社员的责任，要先自己担着，要说:“没有组织好安排好，是我的责任。”接着要鼓励社员:“以后有机会。”还可以在单独和该社员聊天时，提醒他下次最好应该怎么做，这是凝聚人心的方法。作为社长，需要做出这点牺牲。如此作为，今后你收获的东西会更多!

再次，在请别人帮忙的时候，千万不要使用命令的口吻，而是以大家都是社团成员来一起共事为出发点，提出建议。在分配任务的时候，尽量少用“你”“你们”，“你去做什么什么”，最好用“我们”，“我们一起来做什么”。在安排好后，说声“谢谢啦”，“拜托啦”，“加油啦”……让别人开开心心地去做事，你自己也能舒心地分配好。

最后，老师希望你能当上社长，要相信自己，处理好各种关系，在社团的活动中找到乐趣，锻炼自己，好好把握，争取更大进步!

120. 社团搞活动怎样才能有意义并请到领导和老师参加?

学生: 最近我当上了一个社团的社长，我风风火火地干了起来，社团活动也组织了不少，比如讲座，运动比赛，文娱节目，都挺多的。但是效果却不太理想，开始人还挺多，领导老师对我们还挺关心，出席了几个活动，同学们也过来捧场，人气还挺旺。可到了后来，老师们总不能够到场，同学们好像因为老师的缺席也失去了兴趣，也不太来参加我们的活动了。接着便是社团的人气下降。似乎有种恶性循环将要开始。我该怎么办呢？怎样开展有意义的活动让同学们都来参加，并请到领导、老师呢？

杨老师：关于如何开展有意义的活动问题，老师给你两点建议：

● 要培养大家的兴趣。兴趣是最好的老师。激情、热情是最开始的动力，但是随着时间的流逝，这种最初的冲动会渐渐淡去。我们同学如果有真正热爱社团、热爱事业这份心的话，就不愁没有继续下去的力量了。作为社长的你，首先自己要很热爱自己的事业，然后着力培养社员们的兴趣。我们可以通过一些激励方法来实施，比如定期举行一些聚会性质的活动，让大家增加了解、增强凝聚力，促进一个有战斗力的集体的形成。

● 要重视“创意”。我曾经指导过一个社团的工作，这个社团的同学要出一本报告册，社团负责人在主动听取我的意见后，组织社员阅览，并参考了许多版本，最后商定做一个“五连拉页的彩页”，充分发挥老师的指导作用和同学的积极性，收到了很好的效果。

关于如何请到领导、老师参加，在里面有许多学问和技巧。这里我给你三点建议：

● 科学筹划，备好预案。一般说来，领导和老师不会为一个不太有意义的临时搭凑的活动而放弃自己的时间。社团活动的开展，特别是要请到领导和老师参加，主题、议程、方案以及预案都必须考虑周全。另外，社团活动举办地点、时间的选择，有时也影响着领导和老师能否参加。要尽量根据领导和老师的工作习惯、专业特点、研究方向安排；尽量不要让他们为难。

● 真诚邀请，及时沟通。俗话说，请人不邀，等于带刀。社团主要负责同学要事先征求意见，并亲自将邀请函送到领导和老师的手里。要主动与领导和老师沟通，一方面再一次表示对领导和老师的真诚相邀；另一方面提醒领导和老师做好准备，安排时间出席；再一方面可及时了解领导和老师能否出席，以便及时做好相应的调整和安排。特别是一些重量级的老师，他们的日程很紧，事情也多，要在会前一两天，做一个电话提醒。否则可能不能保证出席。

● 热情接待，有始有终。有的同学邀请领导和老师时“彬彬有礼”；领导和老师到场时“笑逐颜开”；而当活动进行和结束时只顾“自娱自乐”，似乎忘记了领导和老师的存在。一般说来，要安排学生一对一地陪同，随时帮助领导和老师了解活动的内容和进展情况，解决可能出现的问题。活动结束时，要按礼节送行和告别，并对他们百忙之中前来参加活动表示感谢。

121. 如何搞好社团活动的策划工作?

学生：参加社团后，写活动策划也不是一次两次，但总觉得写的东西有点空，没什么实际的意义。很多东西写出来了，但当活动做起来的时候发现有太多东西不能按原先计划进行，有时甚至觉得活动策划只是纸上谈兵、空空如也，尤其是那种在学期初就计划整个学期活动的策划，有时学期初的策划到期中成了一张废纸。那么多心血白费真的很心痛，可是总不能没有策划吧。是不是我做的策划存在问题？到底要怎么样才能做好活动策划工作呢？

杨老师：人常说“计划跟不上变化”，但古人云“凡事预则立，不预则废”。这两句话反映出策划的变动性与重要性。因此，在活动策划过程中，应考虑实际情况，是具体活动策划还是系列活动策划，抑或是学期学年计划，并按“近详远略”原则来进行制订。先将整个学期的活动大概框架制订出来，对于超过一个月以后的活动只要有个大概的计划提纲就可以；而近期的计划则要越具体越好，越是近的越详细。远期活动策划可以是提纲式的也可以是主题式的，即制定每个月的主题内容。如三月定位为志愿者服务月，主要活动策划围绕学雷锋等展开；四月定位为传统文化月，主要活动策划围绕清明节展开；五月定位为青年素质拓展月，围绕五四青年节开展活动；六月定位为真情告别月，围绕毕业生离校开展等。

在确定大致的主题框架前提下，具体的活动策划组织开展的步骤和方法如下：

一是要明确策划原则：

● 目的性。明确活动举办的最终和最重要的目的、意义是什么，不能为搞活动而搞活动。

● 参与性。活动要有广泛的参与者，忌讳曲高和寡。

● 周密性，也叫可行性。即策划方案在细微操作层面有功力，任何一个人拿着你的计划书都能把活动完完整整顺顺利利地照你的想法办下来；需要考虑到可能发生的突发事件，并做好后备方案。

● 独特性。即此活动与彼活动有明显的差异，与其他活动比有不同的亮点。

● 协作性。相关部门良好协作，共同策划。要保证你的活动所涉及部门对于该活动计划的参与性，参与协作并完善活动计划。

● 系列性。只是一个单独的活动，往往显得很单薄，需要相关活动来陪衬和丰富，如开展青年节主题活动，可以同时开展诗歌朗诵会、体育竞赛、文艺演出等系列活动，使活动点、线、面充实丰满。

二是明确具体策划步骤：

● 确定策划目标——定下活动的主题及意义。

● 落实策划人员——社团骨干、与主题相关的专家、学校传播媒体等。

● 择定策划方式——脑力激荡法。

◆ 组织脑力激荡法的四项基本原则：①禁止批评。②自由思考。③多多益善。④综合改善。

◆ 脑力激荡法会议的组织方法：①确定会议人选，5～8 人为宜。②确定一名会议主持人和 1～2 名记录人员。③会议一般不超过 1 小时，最多不超过 2 小时。④会后由领导小组对所有设想进行比较、综合选择。

● 写出策划方案：①方案规划文本。②行动细则方案。

三是知道活动策划书撰写内容：

● 标题（一个响亮而富有特色的标题很重要）。

● 框架目标（活动需要达到的最终目标、最终结果）。

● 框架元素（活动时间、活动地点、活动面向对象、活动主题、活动总体预案、活动总体流程图。后两项是在做系列化活动的时候必须要书写的）。

● 工作分解预案，也叫操作方案，包括下面五个部分内容：

◆ 流程图：也就是用直观的图标来解释活动的总体方案和流程。

◆ 分工：列出详细的分工表，各项细化任务的要求以及负责人都要定下来。有条件的话，可以在这里就写出各项任务需要完成的时间，而且一定要分出一个应急小组，由专人负责，专门负责组织协调处理各种紧急突发事件。

◆ 详细预案：要有非常详细的预案，每一个小的细节都要考虑在内，最后还要针对可能发生的突发事件构想出后备方案。

◆ 时间推进表：以详细、直观的表格形式展示时间推进方案，明确什么时间之内由什么人做什么工作。

◆ 活动预算：周密调查市场价格，确定每一项开支的数目以及方式。

活动策划对一个活动而言非常重要。希望通过以上三大步骤，能保证社团更好地开展学生活动，丰富校园文化生活，提升学生社团组织凝聚力，提升个人综合素质。

122. 社团集会有哪些礼节要求?

学生：大学生社团因类型不同，其活动带有各自鲜明的特点。我参加多种社团活动之后，最近成为一个社团的新的组织者。在第一次会员座谈会上，原来的主席和会员希望我策划、组织一次社团集会，以最大限度地满足学生的要求；然而，在丰富多彩的社团活动中，我们都应该遵守学校规章制度和国家法律法规，应该为营造健康向上的校园文化做出努力，做到活泼而不失规范。杨老师，请你帮我指点一下，大学生社团集会有哪些组织工作和礼节要求。

杨老师：社团集会是社团活动的重要形式。通过多种主题集会，集中展示社团一个阶段活动的成果的同时，加强社团内成员和社团之间的交往互动；各种主题集会的准备与实施，在全面展示社团领导及其成员的才华与智慧的同时，可以促进大学生的素质培养与交往能力的提升。“我的社团，我选择，我喜欢。”当你成功组织一次得体的社团集会时，你就必须把自己爱好、专业与拓展知识、培养能力结合起来，把集会内容的组织与恰当的礼仪要求协调起来，你也一定会在社团文化的熏陶中有所收获。

大学校园里，各类社团组织的大学生集会包括各类交流会、联谊会、音乐会、晚会及各类纪念活动和庆祝活动，都必须精心组织和注重礼节要求。

关于社团集会组织工作，我这里给出三点建议：

● 根据社团集会活动的主题安排活动内容。活动内容不仅要围绕主题，而且还要照顾不同层次的需求和表示对来宾的尊敬与友好。如理论交流会，则安排不同角度的发言和专家、教授、领导的总结性讲话；如专题晚会，应尽可能安排大学生喜闻乐见、嘉宾感兴趣的节目。

● 及时落实场地和发出邀请。发出邀请的具体内容与社团成立活动大致相同，但要考虑到场地的容量，给活动来宾和出席的同学准备足够的座位或空间。

● 科学安排座位和现场调度。社团集会由于人数较多，务必科学地安排主宾的座次（主席台座次参考社团成立仪式相关内容，各个社团团长、社长可以集中坐在观众席的前排），并组织引导人员，明确现场指挥人员。如在礼堂、讲演厅集会，一般前几排安排被邀来宾，现场应有专人引导来宾入座；如在操场、体育馆集会，一般应准备坐椅，让来宾就座，现场有工作人员维持秩序；并合理组织与会人数，保证有足够的出勤率，以营造现场气氛；当来宾由社团工作人员陪同进场时，全体与会人员应有礼貌地起立鼓掌欢迎。

大学生社团集会礼节要求包含的内容较广。大学生社团集会作为一种文明、高雅、庄重的社交活动，与会人员必须讲究礼节规范，特别要注意以下几个方面：

● 着装大方。大学生出席社团集会，服饰要整洁、大方、得体，不得穿背心、睡衣、拖鞋。

● 按时入场。大学生出席社团集会，最好提前十分钟左右到达，进场后按指定位置就座（就位)。在放下坐椅起立时，应用手扶着，不要让坐椅发出响声；站立时要主动配合前后左右学生移位，以让大家都能注视会场中心(主席台)。

● 保持肃静。要静心倾听发言或观看节目，尽量避免咳嗽或打哈欠。不在场内吸烟和吃零食，更不能有吹口哨、喝倒彩、乱跺脚、敲打坐椅和高声呐喊等粗俗行为。

● 适时鼓掌。能否适时鼓掌反映出一名大学生的阅历和教养。如是交流会，应在发言人登台时和发言完毕后鼓掌，切忌在发言人一句话还没讲结束时鼓掌；如是晚会，应在表演者登台和表演一支曲子一段舞蹈或一幕戏之后鼓掌。鼓掌时，一般应面带微笑，抬起双臂，手掌位于齐胸的高度，伸开左掌，用并拢的右掌轻拍左掌中部，节奏要平稳，频率要均匀。对特别精彩的讲话和表演应由衷地称赞，可将双掌举过头顶，以热烈掌声为之喝彩，但掌声不宜过长。

● 文明退场。社团集会未结束，大学生不得退场。应待主宾离开或表演者谢幕后再散场，不可自行提前散去。

123. 社团工作中如何处理对外交往的关系?

学生：随着我国国际化办学和大学生社会化进程的推进，大学生社团活动正由校内向校外拓展。大学生不仅仅在校园内开展适宜的社团活动，而且越来越多地以社团的名义直接与相关行业、企业、机关、团体打交道，寻求合作与支持。鉴于此，大学生了解与熟悉对外交往礼仪知识也就愈加迫切。一位在社团活动中颇有成就感的大三学生对我说："得体的礼仪风度是大学生社团活动对外交往中赢得成功的'key'。"那么，我们如何正确掌握社团对外交往的原则和方法呢?

杨老师： 作为一名社团代表，在对外交往活动中的表现不仅仅代表了你自己和社团，也代表着所在学校的形象，甚至代表着当代中国大学生乃至整个国家的形象。所以，你在社团活动交往时的一言一行、一举一动，都应符合礼仪规范。下面我就把社团对外交往的原则、交往礼节、交往方法介绍给你，希望能对你有帮助。

● 社团对外交往遵循的原则

尊重的原则。尊重包括自尊和尊重他人。自尊就是在社团对外交往中自重、自爱，维护大学生的人格；尊重他人就是尊重交往对象的人格、爱好和习惯。尊重他人才能受到他人的尊重。大学生社团和个人在对外交往中，都要不卑不亢，待人接物热情周到、举止文雅。不论所在学校是教育部直属院校还是一般院校，不论交往对象是教师、学生还是干部、经理，不论个人民族籍贯是本土还是异国他乡，都要平等相待，任何丧失自己人格或蔑视他人的人格的行为都是不应该的。

真诚的原则。在社团对外交往中抱有心诚意善的动机与态度，才能得到理解、接纳和信任。以诚相待，恪守原则是人际交往得以延伸和深化的保障。在社团外交往活动中，要热情友好、诚心诚意，也要讲究分寸、内外有别，切忌一味表现自己和信口开河。

互偿的原则。人际交往的意义在于满足互相的需要，彼此之间互相补偿。在社团对外交往中要特别注重理念、情感、信念、服务的交流等，双方互相关心、互相理解、互相支持。一次互动无论成功与否，都能促进相互之间的友谊。

相容的原则。大学生因为社会阅历浅的原因，在对外交往中往往容易被误解和不理解，也容易产生失望和埋怨的情绪。然而，社会交往中能容忍别人的误解、宽容别人的缺点、容纳不同意见和不同性格的人，一定会赢得更多人的尊重、理解和友谊。为此，大学生应学会宽以待人，以扩大社会交往范围；善于弥补他人的缺陷，以赢得更多更真诚的朋友。

警惕的原则。俗语说，“害人之心不可有，防人之心不可无。”大学生在社团对外交往中，要提高警惕，利用自己的智慧，善于处理交往中的冲突，化解可能造成的伤害。早年媒体报道的女研究生被拐卖的事件，你一定会从中受到启示。当你渴望得到帮助、寻求合作时，要牢记基本的原则；当你给予信任、寻求友谊时，要建立在理性分析和科学考察的基础上。

● 社团对外交往的礼节

遵守时间。美国作家爱默生曾经这样说：“要以一个人对时间的重视程度来尊重这个人。”深圳人信奉“时间就是金钱、效率就是生命”，创造了我国对外开放、经济建设的“深圳速度”。大学生对外交往中，应按约定时间抵达，因故不能赴约或迟到，要礼貌地尽早通知对方并致歉。

尊重长辈、妇女。“Lady first”（“女士优先”）是国际社会人际交往中常见的礼貌原则；尊重和照顾长辈是我国的传统美德。大学生在社团对外交往中，要主动关心、照顾师长、领导和妇女。如进出大门则主动开门、关门，同行则主动帮助提拿物品和让座。拜访时，应先向长辈和女主人致意；告别时，应先向长辈和女主人道谢。

入乡随俗。大学生社团对外交往中，要与不同国籍、肤色的外籍教师、专家、留学生和中外合作企业、中外人士打交道，应特别尊重和理解各自独特的历史、文化、宗教以及各自特殊的风俗习惯和礼节，并遵守国际惯例，尊重个人隐私，不涉及年龄、婚否、收入、经历、住址、个人生活、宗教信仰与政治见解等。如天主教徒忌讳“13”这个数字，佛教徒不能随便用手抚摩小孩子的头部等。

谈吐文雅。大学生社团对外交往活动中重要的表达方式是语言交流，谈话时要诚恳、自然、大方，谈吐要和蔼亲切，表达要准确得体；要善于倾听，不轻易打断对方的讲话，在谈话过程中有急事要离开，应向对方打招呼表示歉意；谈话时手势不要过多、过大，膝盖、脚尖自然地指向对方，彼此距离以保持在120厘米左右为宜。

讲究卫生和仪容。大学生社团对外交往中要养成良好的卫生习惯，保持庄重的仪容。交往活动前，不吃辛辣、有特殊气味的食品，并做适当修饰（刷牙、梳头、修面），女同学可作适当化妆。保持服装整洁、不穿奇装异服，不以“另类”打扮为时髦；交往过程中，不做挖鼻孔、掏耳朵、抠头发、搓污垢等不洁或不雅的小动作，并尽量避免打喷嚏、哈欠或咳嗽；在交往场合，站立要直、坐时要端正，走路脚步要轻，不可慌张奔跑，两人行走不要搭肩，多人行走不要排成队形，不要随地吐痰或扔废弃物。

● 社团对外交往的主要方法

主动把握交往机会。实践出真知，长才干。大学生在社团交往过程中要主动把握每一次交往机会，敢于面对交往中的障碍，力求在妥善处理中锻炼、提高自己的交往能力。如果你怕丢面子，你不仅失去了被人了解、赏识的机会，而且实实在在地失去了大学生活里社交锻炼、结交朋友、提高自己的机会。

努力建立良好第一印象。大学生要努力掌握必要的礼仪知识，提高自身的内在素质，以你的见多识广来赢得别人尊敬，以你的多才多艺使人对你赞赏，以你的灵活机智来快速化解出现的负面影响。有时你给人的第一印象不一定很好，但你“手中有粮、心里不慌”，良好的心理素质和教养可以帮助你适时矫正，尽情地创造出愉悦的交往空间。

讲究适宜的行为规范。机械地使用礼仪规范，不仅成效不大，有时反而“弄巧成拙”。适宜的行为规范是指在不同性质的交往范围里和不同的交往对象上，要把握不同的分寸，以保持适当的人际距离和互动关系。比如你初见一位经理，就热情地套近乎得像老朋友，也许会使对方很不自在。

善于运用谈话艺术。交往互动的有效性表现为奏好三部曲：一是表明自己的来意；二是虚心地倾听对方的谈话，以了解对方的心理、兴趣；三是讲究讲话的语气、节奏和表情，以给予恰到好处的赞扬、肯定与认同乃至否定。

正确对待竞争与合作。竞争与合作是当代社会发展的趋势与要求，也是大学生社团人际交往的重要课题。你在社团对外交往活动中应科学正确地面对竞争、认识竞争作用、了解竞争规律，以积极心态参与竞争，从而最大限度地发掘个人积极性、创造性，并通过社团活动，学会合作，认识自己在社团中的作用，了解社团促进个人成长的规律，以平和的心态进行合作，从而最大限度地提高个人的进取心和影响力。

124. 在大学一定要争取当学生干部吗？

学生：我是一个新生。这些天一些老乡学长学姐来看我，总是谈起大学里学生干部经历对于将来工作的重要性。我知道学生干部职位毕竟有限，不可能人人都当。杨老师，上大学一定要争取当上学生干部吗？我性格比较内向，如果竞选不上学生干部，我又怎么锻炼自己呢？

杨老师：你这样的疑惑是许多大学新生的心结，你必须对自己有一个正确的定位和规划。在大学时代，不是一定要当学生干部才能得到锻炼，也没有人一定就当不好学生干部，这与兴趣、胆量、志向、职业规划等因素都有关。另外，学生干部不是每个人都能当上，当上了也不是每位学生干部都很优秀；当了学生干部不一定就能把自己锻炼成怎样，不当学生干部也完全可以通过其他方式锻炼。

有的同学在中学就是学生干部，而且一直做得很好，自己对社会工作、组织工作有兴趣，那么可以在大学时代重温过去的学生干部情结，进一步发挥自己的特长和特点，再接再厉，提高自己更广阔的社会视野和工作能力，并为自己将来大学毕业很快地融入社会和适应工作环境打下坚实的基础。有的同学虽然对社会活动没有特别的兴趣，组织工作能力也有限，但考虑到当学生干部接触社会机会比较多，得到的回报也较多，如入党、获得奖学金等；特别是许多企业重视实践能力，大学时代学生干部工作的锻炼成为毕业后找工作时的有力武器，学生时代就为找到好工作做准备。基于这样的动机而选择当学生干部的同学为数不少，虽然过于现实，但也是一种合情合理的想法。至少与那些无所事事、虚度光阴的大学生相比，是上上之策了。

有的同学还没进大学就决定考研，立志搞研究，在学术上有所建树，对于这样的同学而言，参加学生干部选举是没有多大必要的。毕竟人的精力是非常有限的，一辈子能把一件事做好就很不容易了，有这样想法的同学应该庆幸自己很快就找到了人生坐标，接下来只要付出行动就必定有收获了。当然也不绝对，如果认为还有余力，可以参加有关的社团学生干部的竞选，选择参加志愿者服务的组织工作等，将理论用于实践，不断提高自己的能力。有的同学是从家庭经济条件考虑，参加各种勤工俭学的工作，特别是家庭贫困的学生利用课余在校外兼职，一方面挣钱补贴家用，另一方面也是锻炼自己，就没有必要一定要争取当学生干部，因为出任学生干部毕竟要占据一部分时间。

进入大学之后，辅导员老师可能会在新生中指定一些同学做召集人或者联系人。被指定的召集人或者联系人同学要珍惜这一机会，努力做好服务工作，但这并不代表他们就是班级的班干部，因为在几个月之后，一般实行公开竞选或直接选举大学班干部。参加大学学生干部竞选活动的过程，是一次对自己知识、能力的检验和提高的过程，因为要准备一篇打动人心的竞选发言稿，要进行演讲，并在竞选中尽量与班上同学多交流沟通，让他们了解你接纳你。至于能不能当上学生干部并不重要，因为在大学里可以通过多种方式锻炼提高自己。千万不要把社会上的一些不正之风引到校园，通过拉关系、走后门甚至送礼的方式争取当学生干部是不文明的、不公平的，也是不道德的。

至于你性格内向，就要主动与老师、同学交流，多参加集体和社会活动。总之，不是以大学时代当不当学生干部为将来成功的标志，而是着眼于全面提高自己的综合素质，积极参加校内外各种理论学习和社会实践活动。

125. 学生干部要具备什么样的素质？

学生：在高中时代，我一直担任班级的班长职务，进入大学后我毫不犹豫地参加了班长的竞选，最终因为我精彩的演讲成功赢得了此次竞选。正当我意气风发制订班级计划的时候，一次与学姐学长沟通时，得知作为一名大学学生干部，高中的管理经验远远不足，因此我现在十分迷茫，不知道自己应该具体完善自身的哪些方面，以胜任接下来的班长职务。

杨老师：在大学入学阶段积极参加班干部竞选，对于你的大学生活来说是一个很好的开始。大学生活与高中生活之间存在巨大的差异。高中的主要目标是考大学。作为高中班长，大部分工作缺乏主动性，班长也很难有自主发挥的空间。高中期间在管理一个班级的时候，一方面有班主任及家长这两股支持力量；另一方面同学的自觉性也强，大部分注意力放在学习上，因此高中的班长经历只锻炼了你的执行力。

大学生活的目标是独立地走向社会，所以要学习知识，锻炼独立性以及各方面的能力，结交朋友；自己处理生活中的问题。除了扎实的专业知识，思维、人脉及修身等各个方面同样会对你的未来产生影响。在大学担任学生干部，就给你提供了这样一个完善自己锻炼自己的机会。

结合你的实际情况，如果有志管理好一个班级，或者担当其他的学生干部职务，就应具备以下素质：

● 思想道德素质。作为一名学生干部，关心的不仅仅是自己，而是要放眼于全班、全校，积极建设班风、校风、学风，促进自己和同学的共同进步。工作要耐心、细致，有创意。在任职期间必定要牺牲部分的个人时间来为班级为同学服务，这些都来自于责任心。在工作中要注意培养自己的事业心和责任感，自觉认识自己所从事的学生工作的重要意义；增强责任意识，保持旺盛的工作热情，兢兢业业，积极工作。

● 能力素质。学生干部要想出色地完成各项工作任务，就应不断增强领导才能，提高能力素质。能力素质包括很多，其中最主要的有以下几个方面：

一是组织能力。学生干部要把性格各异、素质不同的同学组织起来，合理安排，充分调动每个人的积极性，把他们的活动协调起来，团结互助，“拧成一股绳”，为共同目标的实现而努力，保证决策的顺利实行，这就需要有较强的组织能力。要做到这一点首先要善于思考，要思考如何开展工作，怎样才能干得更好，这样才能在工作中不断改进和提高自己。

二是决策能力。决策是领导行为的基本功能。领导行为的效果，依赖于决策的性质。学生干部应根据学校布置的中心工作，结合本校或本系、本社团、本班、本宿舍的特点和具体工作的实际情况，找出关键问题所在，权衡利弊，及时做出有效可行的决策。

三是分析、判断能力。学生干部面临的工作往往是纷繁复杂的，这就需要提高自己分析、判断各种现象、各种信息的能力；特别是对当前学生中存在的各种思潮、各种行为要明辨是非。没有正确的分析和判断，就没有正确的决策，也就没有正确的领导行为。

四是沟通协调能力。工作的过程也就是人与人有效交往的过程，是心与心碰撞和交流的过程。良好的沟通协调能力，如同润滑剂一样，可以让我们与同学以及其他组织和群体建立密切的关系，为开展各项工作创造一个宽松的外部环境，扩大视野，开拓思路，做好各项工作。

五是创新能力。学生干部能不能干出特色，能不能超越自我、超越别人，根本的区别是有无创新能力，在工作中能不能提出新见解、新方案，能不能打开新局面。如果学生干部因循守旧，一切按老规矩办事，那么一切都可能是老样子，失去生机和活力。

● 心理素质。良好的心理素质是学生干部有效开展工作的一个重要因素。它包括广泛的兴趣、丰富的情感和坚定的意志等方面。一个人如果兴趣狭窄，情感贫乏，意志薄弱，性格孤僻，缺乏主动精神和自主能力，人际关系不协调，是很难有大的作为的。相反，一个人有了广泛的兴趣，能使自己更加接近和了解同伴，更多地涉猎各方面的知识，增加和同伴的共同语言，从而有效地激发和培养群体成员的集体主义观念。丰富的情感是联络和沟通同学之间关系的有效途径，它可以增强学生干部的感染力和影响力，得到同学的信任和敬佩。坚定的意志就是要求干部要对工作中出现的挫折和干扰有坚强的承受力和自制力。

● 人文修养素质。学生干部要做好社会工作必须先服众，而出色的人格魅力是与学生干部的工作才能相辅相成的。人文修养素质可在一定程度上反映一个人的精神状态、个性气质、品德情趣、文化修养、生活习惯等，它主要包括以下几个方面：开朗的性格它有助于形成强烈的感染力与人格亲和力；谦和的态度；博大的胸怀，只有胸怀宽广，才能宏量大度，才会有一种透骨的潇洒和大气；得体的礼仪等。要想做好一个学生干部，就要使自己有很好的人格魅力。

126. 班干部怎样加强班级的凝聚力?

学生A：很多人这样跟我说，大学很难交到真正的朋友，因为有太多的利益相互牵扯。人都是自私的，你不例外，我也是。很多时候总想着为自己谋求利益，使自己在大学里名利双收，同时能力得到很大的提高。现在的我对班干部一职再也不是充满朝气和幻想，而是感到深深的疲惫。如果可以的话，我宁愿当初没有去竞选班干，尤其是班长一职。在这个充满矛盾的集体中，远没有初中或高中那种强大的凝聚力。大学的班级远没有高中的正式，因为我们没有一起真正地拥有那种班级的氛围，我们没有一天8小时待在一起，我们没有熟悉的条件……

学生B：最近几次在班会上积极动员、征集意见、无记名投票，可春游计划还是迟迟定不下来。一个班39人，可心思却拧不到一块去，大家似乎更愿意去做自己的事情。人心散了，队伍不好带啊！其他院系的一些辅导员、班长也和我有同样的感受，长此以往，'班将不班'啊！其实这样的情况比比皆是。一些院系、班级，大学四年竟没有一次春游。那怎么才能加强班级凝聚力呢？

杨老师：你们说得蛮实在的。目前大部分高校实行学分制，选哪些课程，选哪些老师，完全由学生自己决定，只要把学分修满即可毕业。在这种情况下，班级不再是教学的基本单位，班级的凝聚力大大降低。大学生活以寝室为单位，学分制、选课制让同一个班级在一起的情况越来越少，班级功能严重退化。一些大学班级似乎已经"名存实亡"，难以对学生产生吸引力。大一学生小吴曾对我说："刚进大学的时候，一下子傻了眼。从小学到高中，习惯了12年的班集体，竟'土崩瓦解'了。"在大学里，学分制使同学们上课安排不尽相同，又没有固定教室，各管各地上自习，班级里同学待在一起的时间太少了。"一个学期下来，我还不能叫出班上一些同学的名字，只感觉面孔熟得很。"所以，作为班干部更要努力以班级为单位开展各种活动，促进交流互动，使每个人发挥特长、不断成长。大学是个"大熔炉"，同学们从五湖四海来到一个班级里，经济条件、生活习惯和价值取向都有较大的差异，兴趣爱好更是千差万别，同学间的交流和互动都会不断带来新的文化碰撞和共融，不断获得更多的人生体验和进步。

活动是凝聚的载体。只有活动主题有价值，才能吸引同学。给你们出几个活动主题的点子，没准能对你们有帮助。

● 举行班级学术交流。要适应学分制的新情况，又要使同学们感到班级存在的必要性。虽然学校层面的活动丰富多彩，但是班级组织的学术活动、读书活动更有针对性，会给同学们很强烈的归属感。因为大学生的第一任务是学习，学术活动是促进提高大家学习积极性的有效平台。当一位同学在班级展示自己的学习成效和研究成果并赢得全班的掌声时，他或她对班级的归属感和温暖感就不言而喻了。

● 组织统一教室上自习。这对一年级新生特别有效。同学们刚升入大学，彼此都很陌生，但心底却又对同学相处充满期待。根据这一特点，在上课时间以外，组织大家统一教室上自习，可以增加同学们接触的时间，满足大家对交往的渴望。同学们在一起上自习时，通过近距离的接触，他们会迅速拉近彼此的距离，感受到班级的存在和集体的温暖。

● 组织文体活动。以班级为单位组织参与学校、学院对抗性文体比赛活动，如篮球比赛、合唱比赛、辩论比赛等。例如，在篮球比赛时，全班同学都到场，为本班队员扯开嗓子呐喊，每一分的得失都牵动同学们的心……这样的集体活动搞多了，可以把全班拧成一股绳，增强集体荣誉感。如果活动一开始没有响应，可以稍微采取一些强制要求或采取一些激励措施如加分等。只要调动了一开始的积极性，好的活动做出来了，同学从中找到乐趣，同学间有了感情，以后自然能吸引同学参加别的活动，时间长了凝聚力也就出来了。

● 利用校园网建设班级网站。让每位同学参加到校友录、班级主页的建设上，把重大班级事务拿到主页上进行讨论，做到"全班一盘棋"。建立班级新闻发布会，对班级荣誉、班级活动、班级大事、同学奖惩情况进行及时通报，让班级同学分享每一位同学的每一分荣誉。

● 组织开展校外实践活动。包括各种春秋游活动、社会考察活动、社区义工活动。如你们所说，班级校外活动经常会因意见不合最终流产，我觉得第一次最好是班干部首先制订好计划，如短途一日游，愿意的同学就参加，不必要求所有同学都参加，人数能达到一半就很可以了。有过一次成功经验后，以后的春游自然能吸引更多的同学。校外实践活动要有专人策划，活动时间为一天，地点限定在上海市内，这对班级凝聚力建设具有可操作性。班级凝聚力建设不应过于强调全班每个人，应该先把一些表现较为活跃的同学的积极性先调动起来，调动一个班级每个人的积极性难度太高，很容易把原来有积极性的同学的积极性磨灭掉。可先建立个有凝聚力的小团队，让整个班级先"活"起来，然后再把大家带动起来。

由于大学授课方法等客观原因，一个班级的凝聚力在平时是较难显现的。当一个班级遇到逆境困难时，往往会突然发现原来同学是那么团结。因此，应充分利用帮助解决突发事件、帮助生病的同学等契机，依靠全班同学的力量，共同创造班级的凝聚力。

最后，别忘了给每一个活动设计一个鲜明的主题。主题要有创意，文字简洁明了，朗朗上口，便于传播和记忆。

127. 想当班干部又怕别人说“出风头”怎么办?

学生：每次选班委我都很想去竞选，可是每次要迈出那一步的时候仿佛就会听到有人在说：某某竞选班干部不就是为出风头……一想到这个，我就没勇气去参选了，不想被别人说我爱出风头。可是我又真的想当班委，想为大家服务。我真的很矛盾，怎么样才能去竞选班干部又不被人说呢?

唐老师：看到你的困扰，真是让我隐约想起“少年维特的烦恼”。或许每个在成长过程中的学生总会有一些不为人所理解的困扰。我很理解你的矛盾心理，因为生活中的确有一些不良的现象，使得你单纯的初衷很可能被套上世俗的看法。但是，我想告诉你一个关于困扰和担忧的分析数据，是我在参加高校心理学术年会上得到的最新数据：其实90%你所担忧的情况，在生活中并不发生。你回想一下你从小到大的一些莫名的担忧，担心当众表演的时候出丑，担心某一门学科偏科影响考大学，担心进入大学以后和五湖四海的同学相处会有很多不习惯。然而当你经历过这一切，回头望去的时候，你是否惊奇地发现：哇！原来是多虑了。是的，90%你正在担忧的事情，事实上并不发生。从这个角度来说，你所担负的因为竞选班委而带来别人非议的心理压力或许是多虑了。

此外，我想说，你的困惑很大程度上来自自己的假想。你假想如果我去竞选，别人可能会说我为了出风头。事实上，别人真的会这么想吗？或许会，或许根本就不会。我们习惯了用自己的角度去思考，习惯了关注自己，习惯了对发生在自己身上的事“放大”思考；而事实上，别人完全没有我们想象中那么关注我们。比如你当众发言时一次口误，引起大家的一阵笑声，你当时的心理感受可能是觉得自己丑出大了；然而对于听众而言，你的错误很快就会被其他的信息替代了。或许你所担心的别人的看法只是自己的猜测。我们更多的时候需要的是大胆的尝试，而不是小心翼翼的猜测。

另外，你说很多同学认为竞选班干部或者参加学生会都是爱出风头、不务正业，其实在我看来，大学期间培养出来的组织协调能力，对今后的事业发展有很大的帮助。当别的同学只需要关注自己的学业时，你已经开始兼顾学业、工作，开始尝试和不同的人合作，开始合理地安排自己的时间，甚至开始了对将来职业发展的初步规划，这些都是其他不担任社会活动的同学所没有的宝贵经历。

换一个角度来看，怕别人说爱出风头其实也是一种对自己缺乏信心、缺乏勇气的表现。从心理学角度来说，内心坚定、自我评价高的人往往不是特别在意别人的评价，而缺乏自信、自我评价相对较低的人，可能更关注周边人对自己的看法，以补足内心的缺失。所以，勇敢一点，走自己的路让别人去说吧。哪个班干部不是这样过来的，别人能做到的，你也一定可以做到。等成为“班干”以后，真正为同学做了实事，那时同学们自然不会说你为了出风头，还会为能有你这么个好“班干”而觉得自豪。在选“班干”的时候，扪心自问是不是只是为了出风头，如果不是的话，那就大胆地站出来，用事实证明自己。还有句话想送给你：“流言之所以造成伤害是因为在乎。”要学会相信自己，有自信、有勇气才能做一名合格的“班干”。当然他人正确的意见是要听的，兼听则明嘛！做“班干”要能听取各种意见，尤其是反对意见；有气度、有胸怀才是有所成就的要件。

另外，还有一个有趣的问题：出风头真的就是一件坏事吗？什么是“出风头”，如果理解为一种自我展示的话，那未尝不是一件好事啊！毕竟“酒香不怕巷子深”的时代已经过去了，适度自我包装和宣传才会得到关注和认同。要注意把握好度，在把握时机自我展示的同时，一定抓紧丰富自己的内涵。表里如一，内外兼修，才是明智而持久的。

128. 班干部在竞选中落选了怎么办？

学生：老师您好！在学期初进行的班长选举中，我落选了。一直到现在情绪都很低落，有一点自卑，感觉同学们都会笑话我，所以有一种避世的想法，远离班级，远离同学，过自己一个人的生活。其实我也不想这样，但却无法走出阴影。我知道这样下去对自己的学习和生活都会产生很多不好的影响，所以我急切希望老师能给我一些建议，让我走出这个低谷，迎接丰富多彩的生活。

陈老师：谁不愿得到荣耀？谁不愿受人尊敬？但很多事是不以自己的意志为转移的，天外有天，人外有人，落选是正常的。像竞选这样的事是不以成败论英雄的。大丈夫能屈能伸，出可为相，屈可为民，但要有一颗永不言败的心。

雨果说过：“对于那些有自信而不介意暂时失败的人，没有所谓的失败；对于怀着百折不挠的坚定意志的人，没有所谓的失败；对于别人放弃时，他却坚忍，别人后退，他却前进的人，没有所谓的失败；对于每次跌倒却立刻站起来，每次坠地反而像皮球那样跳得更高的人，没有所谓的失败!”这就是我们大学生应该有的一种精神。另外，大学里不像初中高中，大家接触的机会不是很多，容易造成一些交流上的障碍。你竞选失败的原因，也许正是因为大家对你的了解不够。不要觉得有什么东西在作怪，自卑、嘲讽、看不起，很多都是距离和疏远造成的心理病。其实你和同学们的距离并不远，是你自己把它想得太远了。曾经失败过没有什么的，也许有很多同学很佩服你的，至少你有参与的勇气。

对于现在的你来说，首先要摆正自己的心态。让同学们看到一个虽遭受苦痛而不自弃的你，看到一个遭遇挫折仍高扬自我的你；既要客观中肯地看待自己，更要客观中肯地看待同学，公正坦率地和同学相处。做自己现在能做好的事情，让大家能感受到你是真心为大家服务，哪怕只是一点微薄的贡献。“理想”这两个字大家一定不会陌生吧，每个人都有自己的理想，而且每个人的理想都是不一样的啊。但是要实现理想就一定要踏踏实实地从最小的地方做起，最终到达理想的彼岸。

其次，是忘记过去，尽快地从竞选的阴影中走出来，以平常的姿态融入到班集体中。一如既往地好好学习、关心班级、团结同学、尊敬老师；做到心平气和、心境开阔、宽厚待人、严于律己。我觉得只要你自己已经做好接受大家的准备，随时的一个微笑、一句问候，都可以把你带进集体中来。让同学们不仅看到你的回归，更看到一个全新的你。谈笑间既体现了你的气魄，更能磨炼你的意志。

最后，如果你还有信心的话那就从头开始，取人所长补己所短，借人所短养己所长，陶冶情操，调理性格，让大家看到你的优点和长处，争取在下一次的竞选中实现自己的愿望。每个人都会经过失败的，没有经过失败的人那他一定永远也不能成功的啊。只要现在成功的人那他一定失败过。

失败并不可怕，可怕的是自己不敢面对失败，害怕失败，遇到困难就放弃。只要把每一次的失败都看做新的起点，认为那是对自己的磨炼，看做新的动力，坚持不懈，加倍努力，就一定能成功。在艰难的人生道路上，越遇到失败越要振作，越要拼搏。其实，失败只是短暂的，只要鼓起勇气，去战胜新的困难，就一定能迎接胜利的明天!

129. 班长发现在班子中有人不配合工作怎么办?

学生：新的班委建立后，刚开始挺有活力，大家工作也都很积极，可是慢慢地发现，有一名班委与其他班干部之间互不通气，互不协作，缺乏配合。几次婉言提醒他，他都当是耳边风；对他严肃指出，又觉得不妥怕大家会尴尬；放之任之，工作到他那里就不顺，其他班委意见很大。再这样下去，整个班委的士气都受到了影响。遇到这种情况应该怎么处理呢?

杨老师：现代的大学生自我意识较强，个性比较突出，因此，在大学的班级工作中，这种情况还是会经常出现的。面对这种问题，需要采用多元化的处理方式才能很好解决。如果解决不好，很有可能会导致新的矛盾，甚至是当事双方的矛盾，的直接后果就是工作难以开展和同学的沟通困难。

遇到这种情况，大致可以通过以下几个方面着手解决：

首先，寻找发生这个问题的根源——究竟是什么原因造成今天的局面？是班委整体的工作分配落实有问题，还是这位班委的工作出现了“疲态”，或者有了某些隔阂导致这位班委不配合，抑或其他的一些原因。

其次，分析自己的不足。作为一个班长，在领导班级工作时是否有些不足之处，使其他班干部没能好好配合自己工作。如果有这样的情况，要及时加以改正，促使大家能够更好地为班级效力。

再者，侧面了解这位班委的情况。看是不是最近他的生活、工作或者学习上出现了一些问题，遇到了一些困难，导致他的班级工作开展不顺利。然后根据分析和了解的结果，找个时间单独和这位班委好好聊聊，注意不要以班干部的身份而是以朋友的身份与其促膝长谈，可以选择一个小饭馆、操场，或者其他气氛比较轻松的地方，真心实意地与其交谈，让他感到你的真诚。选择抛砖引玉的方法，以自己的工作为突破口打开话匣，多站在他的角度替他设想，打消他的思想顾虑。在谈话时多注意用心倾听，请他多提意见，听他多发牢骚，从中发现问题。

在找到问题根源之后，对症下药就不是难事了。如果发现他真的对现在的工作缺乏兴趣，没有热情，在可能的情况下可以考虑调任其他职位。如果他真的不能适应或不适合当班委，可以考虑开展一次选举，让大家投票来重选班委。

在处理这件事情的时候要注意这样一些问题：

● 要注意处理的方法。简单地说就是两个字：低调。工作中的意见不要带到生活中来。大学生学习、工作、生活都在一起，很容易产生一些小矛盾，加之大学生年轻气盛，若是处理不当，很可能会伤害这位班干部的自尊，甚至影响他以后的大学生涯。因此要慎之又慎。

● 要帮助这位班委处理好心态问题。即使是卸任不当班委了，也希望他可以以班级同学的身份来支持班干部，支持班级工作，为班级的团结出一份力。

六、爱情探秘

130. 怎么知道自己是恋爱了?

方周和朱雯是前后桌，有时作业不懂他就去问朱雯，她都很热情地给予解答。不知不觉方周对朱雯有了好感，再对朱雯说话时，心里不免有些紧张，还有一种莫名的兴奋。不久班上调整了座位，他们的座位离得远了。方周还是尽量找机会和朱雯说话，如果有机会和朱雯聊一会儿，他就感到这一天都很有劲。他觉得爱情降临了，热情洋溢地给朱雯写了一封情书，可没想到她不但没有回信，而且从此见了方周好像不认识似的，他大惑不解而且感到很伤心。这天他见到了赵老师，叙述了事情的经过。

学生：您说我的错出在哪了?

赵老师：你这是爱的错觉。你没有分清爱情和友情的界限，我们可以看到，两个人接触你始终是主动的一方，而朱雯仅仅是有求即应，并没有其他主动的更深的交往意向，这只是一种同学之情。她之所以后来采取了“忽然降温”的办法，也是为了不继续给你错觉。

学生：爱情到底是一种什么样的感觉?

赵老师：爱情的感觉是一种相互吸引相互愉悦的感觉。两个人之所以产生这种感觉，说到底是来自“潜存影像”。

学生：什么是“潜存影像”呢?

赵老师：我们的大脑其实就是一部记录着我们成长经历的电脑，每一个眼神、动作，每一次用餐和谈话，每一次娱乐和历险，都储存在我们的记忆里。善于归纳的大脑又把这些无数的元素，合成为复杂模糊的影像，刻录在我们的潜意识中，叫做“潜存影像”。

学生：当我们寻找伴侣的时候，“潜存影像”会发挥什么样的作用呢？

赵老师：大脑就会把捕捉到的新信息，拿来对照潜存影像，并确定它的吻合度。当找到了对应的位置时，便认定这个人就是我们完整、独特的潜在对象。只要和这个人相处，我们内在强大的感应器便被开动，“姻缘”的反应也就启动了，我们就会被莫名地吸引，爱情也就产生了。如果新信息和我们潜存影像不合，我们不会有兴趣，对方就会被淘汰出局。

学生：当我们找到了潜存影像的化身时，会有什么感受呢？

赵老师：首先是似曾相识感：这是情人们常有的奇妙的感觉，即使初次见面，仿佛早就认识，相见恨晚，而且自己骤然变得很温柔或很脆弱。贾宝玉初见林黛玉就是这样，“眼前分明外来客，心底却是旧时友”。

接下来还会有认同感：人是需要通过别人来证实自己的，认同感是人精神交往的前提。当你面对你的心上人时，会在他身上发现自己的特质和影子，也会找到你很欣赏但自己却不具备的品质。你在找到对方时，也找到了自己；你在欣赏对方时，也在欣赏自己。

随着相处的时间越来越长，互补性越来越强，似乎已和对方甚至世界万物合为一体，会有归属感。这是因为潜意识追求完整时，替你找到了失落的另一半，从而彼此都因对方的存在，弥合了自身的缺失，两个不完整的人因为恋爱成了完整的一体。随着交往和了解的增加，恋爱的双方感情越来越深，甚至昼思夜想、不可分离，这叫不可或缺感。相处几天或几个星期，就觉得在一起很舒适、自如，仿佛已经相识了一生。同时在一起相处的时候，会忘了时间，时间再长也觉短。一旦分别，久久无法忘却，这叫永恒感。

学生：我们常说的找感觉，主要就是似曾相识感、认同感、归属感、不可或缺感、永恒感！呵，听您这么一说，我明白了，您说的这几种感觉，我几乎一种也没有真正找到，难怪她会主动退出。我已经释然了，今后再谈恋爱肯定会减少许多盲目性了。

131. 人一定要结婚吗?

学生：我看到人们在追求爱情的旅途中，发明了婚姻这部跑车后，它老是出毛病。人们驾着这部车，行驶在人生的大道上，有的跌跌撞撞，有的半路抛锚，有的翻到沟里，有的甚至闹出人命，为什么呢？难道人一定要结婚吗？

赵老师：很多人婚姻出问题主要因为都是“无照驾驶”。虽然人们都从政府那里领到了结婚证书，但是这只说明人们具备了自然人结婚的条件，或者说人们只具备了乘车的资格，作为成熟的社会人、作为驾驶员来说，却未必合格。要想成为一个合格的驾驶员，要操练的科目有很多，但首先要了解结婚的意义有哪些。

● 性欲的满足：结婚使人以符合社会规范的方式获得性的满足，以法律的形式获得了对两性关系长久性的保障。婚姻以外的性关系是不安全的也是不道德的。

● 爱情持久性的满足：结婚使想得到爱情的被动欲望，和给予爱情的能动欲望得到长久、稳定的保障，使人的感情有归属感、安全感。没有法律保护的爱情是相对脆弱的。

● 独立欲的满足：结婚使两人结为夫妻，作为社会的一个独立的单元而得到了法律的承认，社会地位得到了初步确立，被社会承认完全成人了、独立了。

● 有利于健康：合法的和谐的性生活是自然、便捷的健身运动。为了提高婚后的生活价值，各自为此付出的辛苦劳动，可以激发人的智能和体能，由此而产生的适度紧张，也有利于身体健康。

● 有利于进步：婚姻可成为自我发展的基地，在人生的旅途中有亲密的伴侣相互扶持，可以促使两人共同成长。

● 有利于继承：可以有子女继承财产，精神遗产和物质遗产都可通过子女传承下去，使生命的价值得到强化和延续。

● 有利于社会稳定：婚姻可以使社会构成的最小单元处于和谐稳定的状态，从而保证社会的有序性。

● 有利于人类繁衍：通过婚姻结成的家庭这样一个稳定的基本单位，最有利于完成优生优育、人类繁衍的功能，进而有利于社会的健康、进步与发展，这是它一直受到社会保护的根本所在。

了解了这些意义后，你就知道人为什么要结婚了。至于是不是每个人都必须结婚，这不好绝对地肯定，不过我觉得通过恋爱走入婚姻还是对社会对个人都有益的。

132. 大学生应该为婚姻做怎样的准备？

学生：现在大学生虽然允许结婚了，但是我觉得对于大多数学生来说还不现实，我想知道，大学生应该为婚姻做怎样的准备？

赵老师：大学生为婚姻做的准备，主要体现在以下三个方面：

● 不断完善性感。先要自身可爱，然后才有人爱。要增强自己的性感，性感是个褒义词，是一个成熟的人所具有的性的魅力。我们不但要将自己打造成一个优秀的人，还应使自己成为一个让异性喜爱的男人或女人。曾有人调查男女各自喜欢的异性特点，女性喜爱男性：负责、忠诚、敬业、刚毅、豁达、进取、幽默、勤奋、深沉、挺拔。男性喜爱女性为：温柔、善良、聪明、丰富、活泼、勤劳、坚韧、浪漫、苗条、漂亮。异性相吸的心理需求，从这些词汇中可以略见一斑。我们还可以也必须有自己的偶像，从中体会、汲取、效仿男性的气质或女性的风韵。

● 结交异性朋友。如何与异性交往，虽然不在考试范围之内，但却是人生的一门必修课。在大学阶段我们不仅要读好书，而且要全面成长，其中学会与人交往、包括与异性的交往，也是个人成长不可或缺的内容。一个人在学生时代如果没有建立异性友谊，等走上社会后才开始学习与异性交往，就会因缺乏锻炼而感到非常困难。大学里可以没有恋爱，但不能没有异性友谊。多参加集体活动，同多个异性交往，可以使我们更容易表达、展现自己，消除与单个异性交往的紧张与羞怯。可以有更多的机会了解不同的异性，从他们身上学到更多的优点，学会和不同异性交往的方法，为恋爱和婚姻做好能力和心理的准备。

● 学习间接经验。要通过父母亲友，通过报刊书籍等各种渠道，学习如何恋爱、如何走入婚姻生活的方法和经验，使我们今后能避免走弯路。婚姻关系是人际关系中最复杂、最微妙的一种，若要经营好，需要爱心、耐性、智慧、技巧。真爱和会爱是婚姻的生命，如果想走进婚姻，务必充分注意，万万不可粗心大意。有些人就是没有学会两人如何在一起生活就走进了婚姻，结果草率结婚后又迅速离婚，给双方及家庭都带来很多烦恼和痛苦。“不知深浅，切勿下水。”

总之，我们在大学期间为婚姻做得最好的准备，主要还是学习，学习如何打造好内在形象和外在形象，学习如何做男人和女人，学习社会经验和生活经验，学习建造幸福生活的本领。

133. 大学生谈恋爱的利弊如何?

学生：我们班上谈恋爱的同学已经有一半了，但是我的父母还是对我说，大学期间不要谈恋爱，一来年纪还轻看人看不准，二来牵扯精力耽误学习，我不知道怎样才好。大学生谈恋爱到底利大还是弊大?

赵老师：大学生谈恋爱到底利大还是弊大，不能一概而论，主要取决于每个人的具体把握。人什么时候谈恋爱，个体差异很大。一般来说，人到了18岁心智身体发育都比较成熟后，遇到了自己心仪的异性，就可能进入恋爱阶段。从这个意义上说，恋爱是不以人的主观意志为转移的。

但是，谈恋爱不能只靠一见钟情，不能只凭一时冲动，这里面的学问很多，需要有思想、有方法、有艺术、有理智、有意志等等。如果能够驾驭好恋爱这匹马，它可以载着你们更快更高更强地达到学业进步、爱情甜蜜的目标。反之则可能分散精力、耽误学业、感情受挫、心灵受伤。

● 应当胸怀高远。在学习中建立爱情，在爱情中共同进步。我认识的一位男同学叫萧巍，他原来学习一般，交了女朋友之后，女朋友对他的学习有了较高的要求，并进行"监管"，每天早晨宿舍的电话铃声都会准时响起，同屋的同学都不接，都知道那是萧巍的女朋友在"叫早"，然后同学们就能看见萧巍在女朋友的"押解"下，向教室走去，去上早自习。后来萧巍的学习进步真的很快，从班里的中下游变为上游，同学们都羡慕他有一位优秀的女朋友。他们毕业后都找到了理想的工作，不久就结了婚，现在过着幸福的生活。

● 不要顾此失彼。不要一步入爱河，一陷入情网，便忘了一切，整天只想约会。如耽误了学业，学不到真本事，爱情也就失去了依托。有一位女生名字我就不说了，交了一个已经参加工作的男朋友，很快就进入了热恋，平均一周起码约会一次，一见面没有半天时间那是无法结束的，吃饭、逛街、唱卡拉OK、看电影，忙得不亦乐乎，有一次到歌厅唱歌，一连唱了三个小时，加上回来时淋了点雨，感冒发烧病了一场，几天上不了课。到期末该考试了，也没心思复习，学习成绩可想而知，后来两人又有了分歧，而且无法调和，最后还是分手了。这就有些得不偿失了。

爱情像火，她会为我们补充热能、激发热情，但需控制在适当的温度，否则任凭她燃烧，她就会将我们的幸福烧成灰烬。我们大学生谈恋爱一定注意心要热，头要冷，感情要热烈，理智要清醒。

134. 择偶的流程有哪些?

学生: 谈恋爱虽说是一人一个样，但是这里面是否还有共同的规律呢？您能说说择偶应经过哪些流程呢？

赵老师: 大体来说人们谈恋爱都要经过如下程序：

● 准备——清醒理智。从心理上做好准备，列出清单：哪些条件是必须具备的，如品德、性格等；哪些是可以妥协的：如身高、外貌、职业等；哪些是绝不接受的：如不讲诚信的、性格怪僻的，或者某个细微之处是自己不愿忍受的如抽烟、喝酒等。

● 相识——直觉接受。主要来自容貌、体态、衣着、打扮、举止、谈吐、风度等外表的因素。两人无论自然结识还是经人介绍，相互认识、交往后，感觉彼此投合，或赏心悦目。

● 吸引——价值肯定。双方在进一步交往的过程中，关系向深度和广度发展。广度指交流的内容涉及社会、人生、个人的工作、家庭、政治、经济、文化生活等。深度指在谈论问题时，能经常触及到双方的心灵深处，各自又都能坦率地表明自己的信念、理想、态度、价值观、兴趣、爱好等。彼此恍如前世有约、似曾相识，都会有一种感觉：我爱你因为你使我更爱我自己。

● 探索——搜集信息。两人各自交流自己的历史，分享彼此的情感、经验、经历等。从对恋人个人的了解扩展到对其家庭生活、家庭关系的认识。通过一切能利用的方式，搜集关于对方的信息。伴随着一个个新的发现，彼此神秘的面纱一层层揭开，两人越来越接近对方最核心的本质。

● 愉悦——相互满足。彼此都能满足最直接最重要的需要：快乐。双方都有强烈的刺激感、极度的舒适感。无时不相互眷恋，渴望相聚在一起，难熬分离的时刻。不仅喜爱对方，而且连其友人、家人、周围的事物连带成为倾慕的对象，爱屋及乌。

● 磨合——修正妥协。随着接触的增多，彼此发现对方还有一些不吸引人的东西，不协调的东西，甚至见解相异、时有冲突，两人便进行商讨、修正、妥协。明白了：相爱的人在一起也会痛苦，因为还没有学会团结；相爱的人要学会团结，就应学会修正与妥协，改善自我，宽容对方。

● 和谐——配合默契。经过调整，双方都能以己之长补彼之短，责己严责人宽，求大同存小异、求大同改小异，达成共识与谅解，双方进入理智、团结阶段，两颗心结合在一起。彼此可以接续对方没有说完的话，知道对方在想什么，对对方的内心活动有深刻了解。

● 承诺——终身相爱。愿意同心同德、荣辱与共、同甘共苦、终身相伴，彼此负责、乐于奉献，“将所有的鸡蛋放在一个篮子里”。

● 契约——有言在先。就两人共同生活的问题，达成共识，这是减少日后矛盾的关键。也可形成文字、双方签字、进行公证。

● 结婚——法律保障。按照法律规定，办理结婚手续。做好结婚的物质、知识、技巧的准备。如举行婚礼，主要是表示对婚姻的重视，宣布婚姻的成立，公开向社会承诺：婚后履行相互间、对后代及家庭其他成员的权利和义务，接受社会约束、监督。婚姻应体现喜庆和神圣，避免庸俗虚荣和铺张浪费。

135. 择偶应避免哪些误区?

学生：择偶怎样才能顺利地找到自己的另一半，而避免走弯路？或者说人们在择偶中常见的误区有哪些?

赵老师：我们先从男女不同的择偶心理需求谈起，再谈各自择偶的误区，最后谈男女均应避免的误区和应采取的态度。

● 男性的择偶心理需求：

要求对方相貌出众，身材优美。一般只愿和外表吸引人的女性恋爱，容易被女性的柔媚所吸引和征服。

有较强的自强心理，有主动性和创造性，在潜意识中将对方置于附属地位，他们希望成为心上人的依靠。不过多挑选女性的家庭和社会条件，认为这些完全可以凭自己双手创造出来。

将女性的温柔放在重要位置，认为女性的温柔贤惠、多情体贴、善于持家是婚姻幸福的必要条件，喜欢选择善良贤惠、富有母性特点的感情型女性。

要求对方比自己年龄小，这样的女性大多感情纯真，对男性的爱有较强的依恋心理。

在性的要求方面比女性多一些，使他们一心要找一位体态优美、富有性感的恋人。

● 男性的择偶误区：

片面喜爱对方的美貌、性感、迷人，忽略内涵。一旦将来生活在一起，才发现很多缺憾。

片面喜爱女性温柔，常爱将自己的观点强加于人。自尊心较强的女性是难以忍受的。

片面要求女性诚恳坦白，如果推测女友有不坦白之处，常会愤然离去。

征服欲强，追求异性的冲动，不是为了爱，而是为了达到占有的目的。当追求的过程受挫，易采取过激的手段。

● 女性的择偶心理需求：

不仅要求男性能提供依靠、安全和温暖，还在配偶身上寻找自尊和自信。

不但追求优秀的男人，还追求一种浪漫的爱的感觉。

不但需要拥有一个男人以使生活更美好，还需要因这个男人的存在来体现她作为女人的价值。

不但需要男性有身材挺拔、面孔轮廓清晰分明、肌肉结实的人体美，还需要男性有沉着刚毅、潇洒幽默的气质美。

不但需要男性能有较强的工作能力、较雄厚的经济实力，还需要男性能有丰富的生活情趣。

● 女性的择偶误区：

片面追求物质条件，将自己的幸福寄托在婚姻的建立上。

片面追求男性的“帅”，被男性的潇洒的举止所吸引。

迷失自我，将自我肯定的权力让给对方，由对方来肯定自己女人的价值。

将男女平等绝对化，过于强调女性的自尊、自强。

无论男生女生，对异性的择偶心理有所了解，就能更好地满足对方的需求，更顺利地获得爱情。但也要注意，人们的择偶心理有时是自相矛盾的，所以也不要一味地迎合对方而失去了自我。同时我们都要注意——

● 择偶十忌：

迟缓：一味追求先立业后成家，结果错过恋爱的最佳“季节”，影响了爱情的“收成”。尤其是女性，恋爱的季节较短，更要抓紧。

仓促：为了某一个原因，在特定的时间内，匆忙结婚，如为了得到住房或为了户口。

求全：希望配偶能满足自己的全部需求，而不考虑自己是否具备全面的条件。

自卑：过低地评价自身条件，不敢追求心中所爱。

自傲：过高地评价自身条件，只想找最好的，而不是找和自己条件相当的。只考虑必要性，不考虑可能性。结果高不成低不就。

虚荣：只求外表或只图地位等。

片面：只考虑某个因素，如只要有钱或者只要漂亮。

盲目：不知道自己究竟需要什么样的人。

机械：按图索骥，过于在意无关紧要的细枝末节。

轻信：只听其言不观其行，或只看一时表现。

● 择偶十需：

自爱：自我尊重，自我完善，从打造自我入手，来赢得异性的爱。点燃自爱之光，以吸引爱的航船。

清醒：明白这是终身大事，非同儿戏；明白这是在有限的时间、有限的人群、有限的自身条件、有限媒介的前提下，选择终身的伴侣。不迟缓，不急躁。

勇敢：勇于追求自己心目中的偶像，不论男性还是女性。

认真：以结婚为目的，对双方负责。

慎重：多方权衡、全方位考量，综合素质相当，实现幸福最大化。

明确：列出清单：必须具备的，可以协商的，决不接受的。

准确：针对对方的关注点，选准“进攻的突破口”。

变通：善于总结，适时改变方法策略，及时调整择偶条件和目标，“不在一棵树上吊死”。

渐进：根据交往的深度，由浅入深地进行。“不在冷锅里冒热气”，轻率地就将自己的情感、观点和盘托出，也不能过于谨慎，让人“丈二和尚摸不着头脑”。

果断：尊重自己内心的感受，选择自己所爱的、以自己喜欢的方式爱自己的人。

136. 初次约会应注意什么?

学生：我的亲戚给我介绍了一位女朋友，明天就要去会面了，我有些喜悦但更有些紧张，在此之前我从来没有经历过，不知初次赴约应注意什么？

赵老师：初次赴约应注意以下几点：

● 着装大方得体。不要过于休闲，如夏天穿着短裤、背心，光着脚穿着露脚指头的凉鞋，显得对女性不够尊重。也不要过于正装，大夏天西装革履，显得有些做作。如下身穿一条牛仔裤或休闲西库，上身穿一件时尚的 T 恤衫，脚上穿一双凉皮鞋。要注意皮鞋、袜子的颜色最好和裤子一样或接近，显得比较和谐得体。

● 态度不卑不亢。尊重自己也尊重对方，争取成功不怕失败。有了这样的态度，心里自然也就平和了，也就容易将自己的气质风度很正常地显示出来了。体现在表情上就是面带微笑。微笑最能体现友好和自信，也最具有亲和力，无疑有助于我们达到目的。

● 目光专注友好。应在第一时间注视对方，这体现了对人的重视与尊敬。要使目光对视时自己心里不慌，可在心里做这样的假设：你喜欢我，我也喜欢你，你不喜欢我也没关系。当你在交谈时，不要死盯着对方。如果双方目光接触，你应在两三秒钟后，把目光移开，然后再把目光重新转回去，这目光可不要直愣愣地转回去，最好你要先低一低头，然后再抬起眼重新望过去，然后目光在她的眼睛和下巴之间注视。

● 语气平和亲切。交谈时语气很重要，一样的内容如果语气不同，效果会大不一样甚至会产生截然相反的效果。语言表达的效果，心理学家认为：内容占7%，语气占38%，神情、姿态和动作占55%。应该用气平声沉或气徐声柔的语气交谈。

● 谈话由浅入深。如果双方都有交谈的愿望，谈话要由近到远、由浅入深。如先问怎么过来的？路上顺利吗？现在正在做什么？学习什么内容等等。作为男生可以稍微主动一些，但不要连续发问像盘查，要等对方也提出问题，并进行回答后再提出问题。时间一般不会太长，不过这也要看实际情况。

● 适度赞扬对方。如果你对对方有好感，并想进一步交往，可在谈话期间适时地找一个话题，给对方一个赞扬，这对拉近双方的感情距离会有好处。如："你对某个问题很有见解呵"，或者"你说话的声音很好听"。赞扬不用多，过多会显得我们太殷勤，容易让对方看轻我们。

● 注意礼貌礼节。无论会面开始还是结束，无论我们是否有意继续交往，都要注意起码的礼貌礼节。有的人一见面没有看好对方，坐在那里一言不发或者还没坐稳扭头就走，都有失风度。如想结束谈话可采取询问的方法："我们是不是今天先谈到这里?"如果想与对方继续交往可以当面询问："能把联系方式告诉我吗?"也可以事后再向介绍人询问对方的态度，这就要看你对第一次约会气氛的把握了。

137. 男孩怎样追到自己心仪的女孩?

学生: 我是一个性格比较内向的人,很喜欢我们班的一位女孩,可是鼓不起勇气去追求她,也不知道用什么样的方法去追求她。眼看我们就上大四了,再不表白日后机会就更难得了。您能告诉我应该从何处入手吗?

赵老师: 每个人的心房都有一把锁,能打开这把锁的钥匙是她的价值观。你要追求她,首先你要了解她,你只有真正了解她心目中的偶像是什么样子,她最在意的是什么,你就知道你的劲该往什么地方用了。如果把握不住这一点,只是模仿他人在追求的形式上花样出新,往往南辕北辙。所以从了解入手,再从心灵的沟通上下工夫,这是最重要的和最起码的,接下来还有一些技巧供你参考:

● 主动:女孩大都在内心深处渴望被人爱,即便求爱不成功,只要自己的态度是真诚的,这份真情也会使女孩感激不忘。所以你不要怕被拒绝,拿出真诚和勇敢,主动去追求。拿跳舞来说,你应主动邀请女孩,如遭到拒绝,不要善罢甘休,可对她说:"我斗胆冒着再被拒绝的风险来请你,给我点儿面子好吗?"还可以说:"不会跳舞?那就让我们在音乐中散散步吧!"这样你就容易达到目的。

● 幽默:女孩都喜欢幽默的男性,幽默的性格有助于求爱成功。有一个女孩之所以爱上一个男孩,最初的原因就是男孩用浓重的唐山口音朗诵了一句诗:"大海呀倍儿蓝呐,海水呀齁儿咸呐!"一言既出,女孩就笑得"崩溃"了,芳心就被他俘虏了。

● 浪漫:女孩大都非常喜欢理想浪漫的情调,你若在情人节别出心裁,送她一份意想不到又十分喜爱的礼物,极易打动她的芳心。不一定要花很多钱,主要应表现出你的诗情画意。曾有人采一束野花,再配上一首自己作的小诗,让自己心仪的女孩感动得热泪盈眶。如果你的字写得比较棒,用笔写一封情真意切文采飞扬的情书,比发电子邮件能滋养出更深厚的感情。当她捧着你的情书,在字迹里一点一点地感受着你的真情时,爱的雨露便一滴一滴地沁入了她的心田。你再储备一些精彩的爱情故事,在约会的时候娓娓道来,更易满足她的浪漫情怀。

● 出新:女孩天生喜欢戏剧性,你若偶然标新立异地想出一些"鬼"点子,给她一点儿意外的良性刺激,也会收到喜人的效果。如去乡间郊游、去水库垂钓、到高级饭店过一个快活生日，或看一场惊险电影，在她惊恐之时，发挥你男子汉“护花使者”的作用，紧紧地握住她的手，更能增强你的魅力和她对你的依恋。

● 实力：女孩大都佩服有真才实学的男子汉，所以你如想找到高品位的女孩，只会上述几招还是远远不够的。作为前奏你还可以吸引她，当她想欣赏主旋律时，你就要拿出真本事才能使她心悦诚服。所以要想追到你心仪的女孩，不但要加强你的“攻击力”，更要增强你的实力，才会有吸引力！

138. 女孩怎样追到自己心仪的男孩？

赵老师最近去图书馆的期刊阅览室，总是碰见一位女生，而且发现她每次来都坐在靠近窗户的位置上，眼睛不怎么看书，经常望着窗外。有一天快到闭馆的时间了，阅览室只剩下她们两个人，赵老师抬头时正好遇到了这位女生投来的探询的目光……

学生：赵老师，我能向您请教一个问题吗？这个问题困扰我很久了。

赵老师：是爱情的问题吧？

学生：啊！您怎么知道？

赵老师：是你的眼睛告诉我的。你的眼睛总是看着窗外，窗外有什么？大四的男生为参加学校的篮球比赛，在加紧练习呀，你看上哪一位了？

学生：不瞒您说，是有一位，不过是谁，您就别问了，您就给我支支招儿，怎么能追求到他？

赵老师：我在博客上曾写过一篇《男孩怎样追到自己心仪的女孩》你看过吗？

学生：看过。可是您为什么只给男生支招儿，而不管我们女生呢？

赵老师：哈，怪我了？那好，今天我们就做一篇《女孩怎样追到自己心仪的男孩》的文章吧！其实那篇文章的核心内容，是男孩女孩都适用的，要说女孩特别要注意的主要有两点：

● 含蓄：因为女孩的性格大多数比男孩文静温柔一些，社会对女孩的要求也大都是“淑女型”的。从审美的角度来看，男孩和女孩的性格也应有反差，就好像高山和流水，绿树和鲜花，太阳和月亮……这绝没有男尊女卑的意思，只是说异性才能相吸，这“性”不但是先天的性别，还要有后天修养出来的性感。所以你如果有意与某个男孩交往，不妨采取写信或请朋友牵线的方法，成与不成都不是直接面对，双方都能有个缓冲的过程，可以避免尴尬。有一个女孩，她采取的是写匿名信的做法，这更给自己留足了回旋的余地。男生给她回了信，她托女友帮她取信，虽然这件事没有成，但她的做法还是可以借鉴的。

● 执著：有人说男人追女人隔着千山万水，女人追男人隔着一层窗户纸。可是男人能追到自己心爱的女人，女人却追不到自己喜欢的男人。为什么？因为男人不怕跋山涉水，而女人却怕碰疼了手指头。所以，如果你经过反复认真的思考，认为这个人值得你爱，不妨再拿出一些勇气来，继续“进攻”。当然办法要注意更换，不能只是一种方式、一个角度。有一个女孩看上了一个小伙子，先通过家长找，小伙子没有答应，又通过朋友找，还是没有成功。最后惊动了小伙子的领导，领导出面，还是没有结果。女孩说：“你们都别费心了，还是我自己来吧！”她亲自找到了这位小伙子谈了一次话，结果马到成功！这才是巾帼英雄的本色。她是怎么说动了小伙子的呢？真诚 + 温柔 + 执著。

学生：谢谢赵老师，我知道该怎么做了。

139. 千方百计还追不到心上人怎么办?

学生：我喜欢我们班一位女生，从上大一开始，我就用尽一切办法，去接近她、了解她、帮助她、感动她，可是我们真像两条铁轨一样，无论走多远，却不能相交。现在我们已经到大四了，她对我还是不冷不热。这千方百计还是追不到心上人怎么办？

赵老师：放弃！我们这么努力都打动不了她，看来是“硬件”不配套，不能“兼容”，那就潇洒走一回吧！

● 不难为别人。有一些媒体报道过一些恋爱故事，讲被拒绝的一方如何锲而不舍地追求对方，终于使对方“就范”，这种精神确实难得。但为对方想一想，既然一再拒绝，肯定是极不情愿，就是最后“回心转意”了，恐怕这里面也包含着几分无奈，何苦这么难为人家呢？

● 不难为自己。我们讲过追求爱情要执著，但这也不能无限制，更不能以死相逼或采取其他过激行为。我们讲追求，是讲以诚感人，而不是强加于人。不要让太阳从西边出来，不做实在做不到的事。

● 不做无用功。她拒绝你，说明她不欣赏你，或者不具备欣赏你的水平，也就意味着她不符合你的要求，你也就没有必要再为她劳心费神了。这就好像再也没有增值希望的股票，赶紧脱手吧，有这工夫新的“绩优股”早到手了。大学生中流行一句爱情语录：“追女生从来都是件简单的事情。如果你觉得追得很艰难，多半是你追错了人。如果一个女生，你费尽力气才追上，那么还不如费尽力气追不上。”

● 不在乎面子。有人一味地追求对方，是觉得被人拒绝没有面子，一定要把面子找回来。其实被人拒绝就像家常便饭一样平常，人人都有遭到拒绝的时候。最能保全面子的方式是，表现出你敢于面对现实的勇敢，这才有风度，才令人敬佩。最重要的是我们不但要“面子”更要“里子”，你能找到知音才是目的。生活中有很多例子，被拒绝的一方后来找到的伴侣，比原先追求的更令人满意。

这一扇门向你关闭了，另一扇门又向你开启了。

你不是失去了一次机会，而是又增加了一次机会。

笑一笑，往前走吧，心上人正在某个路口等着你！

140. 有了爱情就可以谈婚论嫁了吗?

晓雯和叶娜是好朋友，都交了男朋友，可是现在她们都遇到了难以抉择的问题。晓雯和男友来自不同的省份，都是独生子女，谁也不可能离开自己的父母，不知道毕业时，他们何去何从。叶娜交的男友虽然不存在这个问题，但迷恋网络，上网成瘾，虽然在叶娜的劝说甚至是管束下，大有好转，可是她不知男友到底能坚持多久。她俩一同找到赵老师，提出了一个问题：

学生：爱情是婚姻的基础，没有爱情的婚姻是可悲的。那么只有爱就能得到幸福的婚姻吗?

赵老师：事情确实不简单。没有爱是不行的，仅仅有爱也是不够的，爱情≠婚姻。除了爱情，还要考虑许多实际的问题。爱情在一定时间一定条件下，是有力量战胜面临的困难的，但困难一旦突破了爱情的承受力，爱情就会出现裂痕，婚姻的基石也就会坍塌。作家周国平也说过：从理论上来分析，性，是肉体生活，遵循的是快乐原则；爱情，是精神生活，遵循的是理想原则；婚姻，是社会生活，遵循的是现实原则。所以在恋爱中，我们不但要有浪漫的情怀，还要有冷静的头脑。要有超前意识和务实态度，想一想可能出现的困难，想一想我们的承受能力，再作决策。至于你们最后进行怎样的选择，我无法代替你们下决心，但是我可以给你们讲两个真实的故事，供你们参考。

有一对青年男女，在学校相识、相恋、相爱了，爱得如胶似漆、难舍难分。可是俩人来自两个不同的城市，都是独生子女，两家的父母都不愿自己的孩子离开，毕业后他们无法在同一个城市工作。怎么办？有人劝他们慎重考虑，但在热恋中的他们根本听不进去。成婚之初，俩人都十分甜蜜。但每年就两个月的团聚时间，接下来就是漫长的等待，这对两个相爱的人来说，实在太残酷了。爱的高潮过后，双方渐渐地在感情上出现了波折，有一方耐不住寂寞，被第三者乘虚而入，结果一个家庭就这样解体了。

有一对恋人感情甚笃，但男青年嗜赌，有人提醒姑娘这样的男人靠不住。但姑娘说爱可以改变一切。结婚以后，在姑娘的约法三章下，他有所收敛。但日子一长，他的本性又暴露出来了，不但输光了自己的工资，而且拿妻子的钱去赌。妻子劝他，他不但不听还举手打人。这时她才发现自己过高地估计了爱情的力量，最后也是分道扬镳了。

141. 女孩要“干得好”还是要“嫁得好”?

吴娟是一个很要强的女孩，在班里学习、社会活动都很有出色的表现，非常崇尚女性要自立自强，可是，在她的耳边不时有一种论调在响起：女孩干得好不如嫁得好，把自己打造得那么优秀，到了社会上特别注重事业，会费力不讨好，男人不喜欢女强人，干得好不如嫁得好。这天她找到赵老师，又提出了这个问题：

学生：女孩到底应“干得好”，还是应“嫁得好”？

赵老师：既要“干得好”又要“嫁得好”。女孩干得好有利于嫁得好。真正有内涵、素质高的男性，也喜欢找德才兼备、志趣相投的才女。很多聪明的女生之所以读研、读博，一方面是为了提升就业的竞争力，另一方面也是为了能在高层次的人群中寻找如意郎君。有人觉得高学历的才女难嫁，实则不然，比如在博士的群体中，恰恰因为女生是少数，反而很抢手。即使有的才女相貌不佳，但是有知识浸润出的自信和睿智，也会使她平添光彩，独具魅力。除非她特别挑剔，一般是不会“积压”的。嫁得好也有利干得好，找个优秀的丈夫为你出谋划策，帮你结交朋友，能为你的成功搭建一个更高的平台，开拓一个更广阔的空间，达到“曲线救国”的目的。

学生：有的女大学生一毕业就结婚，找一个有实力的成功男人做靠山，被称之为“毕婚族”，愿意做个“全职太太”，您怎么看这样的人？

赵老师：这样也未尝不可。相夫教子也是对社会的一种贡献，也是做女人的乐趣。但是千万不要忽视了自己独立的生命价值，不要只是用男人的眼光来确定自己的存在，判断、审视自己的价值，做男人悦目的诱惑物，不要把赌注都压在丈夫身上。两条腿总比一条腿要稳当得多，自身的素质和生存的本领是什么时候都不能丢掉的。失去自我的女人是痛苦的，是不能主宰自己命运的。对女人来说最重要的，是确定因自我而产生的自信和对生活的积极向上态度。

学生：是的，我总觉得一个女性，不能将自己的幸福全交给别人。

赵老师：我认识一位女士，她对此问题的看法也比较明智，她说：我在婚姻上还算幸运，老公年仅30岁就年薪百万，对我宠爱有加，结婚5年还和热恋一样，一个儿子聪明可爱，我现在辞去了在外企的工作，在家做专职太太。但是读书学习写作一刻也不敢放松，我想等孩子大一些了，就出去工作。因为这个世界变数太多，只有你自己是能够把握的。就算两个人感情不变，战争、瘟疫、恐怖主义、经济衰退、失业、疾病……各种意外也威胁着每个人的命运，只靠丈夫很难保证能抵御这一切。

学生：干得好的人，也不能忽略女性魅力的塑造，也不能忽略家庭的经营，您说对吗？

赵老师：是的，每个人可以有所侧重，但都不要顾此失彼，最好还是首先成为一个优秀的人，"干得好"；同时又成为一个有魅力的女人，"嫁得好"。花是事业，月是爱情，每一位女性都应是花好月圆，一个也不要少！

学生：如果幸运之神不能同时送给你两个"好"，怎么办？

赵老师：那就能抓住哪个就先抓住哪个，遇到干事业的机会，就努力干好，遇到合适的人选，就抓紧嫁好。

学生：哈哈！我明白了！

142. 女孩长得不漂亮怎么办？

学生：爱美之心人皆有之，美丽是最好的介绍信，这在择偶时尤其显得重要。可是，我先天条件不好，个头不高，皮肤又黑，怎么办呢？

赵老师：首先，我们要知道，女性美的主要靠内在的气质，生活中很多相貌平平的女性，找到了如意郎君，主要都是靠人格与智慧。台湾作家柏杨先生说过："盖女人美色最不可恃，一则美色终有衰老的一天；二则便是再漂亮的容貌，做丈夫的甚至当初为她大疯特疯，但看得太久之后，效用也会递减，这种可悲的趋向，有赖于千种风情去补充。”千种风情是什么呢？这虽然没有定势，但它肯定是综合了一个人的品行、气质、性格、修养、情操、才华、智慧诸多因素的千姿百态，而且这是一个动态的，需要不断地、永远地修炼。

还有人说，如果不能改变你的容貌，那就改变你的表情。在生活中我看到那些一见面就能走进我们心里的女孩，她们都具有迷人的微笑和眼神。充满自信与友好的微笑，是最有感染力的，富有智慧又专注的眼神是最具亲和力的。而这明亮的眼神，美丽的微笑，都来自阳光般的心态，如果内心没有阳光，外表是无法灿烂的。所以要内修外炼，秀外慧中，擦亮你的眼神，涵养你的微笑，爱神的降临可能就在那一瞬间。

有一篇文章是分析潘玉良和潘赞化的，大致内容如下：我们欣赏潘玉良作品的同时，都会产生一个疑问，潘赞化为什么会不顾自己的声望来搭救、帮助潘玉良呢？潘玉良到底是怎样一个女子？很多人都受到了电影和电视剧的误导，电影中是巩俐演的潘玉良，电视剧也是香港第一美女李嘉欣演的，所以，所有的人说到潘玉良，都希望她是一个美丽的女子。于是英雄救美，潘赞化是一个很正直的、很魁梧的、很有文人气质的一个男人，把一个美女从妓院里面救出来，又通过自己的方式把她塑造成一个世界知名的艺术家，这样非常符合一般市民的审美心理。但是当我们看到潘玉良照片或画像的时候，却发现潘玉良长得并不算好看。有人说这样的一个女人，潘赞化为什么对她那么好？这样的疑问太浅表了，也太生理化了。其实女人吸引男人的，除了美貌以外，还有非常重要的一点，那就是人格的魅力。

诚然，外表的美也是不可忽略的，现在美容的知识与技巧铺天盖地，动动脑筋根据自己的具体条件，在现有的基础上，改善自己的形象，还是大有可为的。没有丑女人，只有懒女人。就拿你来说吧，皮肤虽然略黑但是这样的皮肤抗衰老，不易长皱纹，平时略微搽些粉底霜，就可以改善肤色。个头虽不够高，但是只要你注意站姿走姿，挺胸收腹，可以显得很精神，很挺拔，这远比个子高却驼背的人要美丽得多。所以只要你有一颗爱美之心，一颗善良、智慧之心，一定能成为美丽可爱的女孩，一定能获得甜美的爱情。

143. 陷入单恋怎么办？

学生：我是一名大学二年级的女生，在一次学校的文艺活动中，认识了一位男生，从此以后我就喜欢上了他，也经常找各种机会接近他。但作为女生，我并不敢向他表白，非常希望他能主动向我表白，而他好像并不知道我喜欢他，也没有喜欢我的意思，我该怎么办？

李老师：歌德先生在《少年维特的烦恼》一书中说过："哪个少年不钟情，哪个少女不怀春？"当少男少女情窦初开之际，谁的心里没有自己钟情的"白马王子"与"白雪公主"呢？但是爱情的产生和发展，有一个重要而不可缺少的前提，即它是相互的。人们常说，爱情是两颗心碰撞迸发出来的火花，而不是一颗心去敲打另一颗心，像你这种情况只是一相情愿的单相思，这并不是爱情，而只是你对异性的一片痴情而已，也就是所说的单恋。

单恋具有很大的主观随意性，产生的原因也很多。例如，萍水相逢，偶然相遇便对他人产生爱慕之心；或误将别人的友谊和热情当做对自己的爱意，眷恋难忘，而对方却毫无此意；或被对方的美貌和才华所吸引，深深爱恋对方，而对方并不知情。

通常情况下，单恋者都会陷入烦恼和痛苦的境地，但由于每个人的性格、能力、修养的不同，每个人对单恋的控制和处理能力也大不相同。有的人能迅速从痛苦中挣脱出来，把消极的情感升华为积极向上的力量；有的人却久久地沉溺于单恋的苦海中不能自拔，甚至神魂颠倒，导致精神失常。当你陷入单恋的苦恼中时，该怎么办呢？

● 你的这种想法和行为很正常，你的烦恼也很正常。爱一个人也没有什么错，这也表明你成熟了，你的心理发展是正常的、健康的。

● 你作为一名大学生，你最主要的任务是学习知识，所以，最明智的办法就是及时斩断情丝，全身心投入到学习中去，集中精力学习，就能够使你很快从单恋的痛苦中解脱出来。

● 目前社会对大学生恋爱是宽容的，既不支持，也不反对。如果你觉得对方是值得你去付出感情的人，你也可以主动向对方表白，如果对方也喜欢你，那就祝福你们。但是还是不能忘记自己作为学生的身份。

● 如果对方不能接受你的爱，你就应该知趣地停止对对方的追求。既然爱情是相互的，人家对你并无爱恋之心，那么你的那种强加于对方的爱就变得没有意义。

当然，这是需要勇气和自制力的，人的爱情受到挫折时，感情上会一时难以平静，因此，应及时分散自己的这种情感，或转移到其他事情上去。英国诗人雪莱曾对其表妹产生了爱恋之心，但却遭到表妹的拒绝，雪莱无比痛苦，但他不乞求，不强制，冷静而果断地割断了情丝，他说："爱情既然属于心，不是属于身的，那么，她不再存在了。"

爱情的大门是随时向所有的人敞开的。俗话说："天涯何处无芳草，爱情时时有知音"，只要我们满怀信心地投入到大学的学习当中，在以后的学习和工作中，你一定会找到情投意合的恋人，获得美满幸福的爱情。

我衷心地祝福你！

144. 失恋了怎么办？

学生：我和女友分手了，久久不能从中解脱出来，食不甘味，夜不成眠，剪不断，理还乱，才下眉头，又上心头，不知如何是好？

赵老师：我很理解你此时的心情，给你开个"药方"，看这几味药，能否对你的症。

● 勇敢正视。失恋是恋爱的一方，被对方拒绝，失去了与对方恋爱的机会而感到的痛苦。爱之不得，失之难忘。钱钟书先生对此有一比，说这犹如有一颗牙从牙床上拔掉了，可留下的洞却钻心地痛。有恋爱就会有成与不成两种可能，每个未婚青年都有追求爱情的权利，对方也有拒绝爱的权利。所以失恋是恋爱过程中很平常的现象。

● 合理宣泄。不要因难为情，而将心理的痛苦拼命地压抑。好比将垃圾埋到地毯下，表面看干净了，实际上却在悄悄地发霉腐烂，最终将腐蚀掉地毯。应将失恋的痛苦，向知心好友或心理咨询师彻底地谈清楚、说明白，就像将心底的垃圾全部清除一样，会觉得心里非常地轻松。如果一时难以忘怀，也可以"以毒攻毒"，规定自己每天在固定的时间，专心思念，像完成一项不可推脱的任务一样，可能没过多久你就想得腻烦了。这样比简单地命令自己忘掉过去，会更有利。

● 冷静分析。全面客观地分析一下失恋的原因：如果是自己恋爱的目标选择不当，就要及时调整目标；如果是恋爱方式不当，就要吸取教训；如果是自己的素质还有缺欠，就提升自己的素质；如果是对方欺骗了你的感情，这可以使你加深对人性的认识，你更不必为这样的人伤心；如果是彼此思想、性格不相吻合，分开对双方都是理智的选择；如果是由于不可改变的客观因素，也不要和自己过不去。

● 不要气馁。你失去的是一个不爱你的人，她失去的是一个爱她的人，她的损失比你大。她不选择你，说明她读不懂你，也就配不上你。某个人拒绝了你，并不是全部的人都拒绝了你。你只是丢掉了一朵花，整个春天还都属于你。你虽然失去了这次机会，但你为今后的选择积累了经验，为完善自我找到了改进的方向。有人说：失恋是一所学校。你有幸成为这个学校的一员，肯定会从中获益的。

你也不是世界上唯一承受过这一痛苦的人！《中国大学生》杂志驻美国专栏作家陈屹在描述失恋后对生命的感悟时说：我觉得体验过程，比计较成败的结果更为重要，特别是能在失落中奋起。由此感受到的真正的得与失的内涵和教益，真要等到中年以后方能领悟。回首往事四十载，生命中每一场失败，每一次拒绝，都给了我再崛起、再拼搏的动力和震撼，当时痛心的伤感，却是今天感谢无比的启迪。

● 走向阳光。投入到新的有建设性的活动中去，可以到美丽的大自然中开阔视野、寻找乐趣；可以在丰富多彩的文体活动中转移感情、冲淡痛苦；可以在事业的奋斗中，重新找回失去的自信；可以参加集体活动，在集体的怀抱中，慰藉受伤的心灵。很多伟人都有战胜失恋的经历，我们可以从中获得力量。伟大导师恩格斯年轻的时候曾两次失恋。第一次失恋后，他翻越阿尔卑斯山到意大利旅游散心，异国的风景冲散了他心头的阴影。第二次失恋后，他发奋创作，写出了《英国工人阶级状况》一书，“像拭去脸上的蜘蛛丝一样抹掉了失恋的痛苦”。

● 避免消沉。不要一味地重温旧梦，幻想“破镜重圆”，甚至抱着侥幸心理苦苦等待，这样只能是浪费大好青春时光。要知道世上不是只有一个人对你最合适，我们爱上一个人，其实是爱上一种类型中的一个。一滴水离开了你，可是河流还在，你犯得上为这一滴水，而错过河流吗？不要急于寻找爱的“替身”，在心态尚未调整好时，判断力易出偏差，或过于敏感挑剔，或盲目降低标准。不要爱不成仇相见，失恋又失德，像球类比赛中的“输球又输人”。轻则吵闹诽谤，重则刀刃相见，酿出悲剧，甚至受到法律制裁，更是得不偿失。更不要轻生，生命是如此宝贵，如此美好，我们怎能毁灭它？再说我们连死都不怕，还怕活着吗？

总之，失恋是一块试金石，可以测试出一个人思想、道德、情操、意志如何。只有失恋不失态不失德不失志的人，才是生活中的强者。我们要以宽广、豁达的胸怀，从失恋中认识自己、宽容他人，完成思想上、感情上的升华。

不怕失去，因为曾经相聚；不怕失去，因为还能获取；不怕失去，因为不属于自己；不怕失去，因为拥有自己；不怕失去，前面有人正在等你！

145. 同性恋有前途吗?

肖冰是一名大三的物理系的学生，在外人看来，他很有气质也很聪明，还担任了学生会干部，但是不知什么时候，他有了同性恋的感觉，常常觉得很空虚、寂寞，也很矛盾，他对赵老师很信任，这天他鼓起勇气给赵老师发了一封电子邮件，主要内容如下：

学生：如果我对别人说我爱一个男孩，不知道别人会是什么反应，不知道父母会怎么看，也不知道我今后会不会改变性取向，“同性恋”有前途吗？其实大学生中有不少和我一样的人，可大家都很矜持，生怕一不小心声名狼藉。所以在学校里，我们尽可能不让外人看出自己的内心世界，有人还假装喜欢女孩子。我们常常陷入矛盾和痛苦之中，您能谈谈对此问题的看法吗？

赵老师：首先要肯定你的勇气和坦诚，感谢你对我的信任，先把心情放轻松，让我们像研究数学题一样来探讨这个问题吧！关于同性恋的知识我知道的也不多，看到你的来信后我查找了一些资料，也和有关朋友进行了探讨，包括大学生、硕士生，集中起来有如下观点：

● 顺其自然。如发现自己是同性恋，不要惊慌害怕，形成这种性取向的原因各有不同，生活环境、感情经历、遗传因素等等，我们在此就不深究了。我认为这就像有人喜欢吃甜有人喜欢吃酸一样，无可厚非。性学专家李银河说，同性恋不是犯罪，不是疾病，不是道德低下，而是社会上一部分人的性取向。我们不要在痛苦和自责中度过宝贵的青春时代，坦然面对自己，面对生活。至于自己以后会不会改变性取向，那就顺其自然吧，无论怎样生命都是美好的。

● 平常处之。既然自己喜欢同性，那就顺其自然地与自己喜欢的人交往，不要过于压抑，这就是对自己的需求与行为以平常心对待。现实中异性恋者还是居大多数，是主流文化所倡导的，其中有些人对我们不理解，我们也不要对他们有敌意。当然很多同性恋者不暴露自己的性取向，以免给自己带来麻烦，这是可以理解的。随着社会文明程度的提高，人们对不同的生活方式包容性也越来越强。至于和父母亲的沟通，我们可采取循序渐进的办法，先有意无意地给他们传递一些这方面的正确信息，不要涉及自己，让他们先从理论上接受，然后再慢慢地让他们了解那些生活得很好、充满创造活力的和你同类的人。最后在他们有接受能力的时候再以适当的方式告诉他们，如果这时还不能理解，也不要着急。

● 学习知识。现在有不少专家学者在研究这个课题，我们可以通过互联网或图书，向他们学习这方面的知识，这对我们正确认识自己，健康快乐地生活，是非常必要的。比如中国人民大学性社会学研究所所长潘绥铭教授、长期致力于同性恋相关研究的卫生部艾滋病咨询专家委员会政策组成员、青岛大学张北川教授等等。2003 年 11 月，复旦大学医学院还开设了选修课《同性恋健康社会科学》。

146. 怎样对待网恋?

学生：自从考上大学后，因为学业相对比较轻松，所以偶尔去上网聊天，现在跟一个在网上聊的比较好的人确立了恋爱关系，目前相处得也很好。但经常有各种关于网恋的负面报道，同学当中也有因网恋被骗的，因此我心里很矛盾，我不知道该怎么处理我的网恋？

李老师：随着网络的发展和个人电脑的普及，相信很少有大学生不会上网的，也有越来越多的人开始成为“网民”。因此，对现在的人来说，网恋已经不是什么罕见的事了，也是不足为奇的，网恋甚至成了不少网民追求的“时尚”。

一般对网恋的人来说，可能开始时并没有想去网恋，但是都有可能被对方的神秘感或者某种魅力所吸引。网恋开始时谁都不会太相信对方，但是时间长了，也就在逐步的了解中产生了信任感，在无意中逐渐变得认真起来了。如果在这个时候，你认真了，而对方却说了丧气的话，你就会受到伤害，你也会像真正在生活中的恋爱一样的失落，一样的伤心。你见不到对方时，焦躁、心烦等情绪也会出现在现实生活中。

大学生进入大学以后，随着学习压力减轻，心理紧张解除，如果学习上没有目标和动力。就容易沉迷于网络，其中不少大学生更是深陷于网恋之中。据调查，某校 90% 以上的大学生有上网聊天的习惯或经历，约 30% 大学生成为网上常客，每班均有个别学生迷恋网吧，上网成瘾。另外，根据有关研究，大学生网恋主要有几种心理类型。如游戏型、感情寄托型、追求浪漫型、表现自我型、追求时尚型、随波逐流型等。而不管是哪一种类型，几乎都具有一个共同特点：抛弃恋爱是为了缔结婚姻的观念，把网恋视为一种网络游戏、在网上交流情感的方式，不仅可以把现实社会的种种规则甚至道德观念完全抛开，而且可以模糊性别和身份，把所有的事情都当做游戏。

对于大学生网恋，我的观点是：

● 网络是一种媒介，网络有自己的优势和快捷，但网络世界毕竟是虚拟世界，在这个虚拟世界里，有些人随心所欲、放荡不羁，把平时的积郁一吐为快，甚至扮演自己想扮演的任何角色。大学生已经是成年人了，应树立一个正确而健康的爱情观念。以一种游戏或追求时尚的态度对待人的感情问题，是不可取的。

● 网恋是恋爱的一种方式，而恋爱则是一种感情问题，感情应建立在双方互相沟通，互相了解的基础之上，没有现实生活的沟通、接触与了解，没有经历现实生活的考验，即便建立起了感情也是不牢固、不可靠的。网恋必须走出虚拟世界，回归到现实生活中，只有经受现实生活检验的感情才是可靠和真实的感情。

● 对于青年大学生来说，我们更应该明确自己大学阶段的主要任务，多考虑自己的未来，不要沉沦于网恋，否则不但徒添烦恼，还会荒废学业。网络是一个现代化的工具，我们应合理地利用，在网上阅读最新资讯，获取各类知识，欢快淋漓地交友畅谈，丰富精神生活，提升做人的素质。

147. 婚前能有性行为吗?

学生：我是一个爽快的女孩子，今年21岁，大学二年级，我的男朋友是我中学同学，我们恋爱已经3年了，双方家长也都知道。现在我们又在同一个城市读大学，因此也会经常见面。最近，他提出来想和我发生性关系，我有顾虑，觉得我们还没结婚，又都是学生，就没有同意。结果他很失望，说了一些伤害感情的话。但是他人真的非常好，对我也很好，不出意外，我们肯定会结婚的。因此我很苦恼，我不知道该不该答应他的要求。

李老师：性的吸引在爱情中具有根本的意义，这是不言而喻的。性爱是情爱的重要生理基础，是爱情发展到一定程度的自然而然的流露。然而，它又是一股强大的力量，如果脱离控制，也有可能会变成一场灾难。对于大学生的婚前性行为，每个大学都有相关的规定。在社会上，人们对婚前性行为历来也有着四种不同观点：一是反对。这种观点认为任何情形下的婚前性活动都是错误的，应该避免这种行为。二是有条件地允许。这种观点认为，如果双方关系是稳定的、相爱的，则婚前发生性关系是可行的。三是无条件允许。这种观点赞同相互吸引的婚前性行为。四是双重标准。即婚前性行为男人可以，女人不行。然而，对于在校大学生，社会的普遍观点是反对的，我个人也是不同意大学生的婚前性行为的，因为大学生婚前行为会在以下两方面存在问题：

● 生理方面

对于女生来讲，性的初体验有可能并不美好，因为处女膜破裂带来的疼痛和不适感可能会让她对性本身产生反感甚至恐惧感。此外，由于缺乏相关的性知识，缺乏一定的保护措施，女生在这种情况下意外感染妇科疾病或受孕的几率比较高，同样由于无知或害羞等情况，会延误治疗。对于意外受孕的女生来讲，因为没有条件孕育小孩，而不得不实施人工流产。而人工流产对女性身体伤害非常大，并有可能导致女性将来不孕的严重症状。

对于男生来说，由于在大学期间并不具备发生性行为的环境和条件，没有独立的私人居所，因此在性生活过程中会因为环境的关系，伴随着一些紧张情绪，或者恐惧心理，并可能导致初次性生活的不成功。医学证明，发生性行为时，这种紧张、焦虑或恐惧的状态是导致男性早泄、阳痿等性功能障碍的主要原因。

● 心理方面

对于女生来说，一旦与对方发生了性行为，会在感情上更加认定并依赖对方，认为对方就是她自己一辈子厮守的人，会最终走向婚姻。因此，一方面，在感情以及日常生活方面，会对对方有更高的要求和期待。例如，希望对方对她的感情更加深厚，更加关心体贴她，也期待对方在学习或工作方面更加出众，成为她可托付终身的人。而一旦对方达不到她所期望的要求时，她便会产生失望和沮丧等心理，并导致双方分手。另一方面，由于发生了婚前性行为，女生在爱情中的心理优势将不再存在，从而不利于双方感情的正常发展。

对于男生来说，与对方发生婚前性行为之后，性的神秘感逐步消失，同时也要承担一定的责任和心理压力。一方面，随着女方对他的要求和期望越来越高，而作为大学生的他，心理方面并没有完全成熟，一旦达不到这种要求和期待时，会产生极度的挫败感，并与理想中的爱情生活产生巨大落差。另一方面，发生婚前性行为之后，男生逐步占据了恋爱中的心理优势，容易对女生产生厌倦情绪。

对于在校学生来说，由于双方的不稳定性及其他因素，婚姻本身又是不可预期的，而且作为学生主要任务还是学习。因此，大学生应该考虑婚前性行为在今后的幸福生活中会造成什么后果。特别对于女生，只有自尊、自重，才能成为一个幸福女性。

前苏联一位文学家曾说过："如果性的要求只是为了轻率地满足一下短暂的快乐和乐趣，也就是说，他要面临巨大的危险，就像一朵鲜花，乍看上去非常美丽诱人，但它却暗含着毒素。"

建议你能引导男友理性控制"性冲动"，可以通过采取以下适当方法加以合理控制：

——养成科学的作息习惯和保持适当紧张的学习、生活节奏，以降低对性问题的注意；

——参加适度的体育活动，将性能量转移或宣泄。

148. 婚前有必要定契约吗?

谢晴就要和男友结婚了，她听人说，一位留美博士曾来到广州公证处要求为他的婚前协议进行公证。除了对即将成立的家庭财产进行公证外，他还要求在夫妻生活方面进行公证：每星期性生活不能少于两次。但是公证处认为这个公证已经超出了公证法规定的范围。谢晴对此有一些疑惑，这天她和赵老师就这个问题进行了探讨。

学生：婚前有必要定契约吗?

赵老师：婚前契约是对自己权利的保护，对他人权利的尊重，也是对契约关系的深刻理解。这具有现代意识，可以说是社会的进步。这符合管理学的原理，将行为以制度的形式进行约束。这体现了传统的生活经验，亲兄弟明算账，把丑话说在前头。婚前有了契约，婚后的一切行为就有了明确的规则。没有契约，双方就易出现推诿、扯皮和误解。婚后的矛盾纠纷，很多都是由于双方没有事先约定造成的。感情要热，头脑要冷。婚前契约可以将风花雪月的浪漫，落到柴米油盐的实处。

学生：那么契约应该包括哪些内容呢?

赵老师：婚姻是最个性化的事情，一家一个样，概括起来契约大致包括：

基本原则：彼此忠诚、负责、平等。

关系协调：夫妻间如何相处，如何对待双方的父母及亲戚。

家务分工：谁买菜做饭、谁洗衣刷碗等。

收入管理：是AA制，还是合二为一交一人主管，或是固定地点存放，谁用谁取，或是夫妻轮流坐庄。

子女教育：教育的理念、方式，教育的分工。

社交规则：可否交异性朋友，可否将什么样的朋友带至家中。

激励惩罚：履约者如何奖励，违约者如何惩罚。

学生：我问过我父母，他们也没有定过什么契约，过得也挺和谐，这又怎么解释呢？

赵老师：契约的形式有无形和有形两种，主要是就夫妻共同生活的问题达成共识，你的父母肯定是有无形的契约。在欧洲一些国家，对将要结为夫妻的男女，婚前咨询所的心理咨询师会拿出至少一百道题，最多的有五百道题来提问。如果你们对50%的问题都不知道如何回答，他就会告诉你们，你们还不是个成熟的人，还不适合结婚。如果你们对80%的问题都有应对的办法，都能达成共识，那他会建议你们结婚。

学生：契约的什么内容要拿到公证处去公正呢？

赵老师：拿去公证的内容应具有可操作性。像那位博士提出的公证：家庭的投资必须经过财政预算，成立基金；生了孩子之后，母亲负责启蒙教育、语言教育和生活，父亲负责后续教育。双方会见同事以外异性的时间、身体接触范围；每个星期性生活不得少于两次，质量标准为令对方轻松愉悦等等。这些内容作为两个人的协议无可厚非。但是要去公证就比较难办，法律上成文难度较大。尤其是一周过两次还是三次性生活，质量好坏，这是隐私，不可能有第三人现场监督。

目前比较好操作的是婚前财产公证。婚前财产公证体现了现代人对婚姻生活的高度理性，它可以在一定程度上避免以金钱、财产为筹码的功利性婚姻，使婚姻当事人更多去关注双方的感情。

还有赡养双方父母的协议公证。国家实行计划生育后，现在不少年轻夫妇都是独生子女，因而都必须单个赡养自己的父母，有了契约与公证可以免去老人们的后顾之忧。

149. 走进婚姻需学习哪些基本功？

学生：我们即将走进婚姻，若经营幸福的婚姻，我们应具备哪些基本功呢？

赵老师：应练好20项基本功：

- 平等。人格的平等是夫妻相处的基础，相互不依赖、不控制、不占有、不歧视。

● 尊重。这是爱情中最重要的美德，核心是人格，内容是伴侣自身和附属的一切：身体、感情、精神、爱好、习惯、家人、朋友等。

● 忠诚。真心、坦荡，感情和身体都不出轨，使伴侣有安全感。

● 沟通。夫妻之间的沟通，是婚姻的血液。相互了解对方是谁，有什么需求、愿望、感受，相互告之，建立起夫妻关系全方位的开放式通道。

● 满足。彼此满足伴侣的需求，要抓住特点，男人最需要性，女人最需要情。要持续、动态地满足对方，伴侣的需求是多层次的、丰富的、递进的，要随着伴侣需求层次的变化调整自己的作为。

● 接纳。对伴侣的本来面目、生活习惯、基本愿望，包括缺点和怪癖，不指责、不嫌弃。

● 感激。伴侣为你做的一切，都付出了人家的爱心与精力。哪怕是微不足道的，也应当道谢，不能都视为理所当然。“谢谢”要常挂在嘴边上。

● 耐心。好伴侣不是天生的，是一个聪明、有耐性的人用渗透方法造就出来的。相爱、相处、相伴直到永远，是一条漫长的路；品德性格、行为习惯、兴趣爱好等各种资源的整合，是一个细致活儿，万万急不得。

● 同化。不能只要求对方改变，而不考虑自己改变。两个来自不同背景的个体，应在婚后发展出夫妻一体的第三种性格。

● 宽容。面对个性差异，理智的选择是宽容。宽容可以扩大夫妻的生活空间，可以缓冲生活矛盾，可以加深夫妻感情。

● 调适。遇事两个人商量，有争论又有统一，双方都有所修正，又都有所满足，都充分发挥各自积极品质的吸引作用，防止和克服消极品质的破坏作用，不随心所欲、为所欲为。

● 忍让。婚姻以温和的强制方式磨砺着人的性情，她让你学会忍让，当伴侣发火时，自己要忍让，避免矛盾激化。待对方冷静下来，你再和伴侣慢慢理论，若你喊我也叫，双方都不理智，结果谁也赢不了，谁也不高兴。

● 改变。当我们难以直接改造对方时，最好先改变自己的行为和方法。当自己改变时，对方容易做出相同的反应。要想改变伴侣的不良习惯，自己先做榜样，不要轻易指责、操纵。爱可以产生爱，也可以改变人。

● 共享。共同的兴趣和爱好，应注意发扬光大，继续共同开发，多谈一些双方都感兴趣的话题，多进行双方都有兴趣的娱乐活动等等，扩大双方的舒适地带。

● 欣赏。人性最深切的需求就是渴望得到来自伴侣的由衷的赞赏，其产生的动力，是无法估量的。你想让伴侣有什么样的优点，你就怎样赞美他

(她)。

● 联络。外出时把行踪告诉伴侣，每当你晚上不回家吃饭的时候，一定尽量提前告诉对方。出差去外地，应随时发短信、打电话、发电子邮件等，让爱通过“永不消逝的电波”传递给伴侣。

● 独立。爱情是人生的美味食品，但不是维持生命的全部食粮。不要奢望伴侣的心中只有你，让伴侣作为一个独立的生命而存在。双方都应有自己独立的追求，应像两个运转着的齿轮，虽然终生咬合，却各自独立。

● 坚韧。齐心协力地生活在一起，从容面对疾病、贫穷、灾难、困苦，百折不挠，不慌张、不抱怨、不逃避、不怯懦。相互提供援助，形成强而有力的感情结合。

● 忽略。没有一个人能完全符合伴侣的要求，所以学会对次量级的矛盾视若无睹，是相当重要的。

● 遗忘。如果对伴侣的错误，抓住一个“小辫子”，一辈子都不放手，没完没了地翻旧账，就会令人烦不胜烦、忍无可忍、破罐子破摔。人非圣贤谁无过？有错能改即圣贤。过去的事情让其过去，现在的日子才能过好。

150. 初为人夫应具备怎样的素质?

张楠和刘娜毕业不久就结婚了，新婚的日子很甜蜜，但对于今后的生活还有些困惑，两个人都小心翼翼地，唯恐让对方不高兴，不知如何能扮演好各自的角色，在“五一”放假期间，他们来到赵老师家拜访并讨教如何做合格的丈夫和妻子。

学生A：做一个合格的丈夫应具备哪些素质呢？

赵老师：学会做丈夫主要应做到“五有”：

● 有责。责任心就是关爱之心，体现在丈夫身上，就是关心妻子，关心家庭。有了责任心，生活就有了真正的含义和灵魂。体现在宏观上，是对家庭的保驾护航作用，是对家庭成员的发展和家庭福利建设等做出指导，一是方向的把握，二是途径的选择，也就是在大事上起决策作用，不要管得太细。因为妻子在具体事务的处理上，能力并不低于丈夫。体现在微观上，是对妻子的体贴，对她的喜怒哀乐，留心体察，知道她什么时候需要我们做什么。常听有的丈夫抱怨妻子说：你需要什么就说出来，不要让我猜。当然有很多时候需要是可以说出来的，但有时候，她还没有说你就能想到做到，那才够味儿。当她洗衣服时，如果你能轻轻地走过去，从后面把她的腰搂住，她会感到无比温暖。类似这样的事情，若等妻子说出来你再去做岂不是太乏味了？

● 有业。如果把男人的生命价值用一个三角形的面积来表示，事业是底边，是生命价值函数中一个重要的变量。在高不变的情况下，三角形的底边越长，三角形的面积越大。男人的事业线越长，生命三角形的面积也就越大，价值也就越高。没有事业的男人就像没有根基的大树，爱情鸟也难长久。有一句戏言：女人在走投无路时，就会找一个男人结婚；男人在走投无路时，女人就会离开他。我们虽然不赞成这种说法，但有一点要强调的就是，没有事业的妻子，还可能成为一个好妻子，而没有事业的丈夫，却难成为一个好丈夫。妻子永远生活在希望中，不管实际能否实现，她们希望看到的是一个有追求、有事业心、永不满足、永不言败、积极向上的丈夫。

● 有力。男性是力量的象征，力量主要表现为体力、能力。身体的各个器官、功能键全正常，既有爆发力又有耐力。心理健康有底气，敢于面对现实，善于自然恰当地表达自己的观点；无论在工作中还是在家庭中，都具备分析问题解决问题的能力。力量不足是女人的弱点，她们希望从丈夫那里得到弥补。当妻子遇到意外伤害时，丈夫能挺身而出；当妻子碰到力不从心的劳作时，丈夫能一马当先。尽管女性的社会地位不断提高，但和男性比起来，总体上还是有差距的。所以她们还希望丈夫能够成为她们的主心骨，当妻子在生活中遇到难题时，丈夫能够拿出自己的主张；当妻子对某事信心不足时，丈夫能够给予一个强有力的支点。

● 有情。爱情相当于男性生命三角形的高，是男性生命价值函数另一个重要的变量，没有哪个男性是不重视爱情的。在追求爱情的道路上男性也往往是主动进攻型的，说不上千方百计起码也是煞费苦心；说不上排除万难，起码也是不辞辛苦。但婚后呢？恐怕很多人就没有那么好的表现了。其实结婚对于爱情来说，才是万里长征走完了第一步，今后的路还长着呢。有些人婚后不善于谈情说爱了，觉得一家人不用客气了，这是一个误区。情爱很大程度上是靠交谈。人的丰富的内心世界，要靠交谈来沟通，爱在交谈中才能相互输出、积淀、升华。情是发自心底的爱，丈夫仍应像谈恋爱时一样，情意绵绵、话语温存，适时地向妻子表达爱意。“我爱你”三个字，妻子是百听不厌的。

● 有趣。男性的趣主要表现在幽默上，有幽默感的丈夫在紧要关头，往往会发出睿智的光亮，能化解夫妻之间的矛盾，能使家庭处于稳定愉悦的氛围之中。如何能有幽默感呢？不管在任何时候，处于何种状态，都能以冷静客观的眼光，巧妙圆滑含蓄地转个弯，所表现出的轻松智慧之语就是幽默了。有一对夫妻争吵起来，越吵越凶，妻子突然端起脸盆泼了丈夫一身水，丈夫本来很生气但他灵机一动忽然说："刚一打雷就下雨呀？"妻子忍不住笑了，知道自己欠冷静，也顺水推舟地说："本来下不起来，谁知这有人工催雨的。"一场争吵到此平息。

151. 初为人妻应扮演好几种角色？

学生B：做一个合格的妻子应扮演好几种角色呢？

赵老师：做一个合格的妻子应主要扮演好四种角色：

● 姐姐。常言道："人活七十如赤子"，人的童稚之心是终身不泯的。男性对母爱的需求，也是终生的。当他离开母亲的呵护后，仍需要有人代替母亲的角色，给他以关爱。所以有人说：为男人娶新娘，就是为他找了一个新的"娘"。尽管男性享受着"坚强""勇敢"的赞美，但他们强壮的身体有时会被病魔侵袭得虚弱无力；他们刚毅的性格有时会被困难阻挠得软弱无奈。这时候就需要妻子像耐心和蔼的母亲，给他们爱抚和照料，给他们宽慰和力量。妻子当然不能真成为"娘"，那辈儿不就乱了吗？那么这种角色就由姐姐担当了。有的妻子只会做妹妹，成天要丈夫百般地呵护，而不会在丈夫需要温暖和安慰的时候做姐姐。长此以往丈夫会不堪重负，继而产生厌倦。而有的妻子做姐姐做得过了头，做成了保姆，让丈夫感到像小孩子一样被管着，他也会觉得压抑，甚至产生反感。所以做姐姐要做得恰到好处，不缺位也不越位。

● 妹妹。男性的强者心理是与生俱来的，是我们的祖先通过千秋万代的遗传基因传给他的。尽管男女平等的口号喊了上百年，可是在男性的骨子里，还有一种大丈夫的心理积淀。他最不能忍受的就是自己的妻子瞧不起他。他希望自己的妻子，不但敬佩自己，还时常能像一个介于妹妹和女儿之间的小女人，说笑撒娇、活泼可爱。聪明的妻子，不要在这个问题上和他叫板，满足他们的自尊心，当好小妹妹，对他适时地表示钦佩，他的能力真的会越来越强。其实无论妻子怎样强，总有不如丈夫的地方，遇到这种时候，妻子真心地崇拜一把，又有何妨？在适当的时候再撒撒娇，邀邀宠，会得到事半功倍的爱呢。有些女强人的婚姻之所以不幸，就是因为她们在丈夫面前颐指气使，不会做妹妹。这样的丈夫觉得自己像个受气包儿，当他们不能承受的时候，他们就可能会被一个娇滴滴的小女人轻而易举地俘虏。

● 朋友。妻子最主要的角色，还应是丈夫的知心朋友，是他们人生旅途上肩并肩手挽手的伴侣。当他们的眼睛与妻子的眼睛相对时，既没有仰视之累又没有俯视之劳，有的是彼此传神。当他们的心和妻子的心相照时，没有阻碍没有隔膜，有的是相互沟通。也就是说妻子要同等地、全面地理解他们——对他们的德能、追求、艰辛、价值还有失误，要了解、认同、支持、欣赏、宽容……而这就需要妻子具有丰富的精神内涵，需要与夫俱进、与时俱进地吸取各方面的知识琼浆，这是妻子的核心价值。

● 情人。有的婚姻不美满的原因，是妻子不懂得表现出情调和性感。性感是个褒义词，是成熟女性修炼多年散发的一种风情、韵味与魅力。要充满活力、性感和新鲜感，纵然没有万种风情千姿百态，也要娇娇的柔柔的，甜甜的酸酸的，让丈夫感到既温馨又浪漫，既有情调又有味道。有的妻子傻傻地、实实地、笨笨地爱着，付出了千辛万苦，可到头来丈夫却移情别恋。自己是肝肠寸断、大惑不解。其实别不服气，爱情不单是一个力气活，千辛万苦有时比不上回眸一笑动人心弦。而这一笑，却是一个人综合素质的瞬间展现，需要多年的文化积淀、性情历练、心领神会方能奏效的。

152. 儿媳如何与婆婆相处?

学生：我公公退休前是个大学老师，脾气挺好，一般来说他也不怎么管家事，和他相处我觉得好办。婆婆退休时是位处长，领导能力比较强，想到结婚后我们要和她一起住，我心里有些慌，不知如何与她相处。赵老师，听说您和婆婆相处得挺好，有什么经验吗?

赵老师：我曾参与编写了上海教育出版社出版的《100个不容忽略的文明细节》，其中有一篇“好儿媳做人有秘诀”，谈了“四到”“四不要”，主要内容是：

● 心到。婆婆为你养育了一位可爱的丈夫，在内心深处要领这份情，要感这份恩，这样就会真心地尊重她关爱她。

● 话到。语言是沟通感情的桥梁。经常和婆婆一起聊聊以往的经历及对现在生活的见解，就易找到“共鸣区”，避免误解和摩擦。对婆婆时常恰到好处地赞扬，更能激发她对你的好感。叫她妈妈时，声音一定要响亮，这会使她倍觉亲切。对一些生活习惯方面的小事，有必要向婆婆提出的改进意见，话要说得委婉。如果我们做错了事，道一声“对不起”，不要吝啬。

● 手到。家务活我们则要适当多承担一些，这里当然包括你那位亲爱的丈夫。这也有个小窍门，你们夫妻暗地里可有个分工。伺候婆婆的事，或当着婆婆的面，你多做一些，别的活丈夫多干一点，这样可收到事半功倍的效果。

● 物到。不论在平日里，还是遇到老人生病，或逢年节生日，该我们解囊时不要吝啬，这其中的道理是不言而喻的。

● 不要拿婆婆和妈妈比。妈妈同你已有了多年的血肉联系，而婆婆对你的感情，则需在今后的相处中逐渐建立，所以不要用妈妈的标准衡量婆婆。

● 不要在婆婆面前数落丈夫。如果对丈夫有什么不满，最好还是在小两口内部解决。因为你不知婆婆对丈夫缺点的认识是否和你一致，如果能支持你，则罢了，如果相反你则会更难办。

● 不要在婆婆面前和丈夫过于亲热。本来她儿子的爱被你分去了一半，她就有了一些失落，你再在她的面前强化这个现实，她就会更不愉快。

● 不要忘了让丈夫当好“二传手”。告诉丈夫要当好两边的纽带和桥梁，成为两面胶，经常传递一些彼此的赞美，不要不动脑筋地当传声筒。有时“二传手”只要听听即可，不用事事都较真，“我理解你!”有这句话就够了，谁听了效果都不会错的。

你的婆婆是位处长，你要向丈夫了解她的脾气性格，尽量采取她喜欢你又擅长的方法和她相处，一般说来这样的人对人要求高但不爱计较小事，你可主动询问她对你有什么要求，还可以把自己的一些行为习惯告诉她，以取得她的理解。我曾有一位学生，可以说是你的学姐，她曾在电子邮件里谈过她的经验，我给你打印出来你也可以参考：

我和婆婆住在一起四年了，算是相处融洽，没红过脸拌过嘴，我都成为邻居的婆婆们教育自己家儿媳的榜样了。我与婆婆相处之道是：一是尊重婆婆，把她当成保持一定距离的“朋友”。心里话要有选择地说，避免口无遮拦地无意得罪人。二是光明正大地将“坏毛病”显示出来，比如我有个坏习惯，喜欢把衣服、袜子等全塞到洗衣机里，一周洗一次，婆婆就很看不惯我这种不讲卫生的习惯，可是我大大方方一点都不以为羞，婆婆也就习以为常了。三是经常提醒自己“婆婆是老公的亲妈，看在老公的分上我也不能和她计较太多”。以避免和婆婆有正面冲突。四是出手大方，无论和婆婆是不是在一起住，最好都依据自己的承受能力按月给一些钱做生活费。无论钱多钱少，都会令婆婆很高兴。过节费也必不可少，即使就买只烧鸡回家呢，要的是这份心意。隔三差五的再买点水果啊、饮料啊、肉啊、鱼啊等等。经济账一定不要和婆婆计较。只要想想婆婆为你生养了个好老公，给婆婆多少钱也不算多啊。再说婆婆也不会把钱乱花掉，以后还不是再给回来？

153. 婚后如何孝敬双方的父母?

学生：我和男友就要结婚了，他说我作为儿媳应孝敬公婆，当然不能说不应该，但是我说作为女婿也应该孝敬岳父岳母呀，他却回答得支支吾吾。我们俩都是独生子女，现在双方老人都各自有房，身体也健康，但是如果以后老人有病，他只单方面要求我照顾好公公婆婆，而他却不承担照顾岳父岳母，这怎么行呢?

赵老师：现在社会越来越进步，男女越来越平等，尤其在城市，男女结婚时双方的经济支出也日趋接近，不像农村男方要给女方一大笔彩礼，还要为女方盖好房子。所以，平等地孝敬双方父母也应是顺理成章的。你的男友思想还有些传统的旧观念，不要着急，在平等的前提下，事情就好解决。在孝敬双方父母方面应注意以下几点：

● 明确责任。孝敬双方父母，是道德与素质的体现；孝敬双方父母，是感情升华的根本；孝敬双方父母，是法律规定应尽的义务。结婚后我们对伴侣的父母应视同自己的父母努力去善待，而且应该做得更加小心。因为自己父母对其儿女做得有不足的地方一般还可以原谅，反之对方父母可能就易产生一些误会。夫妻与对方父母关系的好坏，直接关系到夫妻之间的感情是否和睦，家庭是否稳固。

● 合理分工。本着方便、实际的原则，两人协商做出分工，谁承担什么义务。有的夫妻是共同对双方父母进行照顾，有的是各自照顾自己的父母，如遇特殊情况再协助。

● 物质赡养。通过给双方父母的现金、礼物等，表达对父母的孝心和对父母养育之恩的回报。可以一律相同，双方给的都一样。也可根据双方父母的情况，一方父母生活条件差一些，可以多给一点；生活条件好一些可以少给一点。如夫妻工作都非常忙，也可以出资为父母请钟点工或保姆，照顾老人的生活。

● 精神赡养。父母含辛茹苦把子女养大，使我们有了自己的事业与家庭。父母在欣喜之后又会有一种怅然若失的感觉。尤其是在他们年老体衰后，更需要子女的爱抚。对于父母的这种心理变化和实际需求，我们要尽量给予满足，通过各种途径同他们进行精神交流，对父母表达自己的感激之情和赞美之意，向父母请教人生的经验、生活的常识，满足他们的成就感。多一些问候，使他们永远感受到子女的关爱。

154. 夫妻如何进行沟通?

学生：有人说两人相爱，贵在相知。只有知之愈深，才能爱之愈切。两人相知，贵在交流。思想感情的畅通犹如爱情的血液。只有思想感情的血液不停的交流，爱情的生命才能维系，才能长久。心灵的沟通，不仅在恋爱时，在结婚后，而且在一生中。沟通对于夫妻感情如此重要，可是我们新婚不久，还不懂得怎样更有效地沟通，您能告诉我们吗?

赵老师：夫妻之间的沟通应注意以下几点：

● 了解“性别方言”。男人和女人在思维方式、语言表达等方面有不同特点，如同讲着不同的“性别方言”。女人的语言蕴涵着一种亲密感，说话就像拉家常，交谈大多为了与他人联络感情。而男人的语言蕴涵着一种独立意识，说话就像做报告，喜欢炫耀学识技能，引人注目，显示的是自己的地位。女人表达，男人解答。女人联络感情，男人交换信息。男人关心事物，女人关心人。

● 学会表达方式。丈夫要学一些表达自己感觉、感情的字眼。甜言蜜语赛黄金，有几句动情的话，能让你的妻子终生难忘。要让妻子知道你心中有她，你关注她。妻子要是换了头型、衣服要赞美她。出差在外，打个电话说：“我突然很想你。”她就会很满足很陶醉。妻子遇到烦恼时，不要急于给她办法，先听她宣泄，有时她的情绪宣泄完了，自己也就想出办法来了。妻子要想让丈夫表达感觉或感情，不要直接出问答题，要给他出选择题。如想让他注意你发型的变化，可以提示他：这样比过去看上去是更年轻些，还是更时尚些?不要对男性的感情表达要求得太细腻，比如过生日、过结婚纪念日等等，记住了可以增加快乐，忘记了也不必在意。要尽量用理性思考问题，扩大视野的范围，用简短而明确的语言表达自己的见解，不要叙述太多的过程。对丈夫有什么要求明确地提出来，不要用暗示。

● 检测爱商指数。著名心理学家约翰·高特曼曾开列出供夫妻双方了解其婚姻是否美满的22项自测题，若你的情况与其中12条以上相符，表明你的婚姻极其牢固；若与你的情况相符的少于12条，表明你的婚姻有待改善，你们就要从加强交流与沟通入手，逐步提升爱商指数和婚姻质量。

◆ 能说出配偶至交好友的名字；

◆ 明白配偶目前正面临何种压力；
◆ 知晓近来一直惹怒配偶的一些人的名字；
◆ 能道出配偶的某些人生梦想；
◆ 了解配偶基本的人生哲学；
◆ 能列出配偶最不欣赏的那些亲戚的名单；
◆ 能感到配偶对你了如指掌；
◆ 分居两地时，你会经常想念配偶；
◆ 时常会动情地抚摸或亲吻配偶；
◆ 配偶由衷地尊重你；
◆ 你们的婚姻中充满了热烈的激情；
◆ 浪漫至今仍是你们婚姻生活的一项内容；
◆ 配偶欣赏你做的事情；
◆ 配偶基本上喜欢你的个性；
◆ 多数情况下你们的性生活能令双方满意；
◆ 每天下班时配偶乐于见到你；
◆ 配偶是你最好的朋友之一；
◆ 热衷于彼此倾心交谈；
◆ 讨论问题时双方均会对自己的话题做出取舍；
◆ 即使彼此意见相左，配偶也能尊敬地听取你的观点；
◆ 配偶经常是一位解决问题的高手；
◆ 彼此的基本价值观和人生目标大致契合。

● 注重沟通效果。沟通有情感性沟通、需求性沟通、事务性沟通、随意性沟通。情感性沟通主要是表达赞美和谢意，事务性沟通主要是家事的商讨和告知，随意性沟通看似无用但能营造一种亲切温馨的氛围，需求性沟通是重点和难点，这是通过自己的言行，使自己的需求意向，得到对方的理解认同和支持。应注意：

◆ 要通过沟通达到目的，不是随意发泄、自言自语，这样没人注意。要让伴侣有明确的回应，不是只顾自己说完就了事。

◆ 要善于倾听，不仅仅用耳朵，用眼睛、脸孔、整个身心聆听，表现出对话题很感兴趣，对伴侣发出的信息做出负责的回应。

◆ 要选择适当的时间地点，不能不顾伴侣是否有心情，就急于倾诉。

◆ 要心平气和，不带着负面情绪说话。

◆ 要营造平和的沟通氛围，不“冷锅贴饼子”。

◆ 要谈事实、谈感受，不轻易下结论，尤其是“全称否定式”结论，如“你从来就说话不算话”。

◆ 要用伴侣能够理解的词汇和句法传达自己的信息，不是只顾自己说得痛快，而不管人家是否听得明白。

◆ 要换位思考，不要只要求伴侣而不要求自己，不要强调和夸大自己的感受，忽略对方的感受。

◆ 要想让对方改变，先从小事说起，先说你最不能容忍的事，不要一摆问题一大堆，让人麻烦，让人丧失信心。

◆ 要得出结论达成共识，实现双赢，如一时无法达成共识，下次再议，不要急于求成、强加于人。

155. 夫妻吵架了怎么办?

学生：我们新婚不久，还没有吵过架，但是那天我们听到邻居小两口吵架吵得非常凶，我还听到他们摔东西的声音，我真害怕，如果我们以后吵起架来可怎么办呢?

赵老师：夫妻说是不吵，其实都吵，但吵亦有道，要掌握要领，掌握艺术。

先看这对小夫妻：吃罢晚饭，丈夫坐在写字台前，“哎?我的《外国文学简史》放哪了?”一边东翻西找，一边焦急地问妻子。“不知道。”妻子边织毛衣，边淡淡地答道。丈夫拉抽屉、开书橱、越找越急，越找越气，“你别袖手旁观，帮我找找!”妻子顽皮地一笑，冷嘲热讽地说：“还是学中文的呢，我这不正忙着吗?怎能说袖手呢?自己的东西随便乱放，当然找不着!”丈夫生气了，问道：“你把我的书藏到哪里了?”妻子忽地站起来说：“你丢了东西，不怨自己，反而赖我?”两人怒目而视。片刻丈夫开门拂袖而去，妻子独自闷坐了一会儿，也悻悻地走出家门。两个小时过去了，丈夫回来了，开始心平气和地收拾翻乱的书本。妻子也回来了，动手铺着被褥，看见书就在枕头下边，拿起书向丈夫搭讪地问道：“这不是你的书吗?以后东西别再乱放了，你刚才去哪了?”丈夫拿过书略带得意地说：“看电影去了!”妻子一惊：“是吗?我也看电影去了!你看的什么?”丈夫答：“《天下无贼》!”妻子说：“我也是，你在哪看的?”丈夫答：“影乐宫!”妻子说：“我也是去那儿看的，怎么就没碰见你?”“哈哈哈……”两人拥抱在一起，为这出无导演的喜剧逗笑了。他们的吵架所用的语言是比较节省的，而且都有所控制，又采取回避的方法，淡化了冲突，最终增进了感情。

如果夫妻发生争吵，要掌握如下要领：

● 总则：有理——合乎情理；有利——维护自己的权益和观点；有节——控制吵架的力度和情绪；有方——讲究方法策略；有趣——运用幽默手段；有效——达到增进感情、促进婚姻成长的目的。

● 要领之一：吵架往往无对错，犹如两个人各自站在一个数字的两端，你说是“9”他说是“6”。其实谁都对，其实谁都不全面，由于观看的角度不同。所以当你认为自己对的时候，要知道对方也不一定就是错的。

● 要领之二：越是高人，度量越大；越有爱心，越易认输。越是强者，越易“早退”，不做最后发言人。有时你在一次吵架中看上去是赢了，实际上人家不是吵不过你，而是爱你、让着你。向你道歉，未必就是人家错。反而证明人家在维护夫妻关系这个大局上，做出了正确的选择。

● 要领之三：婚姻之中更多的是讲情，而不是讲理。所以，不是每次吵架都必须分出是非对错，你输我赢。常常是明白开始糊涂了，不了了之。

● 要领之四：吵架往往因事引起，而争吵的目的，往往在于争夺指挥权，也就是谁听谁的问题。其实谁指挥谁，不在于你吵架的时候，是否占上风，而在于你的人生智慧，是否高一筹。不在于谁的嗓门大，而在于谁的主意高。

● 要领之五：尽量避免吵架，尤其避免在愤怒之中吵架，这常常会使情绪恶劣，家里会变成硝烟弥漫的战场，夫妻间争吵过多，就会使感情受到伤害而产生隔阂。当一方饱受伤害之苦而达到忍无可忍时，就会使之对婚姻丧失信心。

● 要领之六：冷言恶语是婚姻致死的毒素，我们要坚决杜绝——全盘否定：你从来不关心我！你心里从来就没有这个家！极度夸大：这日子没法过了！找了你算倒了八辈子霉了！恶意贬低：比猪还笨！我闭着眼睛拿脚丫随便扒拉一个人也比你强！盲目攀比：你看人家丈夫多能挣钱！你看人家媳妇多贤惠！随意揭短：你当初多么穷，要不是我你能有今天？动辄威胁：如不听从我的意愿就离婚！

156. 夫妻都处于理智状态是否有利于婚姻?

马晓风和邱雪梅是一对恋人，这天他们谈起“相敬如宾”这个话题，雪梅说这是古代对恩爱夫妻最高的评价，可是晓风却说这是不切实际的，也是没有必要的，两个人怎么能总是那么理智呢？再说总是这样一副面孔未免也太乏味了吧？俩人讨论不出结果，一起来找赵老师。

学生：夫妻相敬如宾能做到吗？夫妻始终都处于理智状态有利于婚姻吗？

赵老师：社会心理学中有一个术语“角色”，即身份的意思。经心理学家研究发现，一个人就其情感行为来讲，往往会呈现不同的角色状态：一个人处于父母角色时，多有明辨是非的能力，但自我权威要求较高；一个人处于孩子角色时，缺乏一定的理智和自我控制能力，而自我权威欲望淡薄；一个人处于成人角色时，有一定的感情约束力，比较理智，通情达理。

随着夫妻所处环境和情绪的变化，他们的角色状态会不断地在这三者中间改变。夫妻越是能够积极地配合对方的角色状态，适当地进行角色转换，夫妻关系就越融洽、和谐，婚姻生活就越幸福。

如双方经常缺乏“成人”角色表现，都表现出极强的“父母”状态，过于强化自己的权威欲，或者都经常表现出任性的“孩子”状态，妻子撒娇、丈夫耍赖，都会出现互不相让、争吵不断的情景。如双方都能以理智的“成人”状态相处，遇到的矛盾虽然容易心平气和地解决，但总是相敬如宾，长此以往生活也会因缺少起伏跌宕，使夫妻关系平淡无味。

理想的状态应是以“成人”角色状态为主旋律，适当添加一些“父母”和“孩子”角色状态的小插曲。如一方表现出比较执拗任性、不谙事理的“孩子”状态时，另一方应以较高理智的“成人”状态与之相处；如一方呈现出“父母”状态时，另一方不妨要点“孩子”气，顺从一些，以满足对方的权威欲望。没事时俩人也可都回到童年，嬉戏玩闹、插科打诨，夫妻生活就会在顺畅之中有起伏，平淡之中有精彩。

我在某部队讲课后，一位副团长很有感慨地对我说：“夫妻关系就是这样，不能每天都一本正经，我们就是经常互相开玩笑，如媳妇说：‘你闲着没事背背我吧！’我就背起她来在屋子里转一圈，她说：‘再转一圈！’我就又转一圈。然后忍不住又一起哈哈大笑！”

157. 处理好家务有什么妙招?

学生：我看过一篇报道，有关部门日前对几十对独生子女新婚夫妇进行了跟踪调查，结果表明，这些家庭中有20%聘用计时工做家务，有80%的家庭不开火在双方父母家里“蹭饭”，有30%的夫妇衣服脏了要拿到父母家里洗，50%的家庭已因家务闹过矛盾，互相埋怨对方不会做家务，不知道照顾人。我就要结婚了，不知婚后我们俩能不能处理好家务，请问处理好家务有什么妙招？

赵老师：当夫妻们从婚礼的殿堂走入厨房，生活才算真正开始了。从此我们每天都要面对繁杂的家务劳动。处理好了，这是夫妻增进感情的重要手段，伴侣之间的爱大多数都是通过为对方做家务来体现的。如果处理不好，轻则会影响生活的正常进行，重则不但会引发夫妻的争吵，还会成为婚姻破裂的导火索。

对家务劳动，我们一定要重视，不能马马虎虎，处于无序状态。也不应依赖父母，到了自立的年龄还像长不大的孩子。我们若能遵循其规律，就能省时省力、忙中有趣，从而增进家庭成员的感情，提高我们的生活质量，使我们能有充沛的精力从事社会劳动。应处理好六个关系：

● 多与少。如一方社会工作比较多，家务劳动就可少负担些。另一方不应强求平均，硬性摊派。当然一方也不能借口工作忙，将家务一推了之，使另一方忙得手足无措，筋疲力尽，以至影响工作和健康。

● 分与合。记得有人说过这样一件事：有一男孩新买的裤子太长，穿着不合适。到了晚上孩子睡下后，奶奶将裤子剪了一截，妈妈回来后也剪了一截，爸爸临睡前想起此事又剪了一截。三人忙了一通，孩子的裤子却没法穿了。可见家务劳动要有明确的分工，各司其职。如果需要合作，也应及时沟通，避免重复劳动。

● 缓与急。对家务还要根据轻重缓急，分别做出安排。既不要事到临头才着急，也不要只图一时痛快，人为地制造紧张。如购置空调需在春季筹措，而冬季刚过却不必一下子把棉被都拆洗完，遇上倒春寒，被子还要派上用场。

● 零与整。随着工作节奏的加快，做家务的速度也要快起来。这就需要科学地利用时间。如日常卫生可以利用零星的时间做，而比较复杂的活就要用星期日集中时间干。

● 内与外。随着生活条件的提高，我们除了自己动手做，还可以利用现代化的劳动工具，也可以请家政服务公司的计时工来帮忙，以减少繁重、机械的劳动。

● 简与趣。如果有兴趣我们也可以在简单的家务中搞点创新，如美化卧室、试做新菜、种花养鱼。这不但能改善生活，还可以使人有一种成就感的心理满足，将单调烦人的家务劳动变得新鲜有趣。

158. 婚后如何结交异性朋友?

学生: 我结婚了，妻子对我很好，我也很爱她，但我对婚姻之外的异性，仍有接近、亲密的需求和兴趣，当然我知道在行为上无法去实现这种欲望，但它时刻存在着，有意无意中不断显现，我很苦恼，怎么办呢?

赵老师: 其实人人都希望得到更多异性的爱，这和道德无关，是人的本性使然。异性的美好对人都有吸引，即使自己的伴侣再优秀，也无法集天下所有异性的优点于一身。犹如我们拥有了雍容华贵的牡丹，仍喜欢清新高雅的玉兰、妩媚多姿的玫瑰、温柔秀丽的月季……这是人对异性关系求多性需求的体现。人性又是矛盾的，其对异性关系的求长性，又要求自己的伴侣，爱情要忠诚、专一，以使婚姻能巩固而长久，满足人们对婚姻的安全感和归宿感的需求。在漫长的岁月里，人类在异性关系的求多性和求长性的矛盾中，经过多种婚姻形式的比较，一夫一妻终于在最大多数人中得到认同，异性关系用这种婚姻形式得以限制和保护，就是权衡了两者的利弊后，发现只有这种婚姻形式，才能满足人在异性情感需求上最大和最长远的利益。所以为了保证婚姻内爱情的纯洁和忠诚，为了满足自己对异性关系求长性的需求，人类必须对自身异性关系的求多性，进行建设性的性压抑。

● 婚外情人不要做。因为这是违背婚姻的宗旨的，也是极难操作的，需要把握好若干方面的平衡：你对婚姻的责任和对情人的感情，情人对婚姻的态度和对你的期望，主流文化对婚外情的排斥和你对自己行为的坚守，以往的感情经历和今后感情的走向，一方的情感的改变和另一方对情感的执著……犹如走钢丝，很少有人能从始至终、永远平稳地走在上面。况且即使你能走好这“钢丝”，可你得到的情感“效益”和为此付出的“风险”相抵，还剩余多少快感？一位曾有过婚外恋的男士深有体会地说：“没有哪个猴王有好下场，不是惨死在新猴王之手，就是被赶出领地，流落荒山，最后也是一死。所以我早就退出了江湖，守着老婆过安稳日子。”

● 不要往茅台酒里兑白开水。这样会坏了友情爱情两样好东西。婚外情越多，爱情越淡，在外得到的越多，对内的损失也就越多。最后即便是你得到了天下所有你喜欢的异性的爱，也无法取代唯一忠贞深厚的爱情享受。你得到了满天的星星，却丢掉了圆圆的月亮。你得到了四处飞舞的杨花柳絮，却丢掉了根深叶茂的大树。有的人在初次遭遇婚外情的时候，激情荡漾难以自制，想到的只是如何享受它，可当狂热归于平静的时候，一切尴尬、矛盾便像海潮退去留在沙滩上的贝壳，毫无掩饰地裸露出来。所以，一份感情需要合理的土壤，不合法不合理的情感，终像海市蜃楼一样，无论多么美丽也要消亡。

● 理智适度结交异性朋友。一般说来，越是表现出对异性感兴趣的人，越不会干出过分的事。因为在平时与其他异性的适度接触中，已适量地满足了对其他异性的渴望，而严格受配偶管制者，却常常会出现婚外恋的问题。异性之间的交往往往是多层次、多状态的。粗略地分可以有：夫妻、朋友、情人。细分起来就会发现朋友的状态是最有弹性的，从普通朋友到情人之间，是一个广阔的地带：普通的朋友——志同道合的朋友——情趣相投的朋友——彼此欣赏的朋友——心领神会的朋友——惦念牵挂的朋友——不思量自难忘的朋友……最美妙的境界是有情而无性，有欲而不露，相互拥有而不占有的朋友。我们可以在朋友的状态下，多层次地满足自己对异性的需求，珍惜异性朋友带来的美妙享受，理智地驾驭与之交往的度，情浓情淡俱是真，若即若离总相宜。并将感情能量升华为对生活的热爱，对生活的创造。

159. 婚后如何对待过去的恋人？

学生：我和初恋的女友，虽然最终没能走到一起，但是我们还保持着联系，通过电话、短信、电子邮件等方式互相交流。现在我结婚了，妻子并不知道我与她有交往，我不知道是否该告诉妻子，我也不知道今后怎样与她交往。

赵老师：既然妻子不知道，那就没有必要“此地无银三百两”了，至于你们俩的交往，还是逐渐淡化为好。

一般说来一生只爱一个人，是每个人心中的美好愿望。可在生活中真正实现这个诺言的概率很小，这需要四个条件：一帆风顺地和初恋的人结婚；从来没有婚外恋的记录；没有离婚；而且要死在伴侣之前。现实生活中的人，不管自己愿意不愿意，都会告别一段又一段的恋情，不可避免地有了过去的恋人。在很多经意不经意的时候，他们都会重新跃进我们的脑海，带来一片伤感的天空或者绚丽的云彩。

事实上跟旧日恋人相处的最大困难，就是如何理解两人之间已经失去的感情，如何正确看待两人现在的关系。是爱情？还是友情？过分沉湎于过去会从心理上，甚至是实际上毁掉现在的生活。加深现在的感情，更会影响到婚姻的质量。你和旧日的恋人的一般交流，从理论上无可厚非，但在实际上这种交流如果成为一种习惯并继续强化，就会给自己和对方带来麻烦和苦恼。要知道自己有了新的感情生活，如果她经常给你打电话，你的现在的妻子会怎么想？你能说得清楚吗？

人很多时候都会认为，现在时过境迁了，人也变得更加成熟了。重新和旧恋人相见，我们更会知道如何把握分寸。可实际情况并没有这么简单，处理异性关系不是操纵机器，可以用按钮来控制。情感更不是盛在瓶子里的水，用盖子一盖，用力一拧就能滴水不漏。你肯定知道“青蛙效应”吧？一锅热油，放入一只青蛙，青蛙会敏感地弹跳出去，而将青蛙放入温水中，慢慢升温，再热到一定程度，它想跳也跳不出去了。回忆之所以美好，就因为它已经过去，不再能够伤害我们。让回忆变成现在，它就又重新成了一把利剑。所以，我给你的忠告是：封存记忆，珍惜拥有！

160. 爱情怎样保鲜?

学生：有人说婚姻像一本书，它的封面是艺术，里面是账簿。爱情是浪漫、温馨、甜蜜的，而日子是琐碎、辛苦、繁难的。人们婚后在日复一日、年复一年的日子里，婚前酿造的爱情就被磨损、销蚀、剥落了。到最后哪还有什么爱情，过日子就是过日子，要说有情也就是亲情了，这样说对吗？

赵老师：其实这是一个误区，夫妻之情就是爱情，如果感觉不到爱情了，那是我们没有把双手捧紧，让爱情一点一点地从手指缝里流走了。而捧住爱情的一个关键就是：在琐碎繁杂中创造出浪漫，在柴米油盐中酿造出风花雪月的情调，这才是生活的高手，才是掌握了爱情保鲜的实质。

● 平淡之中出浪漫。有一位妻子要求丈夫每天拥抱三分钟，丈夫开始不太理解，但架不住妻子的“百般纠缠”，还是答应了。丈夫在完成这项“家庭作业”的时候，一边搂着妻子，一边看着墙上的挂钟，嘴里还免不了不耐烦地嘟囔着：“到时间了吧？”妻子虽然不太满意，但也没有太计较。随着时间的推移，丈夫的表现渐渐地发生了变化，“家庭作业”越做越愿意做了，越做越投入了，到后来常常是他主动了，一天不做就感觉若有所失，即使出差在外，电话里也要对妻子说：“让我们拥抱三分钟吧！”同行的朋友都羡慕地说：“你们可真浪漫呵！”

婚姻心理学告诉我们：边缘性行为是在两性交往中，由性吸引而产生的一系列亲昵性示爱行为，即性交以外的肉体接触。夫妻间在肉体上的接触同感情上、心智上的接触是同等重要的，可以强烈地接收和传递爱的感觉，等于在做深切的情感交流。夫妻彼此以关怀的态度进行触摸时，生理上会产生变化：压迫的荷尔蒙降低了，神经系统舒缓了，免疫系统增强了。你的伴侣出门上班时，你吻他（她），他（她）就有一种安全感，心态喜悦平和，开车时就格外冷静沉着，极少发生车祸。夫妻关系上的亲密，如不是经常有温柔、细腻、释然、毫不担心被拒绝或误解的边缘性行为，就难以滋长。

● 恋爱永远进行时。有一对夫妻在一个单位上班，上班抬头不见低头见，下班一同回家转，一起生活了十几年，时常为一些鸡毛蒜皮的小事争得脸红脖子粗。有一天，丈夫被查出得了癌症，这时他们忽然意识到，今后在一起的时间已经很有限了。从那以后，他们开始格外珍惜两个人在一起的时间，认认真真地过好每一天，再也不为那些鸡毛蒜皮的小事争吵了，他们好像从来没有这么恩爱过，这使他们感到从未有过的幸福。令人感到惊奇的是，丈夫的病竟在这恩爱中奇迹般地好了起来。

可见，夫妻婚后心理还应永远处于恋爱状态：珍惜、投入、用心。每天都要像新婚的第一天那样新美，每天都要像生命的最后一天那样珍惜。夫妻相互之间要不断产生新的吸引力，不断地有新的“魅力增长点”，使对方不断有新发现、新喜悦。事业：不断有新建树；知识：不断有新收获；技能：不断有新学习；性格：不断有新改善；气质：不断有新提升；语言：不断有新词汇；交流：不断有新信息；容貌：不断有新修饰；服饰：不断有新变化；家居：不断有新装点；社交：不断有新朋友……

● 保持神秘与含蓄。爱是一种气候，一种由心灵形成的气候。这需要内心的丰富和表达的含蓄。越含蓄的东西越有生命力，含而不露，让人张开想象的翅膀，自由自在地飞翔。“性存体匿”、经久不衰，就像糖融入水中，糖不见了，但甜味存在；爱藏起来了，但情确确实实存在。苏叔阳说：“爱是一首无字的歌，要用全身心去感受。”这是艺术的最高境界，也是爱情的最高境界。紧紧拥抱你的爱，留一点点距离；坦诚捧出你的心，存一点点神秘。

◆ 时空：可有短时间的分别，即使没有分别的机会，回到家也可各自有独立的活动内容。再相聚时，就会增加新鲜感。

◆ 行为：偶尔犯点小错误，再按规矩办事时，对方会更加珍惜。

◆ 语言：偶尔发点小脾气，你再软语温存时，伴侣会觉得更加亲切甜蜜。

◆ 沉默：英国诗人济慈说：“听到的声音是美的，听不到的声音更美。”司空图说：“不着一字，尽得风流。”表现为心有灵犀的眷恋，心照不宣的温存，心领神会的微笑，情不自禁的拥抱，含情脉脉的凝视，不言而喻的亲吻，心醉神迷的融合……

我们在结婚25周年时曾写了一首诗《银婚有感》：茫茫人海，相遇的一瞬间，仿佛已认识了许久。悠悠岁月，每一次别后重逢，又好像刚刚相见。无论过了多久，依然心动，无论爱了多久，仍在初恋。

爱情因鲜活而巩固，因忠诚而长久。祝你们永远有：绿色爱情——常长常新、绚丽多彩；红色爱情——热情似火、忠贞不渝！

七、涉世之初

161. 就业是人生的一个坎儿吗?

学生: 我们考上大学之后，每天都在学校汲取着知识的丰富营养，享受着珍贵的友情，积极参加各种团体活动，快乐而充实地过了四年大学生活。对于未来，我们还来不及去想，转眼就快毕业了。我们每天都在忙着找工作，可是现在工作不好找，所以，不是每一个人都能顺利就业。我们知道，毕业以后，我们必须找一份工作，顺利就业对我们的人生发展很重要。可是我们现在不知道如何才能迈出学校，顺利地走向社会，我们都觉得就业是人生的一个坎儿，我们现在就处在人生发展的“瓶颈”阶段，很难迈过这个坎儿，实在不知道下一步该如何走。

谢老师: 你们现在的心情我能够理解，毕竟顺利就业对每一个毕业生来说都很重要，你们每个人肯定都想尽快找到一份自己满意的工作。

的确，就像你所说，你们毕业以后必须找一份工作。你们首先要谋生，十几年的读书生活费用全部是父母所给，现在大学毕业了，自己必须独立养活自己了，否则，你们会因为毕业了还要父母养着而羞愧难当！同时，就业是你们迈向社会、服务社会的途径。你们每一个人都是社会人，在社会中成长、发展、奉献、成功，并且在这一过程中感受自己存在的价值，获得自尊心和自信心，从而实现人生的意义。而所有这一切，只能通过自己的工作才能实现。

毕业生就业是人生的一个坎儿，但同时它又充满着机遇。既是人生的一个难点，又是人生的一个新起点。

现在工作不好找，并不是找不到工作，而是找不到“好”工作。大多数人都认为政府机关和外资企业比较好，前者稳定，后者薪水高，发展前景好。

所以，它们成为所有毕业生理想的好工作，竞争当然也很大。其实还有很多基层单位或者小公司也是不错的选择。你们毕业后无论干什么，只要选择正确的人生方向，就都是不错的工作。越来越多的大学生通过看似不起眼的工作起步，脚踏实地奋斗，实现了人生价值。所以你们应该找寻适合自己的工作，而不是非找一份大家眼中的“好”工作不可。当你们刚参加工作时，最重要的是自己的工作态度，只要自己对工作认真负责，并且不断地虚心学习，自己就能很快地成长起来。所以就业是你们一定可以迈过去的一个坎儿。因为你们刚刚走入社会，要学的东西很多，你们可能有时候无所适从，感觉有难度。没有关系，有挑战才有进步，战胜困难才能成长。你们可在工作中探索、创造、施展自己的才华、实现自身价值。所以，就业又是你们人生的一个新起点，是一个机遇。

162. 如何面对择业时的不公平?

学生：我们将走出校园走向社会，但是，我们面临的不是利用自己所学回报社会的局面，而是“一毕业就失业”的窘境。几个月来我重复着寻找、投简历、等待、无消息的过程。当我们想通过大学改变自己命运却无法实现的时候，有些家里有权有势有钱有人的学生已经不费吹灰之力就得到了常人无法企及的工作岗位，女大学毕业生找工作就更难了，怎么办呢？

赵老师：你的处境我非常理解和同情，但是，我们还得面对现实，积极应对。

● 调整心态、理智面对。当不公正降临到自己身上时，愤怒抱怨是可以理解的，但是，一蹶不振就没法解决问题了，所以，要调整心态。任何人都会遭逢不公正，任何人都会身陷困境，关键就在于如何看待这样的困境。《中国青年》2007 年第 10 期曾刊登过一篇文章《那些栏架才能让你完成一次次美丽的腾越》，面对不公平，文章中说道：应该把生活的挫折视为只要克服它便会成为强者的一场挑战。任何一次降临到我们身上的不公平都是一场挑战，真正的强者都会迎头而上。这种挑战不但在考验自己精神的硬度，更多的是在考验生命的韧性。有硬度就不会忍气吞声委曲求全，而有了韧性则不会被一时的得失所牵绊，不会被不公正的现象所迷惑，始终明白自己能做什么，该干什么，始终有一片超越眼前狭小境遇的视野，有了那片视野，高远的人生境界才会呈现。有韧性就有了适当的弹性，就能腾挪出一片开阔地。你会慢慢懂得人生其实就像跨栏跑，正是那些栏架才能让你完成一次次美丽的腾跃。所以，当遭遇一切有可能阻碍你的不公正时，最有美学风采的姿态就是——跨越！

● 增强素质、敢干敢闯。有记者最近在中华女子学院采访时发现，这所毕业生全部为女性的高校，就业并不难，就业率连续几年居高不下，学生还没毕业就被“预订”了。这所学院将专业设置直接与毕业生就业情况挂钩，还采取了就业教育前移的措施。他们建立了一批就业实习基地，让在校生从一年级开始就利用寒暑假到实习基地去见习，尽早接触、了解社会对人才知识和技能结构的要求。学院就业指导服务中心人员每周轮流值班，对毕业生就业中存在的困惑，如“用人单位出难题怎么办”“几家单位都想要我怎么办”等，以及办理就业手续中的疑问给予解答，为学生提供一对一的指导。由于这里的学生全部是女生，平时的一些体力活，如布置会场、搬运桌椅等全都靠女生自己干。加上学院环境、性别意识教育等因素，使这里的女生比其他普通高校的女生少了些依赖性，独立意识和自主意识强，敢干敢闯，这些都受到用人单位的好评。

163. 如何写简历和自荐材料?

学生：即将毕业寻找工作，同学们都开始忙着写简历和自荐材料，我看到：有的同学长篇大论，少则七八页，多则几十页；有的主次不分，轻重无别，分不清他的特长和优势到底是什么；有的华而不实，配有卡通图案、艺术照，诗句歌词都写进简历；有的千人一面，简历像从流水线上下来的，“给我一个机会，还你一个惊喜”的词句被很多人重复着；有的夸大其词，写着“给我一个支点，我将撬起地球”。有的弄虚作假，用别人的优秀证书冒充，为自己填上各种虚无的社会实践经历；也有的过分谦虚，写着“因为一直读书，没有工作经验，愿意从公司的最底层做起。”看得我眼花缭乱，请问简历和自荐材料到底应该怎样写?

赵老师：你的话基本概括了大学生写个人简历和自荐材料的种种毛病，看到了问题，我们也就知道怎样做是正确的了。

● 个人简历一般包括个人基本信息、职业目标、教育背景、所受奖励、社会实践活动、任职、兼职、培训、实习及专业认证、兴趣特长。填写个人简历的基本原则：

真实可靠。其实用人单位想获知你是否作假并不难，须知诚信无价，许多单位都将诚实作为第一重要的品质，一旦发现你作假，即使你再优秀也不会录用你。

简洁明了。招聘者一般会在短短的1.4分钟内，阅读1.5页材料，过长的简历毫无作用，而且不容易突出重点，最好不超过3页。

突出硬件。约有20%的招聘单位承认他们会使用一些级别较低的助理人员来处理简历，这些人员会有一些硬性的选择标准。另有45%的招聘单位认为他们进行初选时，也基本只看这些硬性指标。这里列出常见的标准，以招聘单位使用的频繁程度为序：（1）公共英语级别证书；（2）户口；（3）专业背景；（4）学校名声；（5）在校成绩，而这些标准不一定会在招聘要求中注明。

有针对性。调查发现，中国的公司和外资企业的关注点有一定区别。总的来讲，外企更重视英语和学校名声，中国公司看重专业和户口。对于越是热门的公司，其往往对在校成绩更关注，建议你制作不同的简历来突出不同的要点，针对不同的招聘单位表达不同的求职目标，体现出你对招聘单位和求职岗位的了解。

体现素质。招聘者还会看一些学生的校园活动和兼职工作。是学生会副主席还是部长并不重要，关键是你不要给人留下一个书呆子的印象。但有一种工作经历例外，所有人事经理都会重视和自己公司相同行业的工作经历。这会是个优势，但如果说谎，也容易出局。很多人在简历上会列出自己的学习课程，只有4%的公司会仔细阅读。建议你可以列出，但必须是重要的，而且不要超过一行。

● 自荐材料。自荐材料是毕业生向用人单位推介自我的一张名片，写得好可以起到让用人单位“一见钟情”的作用。第一部分指出信息的来源，即从何处得悉招聘信息；第二部分是对应聘职位的描述和界定；第三部分是本人符合这一职位的条件的高度概括式的陈述；第四部分表示对阅读者的感谢。

内容简洁。哈佛人力资源研究所在1992年的一份经典测试报告中表明：如果一封自荐信的内容超过400个单词，则其效果只有25%，因此，中文自荐信以300~500字为宜。

格式规范。自荐信的格式和一般书信大致相同，即称呼、正文、结尾、落款。最后写明自己的学校、通讯联系地址、姓名和时间。

突出特征。要注意突出才艺与专长的个性特征，注意展现经验、业绩和成果。

避免错误。切忌有错字、别字、病句及文理欠通的现象发生，要通读几遍，精雕细琢。

不宜“翻版”。切忌把自荐信写成个人简历的另外一种表述。

称呼适宜。针对不同的用人单位，称呼要适宜，如对教育单位，用领导、老师为宜；对企业，用先生、小姐为宜。切忌在自荐信中写出“假如你是伯乐……”之类的话。

便于浏览。可在自荐信中将主要特长、简历的段落词句用加黑、加粗的字体显示，便于浏览。

164. 面试应注意哪些问题?

学生：过几天我就要到一家外企去面试了，应聘推销员，心中又是欢喜又是紧张，应该注意什么，想来想去，脑子很乱，您能告诉我面试应注意哪些问题?

赵老师：面试应注意如下问题：

● 文明礼貌。求职者一进入招聘者的视野，你的着装表情言谈举止都会成为他们进行全面判断的重要依据。基本的礼节是必不可少的，文明礼貌，讲究礼节是一个人素质的反映、人格的象征。

着装符合职业特点，有的公司要求上班着西装，有的公司对着装的要求则比较宽松，但无论怎样着装都不要过于休闲，衣服需整洁，皮鞋需光亮，整体颜色需和谐。

在开始面试之前肯定有一段等候的时间，切忌在等待面试时到处走动，更不能擅自到考场外面向里观望，应试者之间的交谈也应尽可能地降低音量，避免影响他人应试或思考。

切忌贸然闯入面试室，应试者一定要先轻轻敲门，得到主考官的许可后方可入室。入室时不要先把头探进去张望，而应整个身体一同进去。

走进室内之后，背对考官，将房门轻轻关上，然后缓慢转身面对主考官。

向主考人员微笑致意，并说“你们好”之类的招呼语，在主考人员和你之间创造和谐的气氛。

若非主考人员先伸手，你切勿伸手向前欲和对方握手。面试和面谈的区别之一就是对方往往是多人，其中不乏专家、学者，求职者切不可自以为是，不懂装懂，讲话要留有余地。在参加“集体式、讨论式”面试时，要正确发表自己的观点，不要随意攻击他人，以抬高自己，因为这样做也是不谦虚的表现，只能减少或降低自己的面试分数。

● 机智应变。这表现的是我们的知识水平与智慧，体现的是人与人相互理解、相互悦纳过程。我们要运用心理学的知识，把我们对专业知识对社会对人的理解，巧妙地表达出来，进而取得用人单位的认同和肯定，要注意：

面试类型：如果是“主导式”面试，你就应该把目标集中投向主考官，认真礼貌地回答问题，如果是“答辩式”，你则应把目光投向提问者。其次，要避免尴尬场面。对未听清楚的问题可以请对方再重复一下或解释一下；一时回答不出可以请示考官先问下一个问题，然后反过来考虑成熟再回答；遇到偶然出现的错误也不必慌乱，以免打乱后面问题的思路。

随意问答：如“谈谈你自己吧”这个问题能使招聘者获得有关求职者的内在感觉，如果一个人无法清晰地介绍自己，那就更不可能很好地表达其他事情了。此外还有“你的人际关系如何”、“谈谈你的缺点”、“你怎么看待挑战性的工作”、“你如何克服工作中的困难”、“你的同事取得比你好的成绩，你会怎么办”、“你的父母健康状况如何”等等。通过一系列问题的问答，综合性地了解你的品行能力。这种面试随意性大，便于求职者自由发挥。

情景模拟：这种面试是从具体的工作需要出发，模拟特定的情景，让求职者当场展示。如果招的是推销员，他往往提出“这里有一本英语词典，你如何去向不识字的农民去推销”之类的问题。

隐行考场：这一招比较难防。他们往往在求职者最容易忽视的地方设下圈套。如将笔试考场设在一个杂乱的环境中，甚至苍蝇乱飞。有的求职者只顾答卷，而有的人则先打开室内的灭蝇灯，又清理现场，然后才答题。后者虽然不是最高分，但被录取了。

165. 面试遇挫怎么办?

学生：我大学快毕业了，平时主要忙着找工作。这半年来我参加了许多公司的面试，可是每次面试都不成功，我现在觉得挺沮丧的，不知道以后要怎么做才能面试成功?

谢老师：每个人在找工作的时候都经历过一次或多次面试，这是难免的。通过面试，求职者可以充分地展示自己，以便招聘人员可以直观地了解自己是否适合所要应聘的岗位。它是招聘人员决定是否录用应聘者的最后一道程序，因此，面试时求职者的表现就显得非常重要。在目前就业市场供大于求的情况下，一个岗位往往会有很多人去竞争，许多应聘者落选也是很正常的。

尽管你多次面试都不成功，但是尽量不要让过去遇挫的低落情绪过多地影响你现在和以后的生活。失败是成功之母，我们现在要做的就是一起来分析你为什么会在面试中遇到挫折，以及如何避免这种情况再次发生。

你的面试没有成功，我想你应该认真总结一下，看看问题到底出在哪里？是自己找工作时没有目标，见到招聘信息就去面试，还是自己定的求职目标过高或过低，从而与自身能力不匹配？是自己没有注意自身形象，还是不够自信或妄自尊大？或者还是其他方面的原因。

首先，你在找工作之前，要认真分析一下自己喜欢什么样的工作，自己的优势在哪里，自己的条件能找到什么样的工作，也就是根据自身特点设定一个求职目标，而不是毫无目标地找工作。

其次，根据自身兴趣和优势锁定工作目标之后，你就可以有的放矢地投递简历。如果有面试机会，说明你还是大致符合这一工作岗位的。所以你应该认真对待面试，根据企业文化和岗位要求分析一下它到底需要应聘者具备什么样的素质。因此，你要根据具体的需要突出自己的优势，从而向用人单位展示你就是他们所需要的人。

再次，在面试过程中，还要注意自己的形象和一些面试礼仪。大多数工作都不需要太时尚、太另类的打扮，穿着也不能太随意。得体的打扮不仅体现了求职者良好的精神风貌，还体现了求职者的诚意。衣着仪表往往影响着招聘者的第一印象，所以，毕业生要根据自己的学生身份和气质打扮得体，以饱满的精神状态，沉着自信地参加面试。面试礼仪则包括要有时间观念，态度要诚恳、谦逊，礼貌待人。

最后，还要注意一些面试技巧。在回答面试中提到的问题时，要把握重点，简洁明了，切忌答非所问。遇到自己不懂的问题，诚恳坦率地承认不足反而能赢得主考官的信任和好感，牵强附会、不懂装懂或者闭口不答均不足取。

你现在可以参照以上这些来想想自己哪些方面还有欠缺，毕竟一次面试失败不等于就业失败。只要你认真对待每一次面试，并且不断总结，纠正所犯的错误，总有一天你会顺利通过面试的。

166. 求职应树立哪些新观念?

学生： 不久前有一条新闻引起了人们的注意：某企业的招聘条件是：总经理助理工时补助每小时1元，搓澡工每小时58元，应聘者必须是大专以上学历。结果5000名大学生应聘搓澡工，我看过之后心里很是悲哀，大学生怎么能这么掉价呢？

赵老师：你的心情我能理解，但是你的观念我不赞同，大学生当搓澡工尽管有着无奈的一面，但又不失为一个相对理性的选择。目前大学生就业比较难有种种原因，但是求职观念有偏差，求职思路不开阔也是一个重要原因。面对市场经济和相应的劳动力市场就业模式，我们应克服求职的不良倾向，树立全新的就业观念：

● 求职的不良倾向

重职业资源，轻职业要求。在分析职业时，总是考虑自己能从职业中得到什么，而没有想职业对自己的素质有什么要求。

重学习成绩，轻实践探索。对自己的学习成绩在求职中的作用相当看重，而忽视了自己实践能力的锻炼，就业以后只会说不会做。

重期望，轻行动。在求职时，找一个好工作的期望较高，但搜集信息过于懒惰，寻找职业的主动性差。

重求职技巧，轻求职决策。关注速成的求职捷径，希望通过技能的培训尽快找到中意的工作，忽视了决策过程的探索，不能顺利地找到职业要求和自身素质的契合点。

重包装，轻诚信。在添置服装、面部美容上费尽心思，制作简历趋向高档化。内容的填写虚假夸张，令人难以置信。

重功利，轻需要。总想一工作就是大城市、好单位、高工资。不愿去边远地区和艰苦行业，工作后也不愿从基层的具体工作做起。

● 求职的新观念

自主观念：在市场体制下，人的能动性非常重要，我们不应再依赖父母，不虚荣、不消极等待，应自动到市场中去闯，把握住每一种可能性。

竞争观念：在劳动力市场上就业竞争很激烈，我们要主动地不断学习、深造、锻炼，使自己有较高的能力素质，以适应竞争的需要。

道德观念：市场经济要求人们遵守诚信原则，应以真诚的态度求职，真诚最能打动人，真诚是最好的介绍信。

义利观念："君子爱财，取之有道"，我们应通过勤劳致富，不怕吃苦，自觉磨炼，大学生应聘搓澡工就体现了这种精神。

发展观念：市场经济给人的发展提供了广阔的机遇，我们应从职业生活的角度策划人生，选择职业。很多大学生到西部就业、到基层当村官，就是很好的榜样，在最需要的地方才能获得最佳发展。

求实观念：从社会、单位及个人的实际出发，客观公正地评价自己，全面地了解就业形势，准确择业、就业、创业。

167. 毕业后是否一定要留在大城市工作?

时雯雯大学四年，都在大城市学习、生活，快要毕业了，很多同学都想留在这座大城市工作，可她还没想好，不知道怎样选择自己以后就业的城市。这天她来到谢老师的办公室，请求指导。

学生：人各有志，有的人选择留在大城市工作，而有的人却偏向于中小城市。现在也有许多学生自愿到西部边远地方去工作。现在毕业生找工作没有地域方面的限制，因此，每个毕业生都可以选择他想去的城市。正是因为有了选择，所以，考虑得更多，我反而更加难以取舍了。

谢老师：看得出来，你为自己是否要留在大城市工作而感到很焦虑，我能够理解你的心情。那么你认为大城市吸引你和你不喜欢的地方在哪呢?

学生：大城市信息灵通，教育培训方便，就业机会多，充满竞争和挑战，有利于不断地提升自己。因此，大城市以它的活力四射和现代化气息吸引了大批青年来开创自己的事业，开始自己新的人生。但是，大城市人口密集，物价水平高，住房超贵，空气质量差，交通拥挤，并且工作压力大，如果事业不成功，经济紧张，就难以享受高质量的生活。

谢老师：你考虑问题挺全面的，那中小城市肯定也有吸引你和你不喜欢的地方。

学生：是啊，中小城市生活舒适度和人情味优于大城市，但是，就业机会相对较少，且发展机会相对不公平。

谢老师：你现在仍犹豫是不是要留在大城市工作，你是不是大小城市的优点都想得到呢?

学生：是的，但是，我也知道这是不可能的。所以，现在很焦虑，难以选择。

谢老师：其实道理你都懂，也知道鱼和熊掌不可兼得，只是不知道选择哪一个。你也知道大小城市都有它吸引人的地方，所以，关键是要知道你的个性和价值取向是什么，当你明白了自己内心的真正需要和追求之后，你就不难选择了。

学生：唉，我自己并不清楚自己内心的真正需要，这个好像很难判断，但我的个性挺随和的。

谢老师：你能说说你在学校的表现和生活体验吗？还有你学习之余主要做些什么呢？朋友多不多，喜欢交什么样的朋友？

学生：我大部分时间都在学习，并且学习成绩也挺好的，年年都获得奖学金，还担任班干部，由于我表现出色，大二就入党了。我不想浪费时间，总想不断地提升自己，什么都想做得最好，虽然老师和同学都认为我很优秀，但是，我觉得自己好累。如果可以重新开始大学生活，我肯定不会对自己要求这么严格，我想过得随意一点，轻松一点，有更多的时间跟同学和朋友待在一起。因为虽然我的朋友很多，但是，非常非常好的朋友却只有一两个。大家都很欣赏我，可我没有时间跟他们在一起玩，我的时间安排得很紧凑，学习和搞活动之余我就会看小说，并且写些文章之类的。

谢老师：看得出来，你是个非常有上进心并且很优秀的学生，但是你却感到很累，压力很大，更喜欢随意一点，同时又有自己感兴趣的事业和生活。那么，你要的事业是什么呢？你觉得你做过的哪一件事使你感到最开心、最有成就感？

学生：其实我很想当老师的。毕业论文答辩时，我站在讲台上，是那么自信地陈述我论文中的观点，并且从容地回答着老师们对我的提问，我觉得站在讲台上的感觉真好，我体验到了跟别人交流思想时的快乐与满足，并且学校的工作环境也挺好的。但是，我是非师范生，想在大城市当老师显然很难实现。

谢老师：请你想象并描述一下：20年后你比较满意的生活方式是什么样的？

学生：对于未来我只想做自己喜欢做的事情，把自己的事业和兴趣结合起来，做一个知性、自信的高校老师，桃李满天下，并且有自己的研究成果，家庭美满幸福，周围的邻居都很好，有很多朋友，没事时经常聚聚。

谢老师：综合以上分析，看得出你是一个追求精神生活的人，精神上的满足要优于物质上的满足。对于我们每一个毕业生来说，是否留在大城市工作并不重要，关键是要根据自己的生涯发展和自己的兴趣，找到自己满意的工作，从事自己喜欢的事业。适合自己的就是最好的！从这个意义上来说，有些毕业生选择去西部边缘地方工作，我们就很容易理解他们的选择了。他们在那里的广阔天地开拓自己的事业，成就自己的人生，并且为社会发挥自己的力量，谁能说他们不是活得精彩而成功的人呢！只要你自己生活得开心、快乐、有追求，有成就感，在哪里都是一样的。

学生：您这样一分析，我知道自己该怎么选择了。

谢老师：我希望你能早日摆脱焦虑，找到适合自己的工作和生活的城市，过上快乐的生活。

168. 工作和所学专业不对口怎么办？

学生：我是一个应届毕业生，挺喜欢自己的专业，如果能找一份专业对口的工作就好了。可是现在工作难找，所以我接受了一份跟我的专业一点也不对口的工作。读了四年大学，现在却一点也用不上自己的专业，觉得挺可惜，也很苦恼，怎么办呢？

谢老师：在很多工作领域，工作岗位不一定要跟自己的专业对口。在大学里，我们不仅学专业知识，更重要的是学思维方法，是培养自己思考问题的习惯，学习解决问题的方式。

因此，无论你现在做什么，你在大学里学的思维方法都可以派上用场。现实生活中，大多数人的工作和他们的专业都不对口。你先调整一下心态，不要把自己限定在专业范围之内，拿出做什么就学什么，学什么就精什么的工作态度，养成活到老、学到老的习惯，就能不断地在学习中提高自己，在工作中成就自己，从工作中找到自己施展才能的地方，充分施展自身特长。无论我们做什么样的工作，都能在这一工作岗位上取得成功。

如果经过一段时间，你实在不喜欢现在与专业不对口的工作，那就得重新考虑了。因为如果做不到干一行爱一行的话，你的一生很可能都不会开心。毕竟工作不仅是谋生的手段，更是一种精神的需求，在工作中思考和提高，工作才是件快乐的事。通过工作，我们可以找到自己在社会上的位置，在帮助他人和解决问题的过程中得到自尊心和自信心。通过工作，我们的内心能够充实，并且对生活充满激情。所以，如果你不喜欢你现在的工作，你是不会最大化体现工作的意义的，因此你需要换一份工作才好。

不过在换工作之前，你首先得问自己是不是真的喜欢自己的专业，并且想找专业对口的工作。自己是不是适合做这一专业对口的工作，自己有没有做这一工作的优势。如果自己能在这一工作中得到自己内心所需要的东西，也能够在这一领域有比较好的发展并且有成就感，那就应该毫不犹豫地换工作。不要怕找不到这份工作，只要你坚持并努力寻找，你会找到的。

希望你能顺利找到自己心仪的专业对口的工作！

169. 自己被分到不喜欢的工作岗位怎么办?

某公司因为业务的不断扩展，今年招聘了几个应届毕业生。他们的工作岗位都是公司安排的，薛婷婷现在做的是办公室行政工作，可是她不喜欢，想做销售工作。当时她跟公司讲了自己的想法，可是公司要她先试试现在的办公室工作，过一段时间再考虑换岗位。这天她在路上遇见了谢老师……

学生：谢老师，办公室行政工作很烦琐，每天都有很多小事情要处理，工作起来让人很没有成就感；而且更难受的是每天接触的人都没有太大的变化，觉得工作起来没有新鲜感。但做销售工作就不一样了，它是靠业绩来体现自己的价值的，通过自己的努力成功做好一项业务是多么让人兴奋的事情。而且我喜欢跟人打交道，做销售工作可以接触不同的人，还可以经常出差，到处跑跑看看能学到很多东西。我觉得年轻的时候就应该尽量做充满活力又具有挑战性的工作，让我尽快成长、成熟起来。

谢老师：你有这样的想法说明你是一个有追求、有进取心的人，我很欣赏像你这样的年轻人，你刚才的分析也很有道理。但是，你只看到了销售工作的好处和办公室工作的不好之处，如果你能反过来想的话，你或许就没有要换工作岗位的想法了。

学生：是吗？谢老师您为什么这么说呢？

谢老师：我看到你的第一眼就觉得你是一个很文静的女孩子，办公室行政工作应该比较适合你，公司安排你做行政工作肯定是有它的道理的。你喜欢跟人打交道，接触不同的人，喜欢有成就感，其实你做办公室行政工作也可以达到这个目的。做销售要有业绩，做行政也可以有业绩，有成就感。只要你工作出色，你可以做到行政主管、行政经理甚至行政总监。而且行政工作要负责协调各部门以及各级人员的工作，你喜欢与人打交道，与人沟通，协调工作不是可以让你发挥自己的优势吗？你想学很多东西，我觉得当你工作职位上升一个台阶时，你就必须学习相应的管理知识，同时也能在管理中学到很多。因此，你做办公室行政工作应该是比较适合的，同时也是能满足你需要的工作。而销售工作虽有它的魅力，但是我建议你去跟销售人员聊聊，以便对这一工作有全面的了解，分析一下它是否适合你，是不是你工作岗位的最佳选择。

学生：谢老师，我明白了，听您这么一说，我觉得自己考虑问题太简单，我应该珍惜现在的工作并努力把它做好，我相信我同样可以做得很好。

谢老师：你这么有上进心，我相信不管你做什么工作都会做得很出色的。

170. 签订劳动合同有什么意义？

学生：用人单位经过对我进行试用后，决定正式录用我，明天就要履行正式的协议手续，签订劳动合同了。可我还不十分清楚签订劳动合同有什么意义。

赵老师：所谓劳动合同就是指劳动者与用人单位确立劳动关系、明确双方权利和义务的协议。签订劳动合同是用人单位与受聘人员，经过平等协商所达成的具有法律效力的承诺。一般情形是甲方（聘方）提出建议或初始文本，经乙方（聘员）表示同意认可。如不签订劳动合同，如我们的权益受到侵犯，就无法得到法律的保护。

劳动合同的形式分为有固定期限、无固定期限和完成的工作期限三种形式。劳动合同书是双方行为的准则，一经签署就产生了法律效力。法律保护双方的合理合法权益，同时也对双方具有约束力，不能单方面的随意变动。订约双方在正常情况下依约行事，有利于顺利实现各自的权益，为事业的开拓发展齐心协力地工作，依约行事，利益均沾，违法肇事，双方受损。所以，定约双方都应维护合同书的严肃性，对自己的行为负责，保证双方的合法权益。都应有一个明确的认识：定约双方拥有共同的利益。

签订劳动合同的原则，《劳动法》第十七条规定：订立和变更劳动合同，应当遵循平等自愿、协商一致原则，不得违反法律、行政法规和规定。

● 平等自愿原则。平等是指订立劳动合同的双方当事人具有相同的法律地位。在订立劳动合同时，双方当事人是以劳动关系平等主体资格出现的，有着平等的利益要求权利，不存在命令与服从的关系。这一原则赋予了双方当事人公平地表达各自意愿的机会。自愿是指劳动合同的订立完全是出自双方当事人自己的真实意愿，是在充分表达各自意愿的基础上，经过平等协商而达到的协议。这一原则保证了劳动合同是双方当事人根据自己的真诚意愿独立自主决定的。当事人一方不得强制或欺骗对方。

● 协商一致原则。协商一致是指劳动合同的内容必须由当事人双方在法律、法规允许的范围共同协商讨论，取得完全一致后确定。这条原则重点在一致，劳动合同的全部内容都必须符合当事人的意愿，能为对方当事人所接受。此原则是维护对方合法权益的基础。

● 合乎法律原则。订立劳动合同的主体必须合法，即双方当事人必须具备订立劳动合同的主体资格；订立劳动合同的内容必须合法；订立劳动合同的程序与形式必须合法，一般要经过邀约和承诺两个步骤，具体方式是先起草劳动合同书草案，然后由双方当事人平等协商，协商一致后签约。

171. 走向社会如何确立目标?

学生：没有目标，我们就什么机会都看不见；没有目标，纵然我们心中有一座无价的金矿，也会因得不到开采而荒废；没有目标，我们埋头苦干，到头来却发现追求成功的阶梯搭错了边。有了目标，我们内心的力量才能找到方向；有了目标，我们才能具有对机会的敏感性；有了目标，我们才能有富有成效的行动。那么走向社会我们应如何确立目标呢?

赵老师：俄国大文豪托尔斯泰说："要有生活目标，一辈子的目标，一段时期的目标，一个阶段的目标，一年的目标，一个月的目标，一个星期的目标，一个小时的目标，一分钟的目标。"只有在追赶和超越目标时，马才会跑得更快。

● 了解优势。确立目标就是要找到社会需求和自身优势的契合点，也就是必要性和可能性的契合点。社会需求是必要性，自身优势是可能性。社会需求是多方面的，而自身优势是有限的。所以，确立目标的重要之处，在于了解自己的优势所在。每个人都有与众不同的个人经历，不同的经验与技术积累，根据个人特长选择目标，方可事半功倍。

了解自己的优势离不开别人对你的评价，但对此不能简单地肯定和否定。要经过"去粗取精、去伪存真、由此及彼、由表及里"的分析，才能得出比较正确的结论。

了解自己的优势离不开实践，你可以按着自己制订的目标去做，在做的过程中不断发现自己的长处和短处，不断地调整自己的行为，扬长避短或扬长补短。在此基础上还可以不断调整自己的目标，使目标更加符合你的能力，更加符合社会的需求。这就是美国心理学家桑代克提出的试误法，说得通俗一点就是几条路都走走看，碰鼻子拐弯，直到成功。

了解自己的优势离不开和别人的比较，通过考试、竞赛等形式，将自己与他人进行充分的比较，从而发现自己的特长。

了解自己的优势还可以从意想不到的机遇中发现，如有的演员由于顶替角色而一鸣惊人。

● 制定目标。制定目标不要过高，过高的目标容易使人因难以实现而半途而废。不要过低，过低的目标无法充分地激发人的潜能和热情，难以获得应有的成功。不要过宽，过宽的目标易使人精力分散，到头来也会一事无成。同时追两只兔子，结果一只也抓不着。不要过窄，过窄的目标容易限制人的视野和能力，使人难以形成复合型的能力结构，难以适应变化的市场。不要过死，过死的目标也难以实现，也就是说目标定得要有弹性。如参加大奖赛的歌手，可根据自身的和对手的条件，定出上限和下限。上限是争取夺冠，下限是争取进入决赛，或者是发挥出自己的最高水平。目标类型又分三种：

理念目标：有人将自己的一切行为都锁定在一个理念目标上：一切服从工作的需要！做每一件事都争取做得更快更好，挖掘出自己最大的潜能，发挥出自己最佳的状态！"只管攀登莫问高"，以这种目标为行动指南成功的人很多，当别人问他们是如何成功时，他们的回答就是：认真做好每一件事！

量化目标：有人将自己的生涯设计、职业设计都制定出形态、数量、时间的标准。如：一年之内考上研究生；或两年之内改变自己的气质，像自己所敬佩的某个人；或三年之内掌握某种技术，在某项比赛中，获得金奖；或五年之内成为百万富翁；十年、二十年、三十年……都设计得很具体。这样会使人对机会的把握更加敏感，精力调动得更加充沛，会使事情早日完成。但这类目标比较适合短期的，如果长期目标制定得过于具体，随着情况的变化则需要不断修改，因为很多事情是难以预料的。

综合目标：在制定目标时，应全面考虑到人生的丰富性，素质的综合性。如果只想赚钱，忽视了"充电"，你就会缺乏后劲。如果只想工作出成绩，而忽略了家庭建设，也会得不偿失。如果只想着目前的工作，而忽略了产业结构的变化，对人的能力提出的新要求，也会在激烈的市场竞争中落伍。人不可能完美，但不可不追求完美。在制定目标时我们一定要统筹设计，以美好的人生为中心，在横向坐标上，将自己扮演的每一个生活角色，如：工作者、消费者、下级、上级、恋人、爱人、儿子或女儿、朋友等都制定出改善的目标；在纵向坐标上，将自己对现有的职业技能和将要开发的第二职业技能的改进目标全部写下来，你的人生会更加明白、更加安全、更加精彩！

172. 如何完成从学生到职员的角色转变?

学生:过两天我就要上班了,心里很兴奋也有些困惑,不知从学校进入社会,由学生到职员,这个人生的转折,要转变哪些观念,才能适应环境,高效地投入工作?

赵老师:从学生到职员的角色转变,主要有以下三点:

● 由激动新奇转变为踏实认真。我们刚走上工作岗位,接触的人和事都是新的,长大成人的感觉在鼓舞着你,你高兴、激动得甚至晚上睡不着觉。慢慢地我们应将激动内化为认真严谨持久的工作作风,严格遵守规则、条例,爱岗敬业,自觉地承担起自己应负的责任和义务,运用所学过的知识、技能做好工作。从一点一滴做起,从平凡的工作做起,从基础做起,逐步积累经验、取得成绩。

● 由期望过高转变为面对现实。我们在学校教育中获得了理想,对自己的前途有了较高的期望,但在现实中发现,很多情况并不像自己原先设想的那样,有些人工作完成得不顺利,人际交往不知所措,于是就产生了失望的心理。这时候我们要冷静下来,稳定情绪面对现实,寻求自身与环境、理想与现实的结合点。不断完善自身的素质,以适应现实的需要。

● 由自我需要转变为客观需要。我们刚走上工作岗位,工作观念往往是:我喜欢怎样做、我认为怎样做最好、我认为最佳的工作效果是什么,我就怎样做。工作一段时间,我们就会发现这种主观色彩浓厚的观念,在工作实际中常常行不通,我们会因此产生挫折感。不要紧,只要我们及时调整好自己的观念,把"我"换成"他人"、"工作",遇事先考虑:他人能否接受我的工作建议,他人是否适应我的工作方式,工作需要我怎样做,就会好办得多。做工作就意味着为他人为社会提供产品或服务。正如歌德所说:"你若要喜爱自己的价值,你就得给世界创造价值。"

173. 工作后还需要不断充电吗?

学生:上班后我还保持着看书的习惯,一年来都是凭兴趣,是为了满足自己的好奇心,我并没想太多别的什么目的。有朋友说应该向着精通业务的方向学，现在我从事的工作基本能胜任，还需要不断充电吗？

赵老师：恕我直言，你向我提问，我向你反问：长大成人后还需要吃饭吗？这是一个不成问题的问题。步入社会后，并不是学生时代结束了，而是进入了一个更广阔的学堂。我们在学校学的知识和工作需要相比是远远不够的，你尽管现在能应对工作，但是，随着事业的发展，随着竞争的日益激烈，你的知识就会捉襟见肘，所以，要居安思危，不断增加、更新知识储备，要做到“学习永远进行时”。我的一个朋友说：在上海，晚上10点半钟还在地铁、公交车上的人，相当一部分是刚从学习场所回来的人。一个成功的人一定是8小时之外还在孜孜不倦学习的人。如何继续学习呢？

● 要结合自己所从事的专业在实践中学习。毛泽东说：“读书是学习，使用也是学习，而且是更重要的学习。”古人云：“书到用时方恨少，事非经过不知难。”

● 要向有经验的人学习。归根到底，信息还是来源于人，人是知识的根源，每个人都是一部书。

● 要与时俱进地学习不断涌现的新知识。树立起“永远的学生时代”的观念，使自己成为学习型人才。如果不读书，我们已有知识的价值将随着时间的增长而递减。古希腊柏拉图说过：“不知道自己的无知，乃是双倍的无知。”现在我们可以说：不知道更新知识，乃是新的无知。

● 要有重点有计划地学。古希腊德谟克里特说过：“不要企图无所不知，否则你将一无所知。”

学习的意义远不止于此，学习不但有功利性，更有深远的全方位的意义，这是一个人全面成长的生存必需品，我曾写过一篇散文《读书的最高境界》，现摘要于此供你参考：

无论遇到何种境况，我都会寄情于书。宋朝尤袤有句名言：“饥读之以当肉，寒读之以当裘，孤寂而读之以当友朋，幽忧而读之以当金石琴瑟也。”其实读书的益处远不止于此。书，浓缩人类文明精华之书，是知识的宝库，智慧的源泉。是社会无声的向导，人类有益的良师。我们的生命和精神，可以在此跨越时间和空间，吸收到先哲伟人们的美德和智慧的血液，从中领悟到生命的不朽和精神的永恒，领悟到一个平凡的人也可以因此成为伟大！

然而大写的书，不仅仅只由文字组成。大自然写就的书，变化万千，天地之间写满人生丰富而深刻的哲理。社会生活组成的书，展现复杂的人性，读起来更会令人咀嚼不尽，思索无穷。所以，我读书不但读有字的书，还读无字的书。在有字句处，我设法读出无字的文章，读出作者的言外之意，领略更深层的意味，还要读出其言之不足，以自身的体验去充实和修正，绝不被动接受，机械地照搬。在无字句处，我设法读出有字的文章，在感受大自然和社会生活之时，努力从中探究本质、吸取经验、探索规律，对遇到的人和事，绝不轻易放过从中学习的机会。努力做到“世事洞明皆学问，人情练达即文章”。

然而读书的最高境界，乃是使自己成为一部令人受用不尽的书，用自己采集酿就的知识造福于人，并在社会中以自己的人生实践，写出一部优秀的书，成为驾驭生活、改善生活、创造生活的成功者。

174. 如何处理工作与个人的关系？

学生：我大学毕业后来到一所高职院校当老师，那天我的一位同学从外地来看我，我向系主任请假，他不但不批准，还批评我说为了一个同学，要耽误五十个学生的课，摆不正工作与个人的关系，我觉得有些委屈，您对此事有什么看法呢？

赵老师：咱们先从弗洛伊德的精神分析理论说起，他告诉我们：人格是由“本我”、“自我”、“超我”三部分组成：

“本我”是个人最原始、本能的冲动，如食欲、性欲、攻击欲等，它依照“快乐原则”行事，可以理解为自然人。

“自我”是个人在与环境接触中由“本我”衍生而来，它依照“现实原则”行事，并调节“本我”的冲动，采取社会所允许的方式行事，可以理解为社会人。

“超我”是道德化的自我，它依照“理想原则”行事，是人格的最高层次，也是良知与负疚感形成的基础，可以理解为理想人。

我们做人的过程也就是协调好三个“我”的关系的过程，在三个“我”中进行平衡，最后达到“从心所欲而不逾矩”的境界，达到三个“我”的天然合一。

拿你这件事来说，从“本我”的角度看无可厚非，与老同学相见自然快乐，可是从“自我”的角度来说，要按照社会需求，职业道德的原则来办事，就显得有些考虑不周了，用“超我”的标准、理想化的标准要求就更欠缺了。所以，我们经常扮演的角色是职业人，在工作和个人的事发生矛盾时，首先要想到职业对我们的要求，首先要扮演好“自我”的社会角色，然后再考虑“本我”的满足，这体现了一个人的道德水准和成熟程度，你完全可以在下班以后再去会见老同学，这样就可以公私兼顾了。

175. 怎样安心从小事做起?

学生： 脚踏实地，从小事做起，这个道理谁都懂，可我就是踏不下心来去做。我所在的企业在用大学生时，都让我们先在第一线当工人，然后看表现再安排管理岗位，竞争很激烈，我怎样才能尽快地脱颖而出呢?

赵老师： 老子早就说过："合抱之木，生于毫末；九层之台，起于累土；千里之行，始于足下。"这是事物发展的规律，是无法违背的。因为任何大事情都是由小事情组成的；小事情对大事情的影响又是巨大的。西班牙的松苏内吉曾说过："一枚铁钉可以毁了一个马蹄子，一个马蹄子可以毁了一匹马，一匹马可以断送一次战役，一次战役可以灭掉一个伟大的国家。"

● 难事必作于易，大事必作于细。你们企业看你能当好工人，然后才考虑给你安排管理和技术的岗位。对于这一点我们要有充分的心理准备，而且要认识到基层的实践经验对于我们今后的发展是一个坚实的基础。磨刀不误砍柴工，欲速则不达。唯有埋头，才能出头。将来你站得有多高，取决你现在把自己放得有多低。人们常说：不想当元帅的士兵不是好士兵，依我看：只想当元帅的士兵也不是好士兵，当不好士兵的人更当不好元帅。

所以，有能力的人首先要具有处理小事的能力，这小事情中有大学问，再简单的事情也有它自身的规律，你要违反了就做不好。再简单的事情也有更有效的方法，不动脑筋就无法提高效率。做好小事的基本要求是：迅速、准确还要愉快。

● 安心做好小事，贵在坚持下去。古今中外凡是成就大事者，都是乐于做小事的，聪明人都知道要下笨工夫。不断从那些成功人士的经历中去吸取养分，会增强我们坚持下去的勇气。

从前在美国标准石油公司里，有一个小职员名叫阿基勃特，他在外出住旅馆的时候，总是在自己签名的下方，写上"每桶四元的标准石油"字样，在书信及收据上也不例外，签了名，就一定写上那几个字。他因此被同事们叫做"每桶四元"，而他的真名倒没有人叫了。公司董事长洛克菲勒知道后，说："竟有职员如此努力宣传公司的声誉，我要见见他。"于是他邀请阿基勃特共进晚餐。后来，洛克菲勒卸任，阿基勃特成了第二任董事长。

这是一件谁都可以做到的事，可是只有阿基勃特去做了，而且坚定不移，乐此不疲。嘲笑他的人中，肯定有不少才华、能力都在他之上者，可是最后只有他成了董事长。一个人的成功，有时纯属偶然，可是谁又敢说，那不是一种必然？

当然不仅是我们职业新人，就是我们中国人现在都缺乏认真对待小事的精神。海尔总裁张瑞敏就说过："中国人做事的最大毛病就是不认真，做事不到位，每天工作欠缺一点，天长日久就会成为落后的顽症。"所以，他经常对员工讲的一句话就是："什么叫不简单？能够把简单的事情天天做好就是不简单。什么叫不容易？大家公认的非常容易的事情，非常认真地做好它，就是不容易。"所以，海尔的员工们多年以来都能坚持日清日毕，日清日高。每天的工作每天完成，每天的工作质量都提高一点。

重温几个格言，让我们共勉：

从小事做起，贵在有心，难在坚持，意在提高。

把意念沉潜得下，何理不可得；把志气奋发得起，何事不可做。

源不深而岂望流之远，根不故而何求木之长。

云厚者雨必猛，弦劲者箭必远。

溪涧岂能留得住，终归大海作波涛。

176. 如何始终保持对工作的激情？

学生： 我知道一个人有激情才能激发斗志，才能激发潜能，才能感染别人同你合作，你才能获得成功。一个无精打采的人，无人愿与他交往，注定是一事无成的人，赵老师我看您工作三十多年了，总是那么富有激情，您是怎么保持的？

赵老师： 我体会激情来自四个方面：

● 激情来自智慧。有一个故事我很喜欢，说的是许多年前，一位聪明的老国王召集了聪明的大臣，给了他们一个任务："我要你编一本《古今智慧录》，流传给子孙。"这些聪明的大臣离开国王后，工作了一段很长的时间，最后完成一本洋洋12卷的巨作。国王看了说："各位先生，我相信这是古今智慧的结晶，然而它太厚了，我怕人们读不完，把它浓缩一下吧！"这些聪明的大臣又进行了长期努力的工作，几经删减后变成一卷书。然而国王还是认为太长了，又命令他们再浓缩。结果这些聪明人把一本书浓缩为一章，然后缩为一页，再变为一段，最后则变成一句。聪明的国王看到这句话时，显得很得意，他说："各位先生：这真是古今智慧的结晶，我们全国各地的人一旦知道这个真理，大部分的问题就可以解决了，这句话就是：天下没有免费的午餐。"

也就是说要收获就要有付出，"砍的不如镟得圆，打不赢人是偷来的拳"。要想成功，不调动起全身心的能量，能学到真本领、练成真功夫吗？能在职场、情场、人生的各个领域取胜吗？

● 激情来自觉悟。有人说人活着要保护好自己的本意，觉悟就是要看见自己的心。可人是社会的人，脱离了社会，自己的本意往哪里投放呢？若只看见自己的心，看不见别人的心，怎么能在二者之间找到最佳结合点？怎么能与人和谐相处？所以觉悟就是要认清你内心深处最想要的和社会对你最需要的是什么，找到自己与社会的切入点、结合点。要对自己应该做什么样的人，走什么样的路有清醒的选择。一个人觉悟的早晚，决定着我们一生的成败。有的人庸庸碌碌地度过一生，就是一生都不曾觉悟。

宏观上认清了奋斗的方向，微观上还应随时随地问自己：我今天要的什么？是可要可不要，还是一定要？如果一定要，我们就应全力以赴。要什么就抓紧什么，抓而不紧等于不抓。觉悟若落实不到行动中，是无法说明你真正觉悟了。

● 激情来自爱心。爱心是我们一切动力和幸福的源泉。爱心是最伟大的武器，没有人能抵抗其威力。爱自己才会改善自己；爱他人才会得到他人的支持与关爱，才会使自己的生存环境得以优化；爱事业才会为事业无怨无悔地去奉献，才会有事业的辉煌与灿烂；爱家庭才会使家庭充满爱的温馨与浪漫。人生在世几十年，要做的事很多，但最重要的就是"爱"。爱可以激发人的潜能，使人释放出巨大的能量。强烈的爱可以使人的能力发挥到极致，甚至是超常的能量，在危急时刻可以使人献出一切。

无数英雄在祖国和人民需要的时候，献出了自己宝贵的生命，就是源于对祖国对人民强烈的爱。还有一位母亲，在三岁的孩子从楼梯上坠落的瞬间，穿着高跟鞋竟以神奇的速度，冲下楼去接住了孩子。后来她重新跑了几次，无论如何也达不到那个速度了。

还有这样一个寓言：有三位老人分别叫"财富"、"成功"和"爱"。一个人想请他们三位到家里做客，但老人们告诉他，只能选其中一位。这个人和家人商量后，决定把"爱"请回家，结果"爱"起身向屋里走去，"财富"和"成功"也紧随其后地跟了进来。此人惊讶地问：这是为什么？那两位老人说："我们一直都是跟着'爱'走，哪里有爱，哪里就会有财富与成功！"

● 激情来自欲望。人的欲望是先天遗传和后天强化的结果。一个生命一诞生就携带了求生的基因，一个精子能够在无数的精子中脱颖而出与卵子结合，就体现了它是优胜者。因此，求生和求胜的本能是人与生俱来的，而求生和求胜的本能则使人产生了一种欲望，表现为求生存谋发展的激情。

这种激情在现实生活中，一次次受到了成功的鼓励和失败的刺激。一件事做成功了，我们会产生由衷的快感，这种快感会引诱着我们去争取更大的成功。一件事搞失败了，这种心理未能得到满足的遗憾，会激发我们再次努力，去转败为胜。赢了还想赢，输了更要赢，形成了善性循环，我们就这样自强不息、奋斗不止、一步一步地走在人生的大路上。

当我们静下来的时候，应经常回忆成功的美妙，回忆自己成功的图景、成功的喜悦、成功的经验。这种充实、美好的感觉，会大大强化我们的激情。无数个成功，积累起激情的大厦。成功越多，激情越旺；激情越旺，就越容易成功。让激情燃烧在生活的每一天！让燃烧的激情引导我们走向成功与幸福！

177. 如何成为有独到见解的人？

学生：有一家面馆做的面条非常有特色，深受顾客欢迎，别人怎么做也做不出人家那味儿，因为人家有与众不同的一锅汤。有人说有独到见解的人就像有了这与众不同的一锅汤，我非常佩服有独到见解的人，可是怎样才能做到呢？

赵老师：是的，我们也应有自己的一锅汤——见识，就是将学问和实际结合后，转化为自己独特的见解。见识胜过知识，引领学问与才能的运用方向。清代诗人袁枚讲："学如弓弩，才如箭镞，识以领之，方能中鹄"。

● 见识包括如下几个方面：

能保持正确的自我意识。自我意识是人格的核心，是衡量人格成熟与否的标准。正确的自我意识就是有自知之明，既不妄自尊大，也不妄自菲薄。

在政治领域有见识。能够看清并顺应国际国内政治潮流的发展方向，最起码应对当今的国际国内政治形势有比较清楚的了解。

在业务领域有见识。能够看准本专业学科前进的方向，看准具有关键意义的科研点，看准科技前沿。

在生活领域有见识。能够对恋爱、婚姻、家庭有理智成熟的认识，对社会生活有客观全面的判断。

对自己面临的任务有见识。无论在哪个领域，都要认清自己在所处环境中的位置，这是我们做出一切行为决策的出发点。每天都能明确自己面临的形势、任务、策略。是什么？干什么？怎么干？无论是国家领导人，还是乞丐，每天每个人面对每件事都要对上述三个问题做出回答，拿出自己的见识。有时有充足的时间让你思考，有时需在瞬间做出反应，完成对这三个问题的判断。

● 怎么样才能有见识呢？

要掌握科学的认识论：唯物论和辩证法；

要学习、训练创造性的思维方式；

要通过各种渠道和媒体不断获取信息；

要对信息进行分析综合，提炼升华，去粗取精，去伪存真；

要善于学习他人的经验，总结自己的行为；

要将自己的见解在实践中进行检验，不断丰富，不断完善。

在提炼见识的过程中，要运用好五种智力：观察力是侦察器，注意力是定向器，记忆力是储存器，想象力是认识飞跃的促动器，判断力是认识活动的统帅，这才会不断产生和优化自己的见识，逐渐形成自己独到的见解。

178. 如何对待工作中的压力？

学生：我刚参加工作的头三个月，感觉还可以，随着工作的深入，上司交给我的工作越来越多，经常需要加班，我真感觉有些吃不消，年纪轻轻，血压就经常偏高了，怎样才能减轻工作中的压力呢？

赵老师：在工作中，我们有时之所以心理负担过重，往往不是任务太重，而是不善于将大目标分解成小目标。

我给你讲一个真实的故事：1984 年在东京国际马拉松邀请赛中，名不见经传的日本选手山田本一，出人意料地夺得了世界冠军。有人问他夺冠的原因，他答："凭智慧战胜对手。"两年以后，在意大利国际马拉松邀请赛中，他又得了冠军，又有人问他相同的问题，他仍旧答道："凭智慧战胜对手。"这个智慧究竟是什么？十年后他在自传中写道：每次比赛前，我都要乘车把比赛的线路仔细地看一遍，把沿途醒目的标志画下来。比如第一个标志是银行，第二个标志是大树，第三个标志是红房子……一直画到赛程的终点。比赛开始后，我就奋力向第一个目标冲去。等到达第一个目标后，我又以同样的速度向第二个目标冲去。四十几公里的赛程，就被我分解成这么几个小目标，轻松地跑完了。起初我并不懂这个道理，我把自己的目标定在四十几公里以外的终点，结果我跑到十几公里时就疲惫不堪了，我被前面那段遥远的路程给吓倒了。

还有一个寓言故事也是说的这个道理：有人对新组装好的小闹钟说："你可以开始工作了，一年要走3100多万步！"小闹钟吃惊地说："要我做这么多的事情，我可做不到！"另一个人对他说："你别听他胡说八道，你只需一秒钟走一步就可以了！"小闹钟说："呵，原来这么简单！"于是轻轻松松地开始了工作，圆圆满满地完成了任务。

我们要善于分解繁重的工作任务，如你是管理者，要注意层层分解，将任务分配下去，如是普通职员应对自己承担的任务进行分解，按照轻重缓急列出要干的工作，这就可以做到举重若轻了。然后再举轻若重，全力以赴做好今天的事、手头的事，你就会发现：工作原来就是这么简单、这么轻松！同时，工作越投入心里越踏实，工作越扎实心里越轻松。

179. 事业上最重要的推动力是什么?

鲍老师曾经是行政01级1班的班主任，她带的这个班已经毕业两年了。今天是双休日，有几位走上工作岗位的学生来家拜访。学生坐下来后，鲍老师给同学们倒一杯茶。然后开始关心他们的工作情况。

鲍老师：同学们工作怎么样？

大家异口同声回答：还行。

鲍老师：你们的顶头上司对你们怎么样？

学生A说：我的工作性质不错，但我的顶头上司能力不行……

学生B说：我的领导有能力，但人品差劲。

学生C说：领导不怎么关注我。

学生D说：我根本不在乎领导怎样，把自己的活干好了就行。

鲍老师笑道：看来大家都没有把领导关系处理好啊，这可是个大问题！

同学们纷纷说：我们没有能力啊！

鲍老师：你们不是不能处好，而是不想处好！

同学们大呼：冤枉啊！

鲍老师："不能"是能力的问题，"不想"是观念问题。你们的态度告诉我：你们还没有充分认识到领导在你们事业上的重要作用。因此，才会有你们的这些“但是”。但凡成功之人，大多是能够清醒地认识到领导对自己作用，并努力增进与领导关系的人。不信，你们留心周围：有成就的人在描述自己勤奋刻苦、顽强拼搏的过程后，多半会加上几句：自己人缘好，与同事关系融洽，尤其是领导重视，经常得到指点和帮助才有今天等等。各位同学：这可不是成功者的客套话，而是一种事实。人们都期望有个好的工作环境，领导是工作环境七要素（领导、更上一级领导、组织、同事、下级、工作条件、提高条件）中居于轴心地位。如果你们能够紧紧依靠领导，他对你们事业发展的推动力是多方面的：

● 领导是工作中的政治导航。领导是把握全局的人，他们能站在更高处指导你们的工作，使你们不会犯大局错误。另外，凡是担任领导职务的人，也一定有他们的高人之处。你们尚年轻幼稚，不谙世事。千万不要时不时拿自己的那点学历、外语水平、计算机技能来和领导比能力高低。领导的处世经验、阅人之术足以让你们刮目。

● 领导是专业技术导师。任何单位的技术岗位的领导，一定是这个领域的专家。与他们接近，就是靠近成功。紧紧依靠这样的领导，你们的进步会一日千里！

● 领导能给你们提供施展才华和提拔的机会。领导是组织的决策者，其中用人是领导的核心职能之一。你们都希望得到更多的施展才华、建功立业的机会，当然，这首先要靠你们自己的素质、能力，但上级对你们的评价、关心和推动更为重要。在推荐骨干人才和培养干部时，领导起到的是伯乐的作用。假如你们和领导关系平平，甚至疏远，就只有剩下发出“英雄无用武之地”、“老牛掉到井里，有劲使不出”的感叹的份儿了。

● 领导能给你们提供更好的工作条件。即使一时你们还没有被提拔，如果能让领导认可你们的人品和能力，也起码会得到更多的学习、工作锻炼机会，为你们提供更好的学习和工作环境。这样，你们的成长速度一定会超过同龄工作的人。

● 领导能在一定程度上帮助你们建立工作性质上的良好人际关系。在工作中，领导总要对那些有同志威信的人刮目相看。因此，不论是谁，都不能忽略人际关系问题。如果你们个人在人际关系方面的主观努力，因为各种因素的干扰难以达到一个满意的状况的话，那么，领导的支持、理解、保护和制衡显得非常重要，领导会有意识地树立你们的威信，排除负面因素的干扰，为你们的价值的有效发挥建场造势。

同学们：哦！经过您的分析，我们明白了领导对我们原来如此重要！我们还真的要很好地用心去挖掘这个事业上最重要的推动力！

鲍老师：有了正确的观念，我相信你们就知道在哪些方面努力了！

180. 如何了解你的上级？

同学们听了鲍老师关于领导重要性的一番见解后，纷纷表示赞同。然后，大家不约而同地提出了一个问题：如何才能和领导处好关系啊？

鲍老师：与领导处好关系的第一步是要了解你的上级，也就是你的直接领导者。因为只有了解了，才能知道如何相处更好。

● 要了解你的上级属于哪一种人：

从外观形象判断：

现代派的形象风范——西装革履、气宇轩昂、谈吐优雅、现代新潮。

传统型的形象——衣着简朴、沉着稳健、平易近人、思想正统。

太土气，精神风貌与时代不合拍，与身份不符。

太西化，举手投足"洋泾浜"，可望而不可即。

太傻气，让人无法信赖，避而远之。

太随便，缺乏威严，让人敬畏不起来。

这个左右你的前途，影响你的命运，制约你的行为的人，不论是上面哪种情况，都是你必须接受的事实。柯云路说：任何一个人，都比我们平常了解得更复杂。历史学家认为，认识一个人的最有效的办法莫过于探知他的过去：出身、文化、专业、学校、工作过的部门、才干、工作业绩、与同级关系、上级重视程度、晋升的社会背景、在下属心目中的威望、对下属的态度、最欣赏什么样的下属：是否关心人的成长？用人方面的特点：是否敬业，责任心强否？有无魄力？生活作风严谨、清廉吗？

同学：要知道这么多！怎样了解啊？

鲍老师：一是通过单位热心人介绍，二是通过其他组织外的知情人介绍。有一点必须注意：不可以主动打听领导的情况。只要留心，这些情况并不难知道。强调：了解这些是必要的，孙子曰："知己知彼，百战不殆"。

● 要了解你的上级怎样工作。了解上级的工作习惯，不去指责领导的习惯，即使有些习惯看起来似乎违背常规、常理、常情、常态，但未对他人造成侵害，对社会构成干扰，不需要指责。要知道习惯是很难改变的。如果上级的习惯与你大相径庭，要主动调整自己，尽快适应，不可能让领导去适应你。

● 要了解你的领导是怎样行使权力的。判断上级的领导方式：是集权型的还是民主型的？如果是前者，你要勤汇报、多请示；如果是后者，你要有领会领导的意图，创造性地去工作的能力。

● 要了解你的上级怎样对待下属。如果遇到了善待型的领导，那是你们的幸运；如果是苛求型的领导，你们难以忍受又无法摆脱，就改变一下自己努力去适应他。其实，在这样的领导手下工作，更能够锻炼人。

调整自己的态度：领导的心不坏，不产生反感心理。

分析他的出发点：是为了你把工作做好，心里就平和了。

观察他的个性：是否偏激、好胜、神经质，其实他也很累，多点怜悯而气消。

以平静安详的表情面对他的浮躁，以友善关爱的态度主动帮助他做事，他会因受感染而逐渐放松，安静下来。

尽量把工作做得圆满周到，无懈可击，并虚心请教。他会因自尊的满足而缓和自己的态度。

展示你的才华，使之心底里佩服你。

● 要了解你的上级有哪些爱好特长。如果遇到品位高雅的领导，与你投机，可结为知音，请教切磋中增进友谊，反之应避而远之。

● 要了解你上级的个性什么样。领导的个性也有好劣之分，成功人的共同点：坚定的信念，成功的自信，顽强的意志。如果你面对的是良好个性品质的上级，以他为楷模锻造自己的个性，如果面对的是恶劣个性品质的上级，引以为戒，视其为反面教员，对照调整自我，变消极因素为积极因素。

● 要了解上级的朋友是谁。古人云："一流之人，能识一流之善。"如果你的上级结交的都是高素质的朋友，那么这位领导本人的品位肯定不低，对下属来说就是值得信赖的人，是可以超出上下级关系与之建立友谊的人，可以视为可靠的良师益友，反之要小心对待。

● 要了解上级对你有哪些期待。了解上级对自己的期待非常重要，有人会明确告诉你，有人含蓄："好好干，会有前途的。"只要对你有期待，往往会为你创造相应的机会和条件，帮助、推动你成长、进步。这里关键在于你怎样认识自己、把握自己，不辜负上级的期望，好自为之，使自己尽快成长。

好啦，我要告诉你们的就这些，希望对你们有启发。

同学们：哎呀，老师，您给我们留了这么大个作业题，够我们做一辈子啊！

鲍老师：说得对。因为你们一辈子也离不开领导，即使你们已经当了领导，也有人领导你们。因此，只要工作，这个作业就没有结束。

同学们连连点头称是。

181. 上级喜欢什么样的下属?

鲍老师看到同学们如此有悟性，很高兴。她给大家的茶杯里添了水，连连地说：到底是工作了，对问题的理解深刻多了。经老师这样一说，得到表扬的学生们，索性就“打破沙锅问到底”。

学生A：老师，听了您关于了解领导与我们事业关系的见解，我感到很受启发。我特别想知道，领导喜欢什么样的下属？我们好朝着这个方向努力。

鲍老师：你这个问题很好！作为青年人，要想让领导重用，首先必须让领导喜欢。一般说来，有头脑有见地，善于识人用人的领导，大都喜欢如下几种类型的下属：

● 为人忠厚，勤奋好学，踏实肯干，任劳任怨。给人以可靠、实在的形象，从不挑三拣四，能忍让，不多事，即使才智平庸些，功绩不显著，也会受到上级的信赖。

● 才华横溢，成就卓著，谦虚谨慎，稳健持重。智商与性情双向协调发展是难得的人才，领导喜欢，是有力的左膀右臂。这样的人很少，可遇不可求。

● 学有专长，积极热情，办事周全，为人随和。他们才智虽然不是很高，一般性的工作也能较好地承担下来。人缘好，能够团结同事一道工作。善解人意，领导往往把这类下属安排在身边做辅助。

● 不善言辞，默默贡献，不求名利，安分守己。老实的有些木讷，没有特殊专长，没有更高的欲望，能够承受简单、枯燥的工作。虽然没有轰轰烈烈，但是不可或缺的人选。

● 为人正派，办事公道，责任心强。坚持原则。具有透明的性格，办事不谋私利，不掺沙子。固执，不通融，但上下级都信任。具备此素质，往往承担要害部门的工作。

● 才干超群，贡献不菲，个性较强，善识大体。才华高的人，脾气古怪，但毕竟有文化、有教养的人，故能识大体，配合领导工作，也是被列入2%骨干行列之内。

● 知识渊博，见多识广，善于思考，理念超前。是领导的智囊人才，能够帮助领导完善领导的决策思路，即使不那么顺从，有时还唱对台戏，但也颇受领导重视。

● 聪明活泼，乐观开朗，不拘小节，不误大事。这种人爱开玩笑，关系融洽，虽胸无大志，无特殊才干，言谈随意，不注意小节，但不越雷池一步，较能把握限度，恰到得体地与人相处，不给领导找麻烦。

人数过百，形形色色，好人也是千姿百态，各有风采，大多数领导能从大处着眼看待，评价下属。你是属于哪个类型的？如果领导不喜欢你，对照上述找找原因，找出与自己特质相近的一条，进行自我形象改造，好自为之，终会得到好的回报。

学生 A：我已经有了答案了，谢谢您！

182. 上级讨厌什么样的下属？

听完老师对同学 A 的回答，学生 B 忍不住向鲍老师提出了自己的担心：隐约感到领导好像不喜欢自己，但又不知道自己错在哪里，是不是自己哪些地方让领导讨厌了？

鲍老师：哦？这的确是个值得你们关注的问题。任何人都有自己特定的讨厌的人或物，当我们与他们接触时，不由自主地产生感官和心理上的不舒服，甚至不见其面只闻其名，就会重现这种厌恶感。如果谁让领导产生了这个感觉，可以断言：他在这个单位的前途就已经画上句号啦！

学生 B：您能告诉我们领导都讨厌什么样的下属吗？

鲍老师：从一般的价值标准和正常人的心理反应看，令大多数领导反感的下属有如下几种类型：

● 自命不凡，傲气十足，言行狂妄，目中无人。自我感觉与实际情况误差比较大，因某方面条件比较优越，工作上也过得去，就加以无限放大膨胀，莫名其妙的优越感，但还不到自吹自擂的程度。瞧不起包括领导在内的所有人，常常以自己敢于抗上为荣。

● 好高骛远，不切实际，眼高手低，一事无成。沉溺于空中楼阁般的幻想。大事做不来，小事又不做，大好时光白白从身边溜过。

● 怀才不遇，怨天尤人，缺乏自知，迁怒客观。这种人小有才气，但无雄才大略，却自我评价过高，把不成功归于客观环境。比如有人就把自己不成功归咎于领导不器重，归咎于生不逢时。竟然有人说：如果在战争年代，我也是英雄，我也会成为毛泽东式的人物。终日牢骚，看谁都不顺眼，不合作，让人不愉快，孤立无援。

● 争风吃醋，争名夺利，自我中心，旁若无人。这种人想当然把自己看做是重要人物，认为自己什么好处都应当抢先得到。自我表现欲强，事事逞能，与人相处总要占上风。看到别人成功总是愤愤不平，用心理不平衡折磨自己，嫉妒别人。热衷于名利场上的形势动态，却忽略了自己该做什么。

● 自甘平庸，懒惰消极，饱食终日，浑浑噩噩。这种人没有明确的生活目的，似倒退到低等生物仅仅以本能生存的状态。过一天算一天。对外部沸腾的生活反应迟钝，理解不了他人的生活追求和理想抱负。往往因其懒散给工作造成不应有的损失。

● 传播流言，搬弄是非，心怀叵测，挑拨离间。这种人不知道自己该干什么，找不着自己应有的位置，却非常热衷于关心他人的是是非非。唯恐天下不乱，到处胡搅，擅长恶意中伤，以煽阴风点鬼火为乐。

● 阳奉阴违，虚伪狡诈，欺下瞒上，两面作风。这种人心术不正，还自以为聪明。虽然最初与之接触感觉还过得去，甚至由于伪装给人印象还不错，但时间一长就会露出马脚。由于缺乏诚意，他们没有真正的朋友。虽然工于心计，却由于不得人心，结果是机关算尽太聪明，落得众叛亲离的下场。

● 朝三暮四，见异思迁，却什么都浅尝辄止。无论做什么事情，开始热情高涨，很快就生厌倦之心，结果是虎头蛇尾，半途而废。甚至到了成年，仍然表现出这种不稳定，不成熟性，一生中难有建树。

● 缺乏主见，人云亦云，左右摇摆，立场不稳。他们是风派人物，没有做人的一家之见，没有自己确定的理论标准。从众心理强，盲目糊涂，经不起别人蛊惑，常被人驱使。虽然受控后也悔恨不迭，但很少吸取教训。

● 窝囊低能，自艾自怜，寻求同情，等待施舍。这种人属于自私型的弱智者，什么也干不了。对社会没有什么贡献，却希望得到关照和重视，达不到目的，就以受害者自居，做出一副可怜相。常常不自量地攀比强者的待遇，却从来想不起去比比强者的成就。到处去抱怨自己的所谓不幸，对嗟来之食受之泰然。

学生B：老师，您列举的这些现象，也是我所讨厌的。所以，我认为自己不属于让领导讨厌的人。不过，听了您的分析，我很受益，争取在各个方面完善自己，永远不进入让领导讨厌的行列。

183. 哪些是容易被上级忽略的下属?

一直坐在边上沉默不语的小C，此时忍不住向前靠了靠椅子，把憋在自己心里的问题提了出来。

学生C：老师，我在单位里一直小心谨慎，工作上也不敢有丝毫的马虎。可是，我发现领导却不怎么关注我，反而对其他与我同时进入单位的人比较亲近，我觉得很失落。不知道问题出在哪里，我担心这样下去会影响我的发展。

鲍老师：是啊，你的这个担心还是有必要的。领导不关注你，对你的指导就少，你进步的就慢。同样，因为没有引起领导的注意，机会可能就轮不到你，你发展的也就慢，没准一步赶不上，步步都错过呢！

学生C：就是啊！您能给我一些指点吗？

鲍老师：好吧，现在就让我告你，哪些人是容易被上级忽略的下属，找一找，里面有没有你的影子：

● 言语不多，不爱交往，默默工作，成绩平平。他们安分守己，平淡地生活着。不求有功，但求无过。性情孤僻，不大与人交流思想，无人知道他们的内心世界。凡事不求人，也不管别人的事，过着淡泊清静、自我封闭的日子，人们似乎感觉不到他的存在。

● 不比不攀，安于现状，但求温饱，安贫乐道。他们小有才华，却缺乏远大的志向，回避竞争，听天由命。性情安详，为人随和，不发议论，遇事忍让。从众心理弱，对加入党派社团等不感兴趣，有着自己做人的独到的一定之规。除非不得已，很少与领导接触，不给人找麻烦。

● 知识匮乏，能力低下，反应迟钝，言语木讷。这种人只能从事极为简单，不太重要的重复性和辅助性的工作。服从指令，工作上也踏实肯干，认真负责，任劳任怨，但效率低下。办事刻板、僵化，不善变通。

● 工作一般，兴趣广泛，多方兼顾，用心不专。他们把工作作为一种谋生的手段，谈不上热爱，但也能过得去。业余时间沉溺于其他爱好中，并投入极大的精力，似乎自己的人生追求就在于此。由于兴奋点的转移，不太在乎领导对自己的态度，也不太在意单位竞争等。

● 能力平平，却不服输，爱发牢骚，不误工作。这种人能力不强，因而得不到领导的重视，心里不舒坦，总有怨气。但本质不错，仍旧努力工作，只是效果不尽如人意。

● 能力较强，工作投入，性情古怪，人缘紧张。这种人有才干，有事业心，工作积极主动，但个性突兀，为人爱计较，固执偏激，群众关系不好。也有从政的愿望，但由于自我克制力弱，情绪化行为强，从事与物打交道的工作更为适宜。

● 行为懒散，工作粗心，大大咧咧，看法落后。这种人干什么都漫不经心，粗心大意，工作成果不理想，并非能力不强，而是责任心不到位。能够接受批评，但很少悔悟，也不记恨管束自己的人。人们评价是个好人，却有他不多，没他不少。

根据我对你个性的了解，你是具有前两项中的某种特性，你过于谨慎，给人感觉没有激情、魄力，慢慢地就把你归到默默无闻的行列里去了。他们哪里知道，我们班的小C可是一个有着雄心壮志的好男儿啊！

全体同学：哈哈哈哈！

同学C：老师指点得非常到位，我的确是有些拘谨。我认为年轻人不宜太张扬，特别是到了一个新单位，自己什么都不是，更要悄悄地、低调做人。所以，什么活动都是等领导指派，自己从来不主动提出。

鲍老师：你只说对了一半。这种态度是对的，但在行为方式上，还是要保持青年人的热度与激情。比如，该是年轻做的事，就主动提出承担，让人知道你愿意多付出。如果你总是故作沉稳，遇事往后靠，或者专门等领导指派，人们不是把你放到无闻者的行列，就是把你看做少年老成，反倒不合群了。

同学C连连点头称是。

184. 你的期望值适度吗？

鲍老师作为教书育人示范岗的老师，她的邮箱是对全校同学敞开的。每天都会收到来自同学的各种问题。其中，相当一部分是走上工作岗位以后的学生，对自己工作进步缓慢感到苦恼。认为自己如此努力，仍然没有达到毕业之初的业绩设想，因此而迷惘、不安，甚至对未来丧失了信心。还有少部分的同学，对已经取得的成绩沾沾自喜，大有不思进取之态。鲍老师认为这些现象的背后是他们对自我期望值的“度”把握不准。为此鲍老师在回复中写下了如下的观点：

亲爱的同学：

你是否知道“灰姑娘”的故事？仙女帮助可怜的灰姑娘摆脱了后母的虐

待，得到了那位英俊潇洒的王子的爱情。但你可曾想过，美丽的灰姑娘和王子果真会像童话故事里所说的，“从此快快乐乐地生活在一起”了吗？也许，他们的结合并非天赐良缘。

仙女把灰姑娘从衣衫褴褛变得雍容华贵，为她赢得了年轻王子的爱慕，这样一来，仙女就把灰姑娘提升到了超出她的社交能力所能承受的限度，王子很快就对灰姑娘的农家习气感到厌烦。人们越是批评灰姑娘不懂宫廷礼仪，王子就会越讨厌她，他们的婚姻注定是个悲剧。仙女愚弄了灰姑娘，她使灰姑娘一夜之间达到了与她能力不相称的位置。如果她同一个勤劳善良的平民子弟结婚，那么也许会过得很幸福，因为他们是在同一个层次上。

这个推理下来的故事结局给我们的启示是：根据自己的实际情况给自己的人生目标定位，才会有一个踏实无悔的人生。许多成功与失败的例子告诉我们：自我期望值“适度”是使我们保持工作激情，不失心理平衡的关键因素。期望值过高的人，受挫的几率就高；期望值过低的人，很难有成就。在审视自己期望值时，你要注意克服以下一些偏差：

● 因为在学生时代曾经有过的辉煌，容易“自我感觉良好”。一定程度的自我感觉良好，是一种自信，是直面生活和挑战未来的必备心理素质。如果感觉良好的程度大大超过自己可以承受的限度，不幸就会接踵而来：以为毕业以后可以干一番惊天动地的大事业，但最后也就是小打小闹一场；以为到单位马上可以得到重用，结果两年过去了，却没有丝毫提拔的迹象；原计划这辈子可以当个局长，结果临退休才熬个副处级。记住：客观评价自我，你的实力不会因为你的感觉而增强。超出自己实力确立期望值，只能破坏你平静美好的心态。

● 急于求成的心态，也会出现期望值过高问题。记住：饭要一口一口地吃，人要一点一点地成长，机会要在不断努力中得到。急于求成，灰姑娘的悲剧就会在你的身上重演。

● 因为自己所处的地域好，家庭经济条件好，没有生存压力，往往使人不思进取，有个工作岗位做就可以了。对自己没有任何期望值，缺乏工作激情和努力奋斗精神。记住：所有别人创造的物质财富，都是他人成功的标志。给自己一个期望指标，建立在自我奋斗基础上的物质生活和精神享受，才是最有味道的。

● 不自信，看不到自己的长处、优势，对自己期望值过低，有点成绩就满足，埋没了自己的才华和能力。

亲爱的同学，你一定会问：怎样使自己的期望值适度呢？老师告诉你一个标准：如果你定的目标既可望又可即，说明你的期望值适度。

最后，老师给你一个忠告：你就是你，你尽力了，奋斗了，自会升华到你应有的高度。

185. 你经常自我反思吗?

小刚出生在偏远的山区，从小养成了艰苦奋斗、不甘落后的个性。在大学期间，一直是学生干部，老师很看好他的前途。毕业三年后，他给老师打来电话，主题竟然是问：我能成功吗？下面就是这个电话的谈话记录：

学生：老师，您知道，为了实现自己人生的理想，在大四的时候，我就休学创业，参加了某国际品牌的直销公司做直销员，当时我满腔热情，甚至开了自己的公司，但却没有达到理想的业绩，公司注销。大学毕业后，我又被上海某基因直销公司聘为代销经理，开局很好，我重新注册了公司，办公室设在上海的核心地段，竟然有一位留学美国归来的博士在本公司工作。但是，好景不长，现在我的公司又关闭了。最近，有一家名彻海内外的培训公司招收业务经理，我已经应聘。想听一听您的意见：这次我能成功吗?

鲍老师：你选择这个公司的依据是什么？

学生：公司好，总经理很看好我，表示要栽培我。

鲍老师：如果老师没有记错的话，你的前两个公司比这个还有知名度和信誉度，老总也是这样对你表示“要栽培”，是吗？

学生：是的。

鲍老师：我看你这次只能是重复前两次的结局。

学生：啊？为什么？

鲍老师：因为你在重复同样的错误：没有在失败之后认真反思自己的问题。

学生：您说得太对了。托尔斯泰说：最大的幸福，是在一年结束之际，感到自己比年初时更好了一点。我毕业三年了，还在原点上转，原因就是没有经常反思自己。

鲍老师：反思是对自身思想、行为后果的一种重新思考，一种纵向与自己的过去、横向与周围人的对照、比较、分析过程，从中找出可继续弘扬的成绩，应引以为戒的教训，必须补充的不足和校正缺憾，以及向他人学习优点等。孟子曰：“心之官则思，思则得之，不思则不得也。”思包含了反思。反思中多了解一些别人的“视点”，他人对自己的评价，是自我评价的一面镜子。他人的提醒，可以完善自己的反思。你今天给我这个电话，就是想听听我的提醒是吗？

学生：正是！

鲍老师：那老师就直言啦！

首先谈谈我对你的看法：

● 考查项目缺乏理性思考。没有经济消费能力和丰富的人脉，做直销很难成功。

● 缺乏实际工作经历和基本管理经验，直接进入管理层，没有管理后劲。

● 急于求成，欲速不达。

其次给你两个建议：

● 到一个正规的公司，做一份基础管理工作。先别当培训公司经理，自己寻找相关的培训项目参加学习、充电，获取更有价值的信息。

● 养成写日记的好习惯。善写日记之人大都有较为客观的自我意识与自我调适能力。日记是对自己一天生活、工作、思想行为的感悟、反思和总结，从中进行理性的归纳与提炼，以期更好的指导今后的人生。比如读过《曾国藩日记》的人，都会深切地感受到这是一部深刻的自我反省，自我灵魂净化的难得的巨著。联系他的《曾国藩家书》来看，就会进一步认识到他的成就与威望，很大程度上取决于他的“修身不倦”。

最后给你一个忠告：聪明人不犯同样错误的唯一途径是反思、反思、再反思！

学生：我会慎重考虑您给我的建议。我今天最大的收获是：要想成功，需要不断地总结、反思自己。正确的发扬，不正确的修正。谢谢老师的指导！

186. 怎样向领导请示、汇报工作?

鲍老师打开邮箱，看到这样一个信息：章晗毕业被分配到一个乡镇做办公室干事，她的文笔好，工作扎扎实实，颇得领导的信任和喜欢。不久，提升为办公室副主任，这样工作面广了，和领导接触的机会多了，需要向领导请示、汇报的事情也就多了。往领导那里去的多了，风言风语也就多了，说她“溜须拍马”。如果不去与领导沟通，又怕耽误工作，领导也不满意。她拿不准是否需要多向领导请示、汇报工作。如果回答是肯定的，如何才能更好地做好请示、汇报工作？鲍老师的回答是：

章晗：

你好！作为下级人员，及时、准确地向上级请示、汇报，沟通情况，是必不可少的常规工作，不必在意周围人的消极言论。大凡领导者，往往都很重视上下级之间的沟通。对于积极向上级请示、汇报工作的下级，总是给予支持和鼓励的。如何有效地请示、汇报，是你该认真考虑的。同样的问题，请示、汇报的语言技巧、方式方法、时机场合不同，就会收到不同的效果。所以说，勤于请示、汇报，还要善于请示、汇报。那么，怎样做才会达到理想的效果呢？

● 善于选择内容。哪些是主要让领导了解的，了解到什么程度？哪些是领导最感兴趣的，应当就此如何谈自己的看法，才能与领导产生共识？哪些是领导反感的，但又不能不说，汇报时怎样措辞才合适？哪些问题领导会发表自己的意见，届时你只需倾听？哪些问题需要你先谈看法？都要有所准备。

● 分清轻重缓急。有些情况要及时反映，不得延误，否则就会出问题。有些情况可以缓一缓，观察其发展动向后再做是否向领导汇报的决定。

● 反映问题要真实、准确，经得起推敲、验证。尽量不要添加自己的主观臆想，以免干扰领导的视线。

● 注重语言表达艺术。开头语定位很重要，如果是陈述某种事实，说明某种情况，叫“汇报”；如果是请领导出主意，想办法，给政策，叫“请示”。语言表述是：“经理，打扰了，有个问题向您请示”、“局长，打扰了，有个情况向您汇报一下”。在请示、汇报时，思路要清晰，脉络要连贯，重点要突出，措辞要严谨、规范、确切，表述要流畅、简洁。语气语态要适宜。

● 善于分清不同问题的交流场合。哪些是适合在会上对领导和同事公开讲的，哪些是应当向不同的领导分别请示、汇报的。这一点把握不好，往往会造成一些无谓的矛盾、冲突。所以要认真权衡人与人、人与事、事与事之间的关系，进行合理的信息分流。

● 理清与问题相关的权限职责。权限以内的问题自己解决，绝不能矛盾上交。解决不了，说明你的无能和失职，如果给上级造成这样的印象，你的前途命运就可想而知了。

● 善于把握适当的时机。单独向领导请示、汇报工作，一是在他不忙时，二是在他情绪比较平稳时，三是不要占用他过多的时间。

在此还必须指出的是：这里说的汇报与请示，和“打小报告”、“搬弄是非”有本质的区别。这种恶劣的行为是为正直的人所厌恶和不齿的。在此，我祝你与上级的关系始终沿着健康的轨道发展。

187. 受到上级表扬之后如何表现?

学生：老师，我大学毕业后考上了公务员，在某个区政府做办公室干事。不到一年，被列为重点培养对象。区党委书记有一次在大会上还表扬了我。结果，从此以后，我发现周围有的人对我的态度有了一些微妙的变化。我不知道该怎么做才好。

鲍老师：当得表扬后，与周围其他人显出明显的差距时，就会引起一定的反响和震动。人们会以不同的态度来对待你，用不同的价值标准来评价你，需要你重新调整状态，还要保持荣誉。给你如下建议：

认真分析你周围人的态度，一般有四种的情况：

大多数人能正确评价你。

少数素质不高的人会产生嫉妒、不满的心理。会行挖苦之举，乃至恶意中伤。

有一种人，工作干得不错，但与你还有一定差距，可自我感觉良好，心理不平衡，认为上级偏心，他会与你疏远。

领导更关注你，希望你再起表率作用。

在明白了上述形势后，自己要有正确的态度和应对的办法。以下几个方面供你参考：

● 要保持头脑清醒。不要因此而气恼，用别人的错误惩罚自己。领导支持你，你的成绩是真真切切的，大多数人是支持正道的。你没对不起谁，只是在尽自己的本职工作，心情就开朗起来了。

● 要坚定一个信念。按照既定的人生轨道走下去，让别人说去吧。我就是我，我的人生就要这样有深刻的印记。在这种心态下，那些无聊小人的做法只会让你觉得愚蠢可笑，不屑屈尊与之计较。你的置之不理，泰然自若，依然故我，就是对小人的最大藐视。久而久之，他们就会因无聊、无市场而有所收敛。

● 要谦虚谨慎，戒骄戒躁。这一点最为重要，没有一个领导会欣赏刚有点成绩就头脑膨胀、自高自大起来的人。小有成绩就傲气冲天，是心理不成熟的表现。大智者若愚，大功者若谦，乃大彻大悟者也。

● 要继续努力。做出更大的成绩，不辜负上级和领导、群众对你的信任和支持，决不让他们失望。年轻人尤其要重视这一点。否则，一旦松下劲来，走了下坡路，再努力将会非常困难。

● 要承认客观规律。每个人的才能都有一个峰值期，随着时间的推移、年龄的增长发现水平停滞时，应在适当的时候，主动把荣誉让给后起之秀。

最后，荣誉与人格应当是一致的。年轻人应积极要求上进，努力作出贡献。争取荣誉的过程，也是自我灵魂净化、思想境界升华的过程。

188. 挨了领导批评之后如何作为?

张敏在母校读完本科后连读研究生。因为品学兼优，研究生毕业后就被留校当辅导员。这样，张敏和班主任始终保持着密切的联系。有什么思想问题第一个就是找班主任解惑。今天，张敏一脸的沉重，跟班主任谈了她的委屈。

学生：老师，您知道，我在工作上始终是认真的。我所带的年级连续2年被评为先进。上周我周末回家，得了重感冒，周一上午去医院拿了点药，没有赶回来，耽误了一次辅导员例会，结果总支书记就在会上点了我的名，回来就有人告诉我了。我觉得很没面子，也很委屈。书记太没有"人情味"了，谁没点小病小灾的，值得这么让人难堪吗?

鲍老师：噢！你先别着急上火。我问你，你们书记批评你的时候知道你得病了吗?

学生：可能不知道，我还没来得及请假呢！

鲍老师笑了：这就是你的不是啦！为什么不及时请假呢?

学生：辅导员例会没有什么特别重要的事情。我想我下午就来了，根本不会耽误工作。因此就没有请假。话又说回来了，既使他对我有什么看法，也不应该在大会上点名啊。可以单独跟我谈啊！现在我觉得心理压力特别大。

鲍老师语重心长：哦！我理解你此时的心情，因为你还不能正确理解被批评的意义。可否愿意听听我的看法呢?

学生：当然，我今天来就是请您给我指点迷津的，请您赐教。

鲍老师：古人云：人非圣贤，孰能无过。然而，现实生活中闻过则喜者少。喜表扬，恶批评是一种普遍的心理现象。然而，没有遇到批评的人，是不可能成长和成熟的。因此，当你被领导批评的时候，最好具备如下的心理认知：

● 强化组织观念。要认识到，发现下属的问题并进行批评指导是上级的职责，因为上级有法定的监督、指导、制约等权力。你和上级是管理被管理的关系，这是组织的机制所决定的，不是哪个人的私下关系所能左右的。如果书记因为私人关系而没有批评你，那是失职，他也在犯错误。

● 进行换位思考。当上级批评自己时，如果感到难以接受，换个位置，设身处地地从领导角度考虑一下：如果我是书记，我会怎样对待不请假就缺席例会的辅导员？这样一来，往往就会心平气和了，就会正视自己的缺点错误了。刚听到一点批评，你就这么想不开，主要是你局限于自我的角度考虑问题，就会陷入狭隘、片面、偏执的泥潭而难以自拔。所以，以后再遇到这样的问题，适当地转换思维视角，就会收到别有洞天的效果。

● 不要过于计较领导的批评方式。英国学者帕金森说："即使在私下，不破坏和谐融洽气氛与亲密合作的批评都是很难做到的。"作为下级不能左右领导的工作方法，你所能做的，而且应该做的就是四个字：虚心接受。

● 知错就改。毛泽东说过：错误和挫折教训了我们，使我们比较地聪明起来了。

● 不可推卸责任。一般说来，领导不会无缘无故地批评人。即使你是冤枉的，也一定有某种特殊因素在里面，比如情况不透明、有人做了手脚等。只要你的心地坦诚，总能够说清楚。何况，这次你没有请假就是自己没做对，挨了批评，真的怨不得任何人。

最后，关于你的心理压力问题，我看是你内向性格所致。如果是外向型的人，这个事不会对他产生什么心理影响。建议你按照如下的方法调整自己的心态：

● 回溯动因。自己确实不是有意行为，上级和同事已经明了这一点——这一点正是你最为担心的。心里就会轻松些，宽慰些。

● 与他人参照比较，求得自我原谅。人无完人，伟人都会犯错。何况自己是一个普通人。

● 不要把自己看得过于重要。以为别人都在注意你。其实，大家都有自己为中心的生活领域，谁也不会为那些与己无关的事过多操心。你不是也如此吗？

● 把这点过失作为一次接受教训、锻炼意志的机会。勇敢坚定地面对挫折，做一个生活的强者。

● 多听取领导和同事们的劝诫，把批评看成是对自己的关怀和提醒，主动找书记交流思想，征求意见，重塑形象。利斯特说：我能想象到的人的最高尚行为，除了传播真理外，就是公开放弃错误。

学生：经您这么一分析，我的心情豁然开朗。正可谓：千点万点，不如明师一点。老师，谢谢您！

189. 想跳槽怎么办?

学生：现在的工作我并不十分喜欢，但已经从事两年，且正在聘期内，突然有朋友介绍我从事自己喜欢而擅长的工作。可是我们现在的部门领导及部门的上级领导都不十分好对付，我该怎么处理?

赵老师：想跳槽要唱好三部曲：

● 准确判断坚定信心。从你目前的情况看，跳槽的困难并不算太大，虽然你接受了下年度的聘任，上级领导也不好对付，但是只要你准确判断坚定信心，这些问题都可迎刃而解。人才流动是国家政策允许的，你完全可以通过法定程序解除聘任合同。上级领导再怎么厉害也不可能不依法办事吧！当然在解除聘任合同时，你要付出相应的违约金，这要有心理准备，只要从长远利益来看，这是值得的，你就不要在意。

● 坦诚相待说明原委。首先找领导坦诚地谈一次，说出自己的想法和希望。同时对领导所给予的目前这份工作和对你工作上的帮助表示真诚的感谢，让他们感到你是真正尊重他们。还要真诚道歉，因为提前解除劳动合同的是你，你应该向领导和单位道歉，要发自内心。这样一般领导都会产生一种包容心，你就能实现“跳槽”的目的了。

● 善始善终负责到底。在办理工作调动期间，一定要格外小心把工作做好，把该交代给别人的事情交代清楚。一方面是对原单位工作有一种职业道德，即使干一天也要对这个岗位负责一辈子，要对得起自己的良心，要对得起原单位领导对自己的信任。俗话说：“编筐编篓，全在收口”，离任时的表现最能体现出一个人的素质。另一方面，你在这里的表现会很容易传到你的新单位，这与你今后的发展也是紧密相关的。

190. 遇到专制的领导怎么办?

学生：我真不幸，现在遇到的上司，不论自己是否正确，都要求别人和他保持一致，谁敢对他说个“不”字，就给谁“穿小鞋”。你不巴结讨好他，就等于得罪了他。真郁闷，怎么办呢?

赵老师：对这样的上司，你既不用怕，也不要和他硬顶，也没有必要违心地去奉承他。怕他会助长他的专制，硬顶你就要吃眼前亏，讨好他你就会被他牵着鼻子走，一不留神哪次没有巴结好，他还会对你发脾气。我也遇到过这样的领导，我教你几招儿：

● 一定做好工作。有的人和上司不和，就拿工作来撒气，这是非常失策的。这不是授人以柄，帮着人家整自己吗？做好自己的本职工作，让他抓不着你的小辫子。自己不倒别人才打不倒你，这是以守为攻。要记住：上司信任你，你得给上司争口气。上司不信任你，你更要给自己争口气！做好了工作你就从根本上占住了理，而且自己积累了经验，锻炼了意志。

● 不要放弃沟通。尽管上司比较专制，我们也不要把他看得太绝对，也不是一点儿回旋的余地也没有。寻找适当的时机，和上司进行沟通，对他正确的决策表示拥护，对他给予你的支持表示感谢，再征求他对你工作的意见，对改善你们的关系，是有益无害的。在此基础上，在适当的时机再谈出自己的观点，也不是一点效果也没有的。不要轻易放弃我们的努力，能和不同的上司相处，也是我们的一种能力。“山不转水转，水不转路转，路不转人转。”

● 不妨忍耐一时。忍得一时气，方为人上人。如果我们按照上述两点努力去做了，关系还没有得到改善，不妨忍一忍。忍耐有时不是退却而是进攻：忍耐说明了你在积蓄力量，忍耐说明了你没有向专制妥协，忍耐说明了你的目光远大，忍耐说明了你的胸怀宽广。在忍耐的过程中，事态就有可能发生变化，比如专制的上司被调走了，或退休了。不要轻易跳槽，因为你在这里从工作经验到人际关系，已有了一定良好的基础，到一个新的单位，一切还要从头再来。

● 可以一走了之。如果以上三点，你都做到了，而且你的忍耐都用完了，还不见事态有好的转变，三十六计，走走何妨？我们不能让他压制得太久了，以致错过了我们发展的大好时机。我也有过这样的经历，当时自己的状态是：悻悻然无可奈何，坦荡荡拂袖而去！“此处不留人，自有留人处，处处不留人，咱当个体户！”你可别小瞧这一走，如果没有真才实学在心中垫底，我们能走得那么潇洒吗？所以无论何时何地，我们都不要忘了打造自己的真才实学。九九归一，还得自己有能耐！

191. 如何尽快地融入团队?

学生: 我参加工作两个月了，可是感觉同事没有拿我当自己人，觉得还没有融入这个新的团队。怎样才能尽快地融入团队?

赵老师: 尽快地融入团队并不难，主要应注意以下几点:

● 不卑不亢。你的同事不论性格如何，从综合素质来说，肯定有比你强的有比你弱的。面对强者我们不必自卑，因为他不会处处比你强；面对弱者，我们也不要自大，同理可证，人家也不会处处不如你。自卑的人容易让人瞧不起，自大的人容易让人反感，都不利于友好交往。受人尊重是每个人都有的正常的心理需求，我们待人最起码和最重要的就是要尊重别人。不论人的职位高低，或贫或富，人格都是平等的，我们都要给人以真诚的尊重。这样，我们才会受到大家的尊重。

● 金口玉言。要想到我们有两只眼睛、耳朵一张嘴，就是要多看多听少表态。与人交往首先要了解对方，但我们刚到一个新单位，对人缺乏了解，如果马上表示对人的好恶，就难免失之偏颇。如果急于对工作提出建议，显示你比别人高明，也容易让人反感。你说不到的，可以找机会补充，一旦说错了，再往回收就难了。对同事的隐私一旦你知道了，一定不要传播，对同事有不满也不要在背后议论。越是金口玉言的人，越能得到更多的信任和信息。嘴里存不住话的人，大家是不敢与他交心的。镜子——只看不说，所以才是大家的朋友。

● 由浅入深。相互交谈是与同事交往的主要渠道和方式，交谈应是由浅入深地进行，这样给双方都留有余地。交谈时要善于观察对方的表情，如发现对方想结束谈话时，要立即停止，不要让人感到厌烦。“不见兔子不撒鹰”，没有了解的人不要轻易交心。没有知心朋友，你也打不开局面，该交心的不交心，你也会损失支持率。“可与言而不与人言，失人；不可与言而与之言，失言。”测试一个人嘴严不严的办法是，将你的小秘密告诉他，不再告诉第二人，一旦泄密，你就能马上“聚焦”。

● 不计得失。我有一位朋友，在某学校任校长，多年以来深受师生的爱戴，她教育晚辈时，挂在口头的一句话就是：“别人不扫地咱扫地，别人不打水咱打水。”这就是告诉我们不要怕吃亏，不要计较点滴的得失。如果你在大家心目中，树立起这样一个宽厚诚实的形象，谁不愿与你交往呢？人人都欢迎你，你的前途还会有错吗？当然这里也要有个度，你不能把所有人的劳务都包下来，也不能把有些人惯坏了，也要适当留机会给他们。

● 善于沟通。美国心理学家布斯和鲍顿曾调查了一万例真实的争论，结果发现职业辩论家、政治家、联合国代表，在使他们的意见被接受方面，竟不如推销员成功。为什么呢？因为前者都是要推翻对方的意见，而后者只是试图诱发对方一个观点来使其改变主意，让他用自己的观点改变自己。强争硬辩很容易引发对方的顽强抵抗。争论最大的弊端就是容易将双方观点上的不同，转变为自尊的冲突，结果谁都赢不了。要是你输了，你当然是输。要是你赢了，因为你得罪了对方，你还是输。一旦同事之间出现了不同的观点，或有人指责你，不要急于反驳，先肯定他观点中正确的部分，然后对他的不当之处心平气和地进行补充。而一个充满自信、具有抱负的人，是不屑于在小事上争论不休的，是胸怀宽广容易谦让的。不与傻瓜做无谓之争，才是高水准的自尊。

● 同频共振。声学中有个规律叫“同频共振”，是指一处声波在遇到另一处频率相同的声波时，会发出更加强的声波震荡，而遇到频率不同的声波则不然。人与人之间，如果能找到共鸣点，使自己的“固有频率”与别人的“固有频率”相一致，就能够使我们与他人之间，增进了解和友谊，发生“同频共振”。如找到与他人共同的观点、兴趣、爱好，分享他人的快乐，分担他人的痛苦等等。

192. 如何在工作中结交朋友?

学生：人生太需要朋友了，真诚的朋友，是我们珍贵的财产，而我们却常常忘了为了这份财产去经营。如何在工作中结交朋友？

赵老师：要结交朋友首先自己要成为一个好朋友，你给予别人越多，你得到的也就越多。要结交交朋友主要应从以下几个方面入手：

● 真诚助人。真心的投入比技巧更重要，别把气力总装在兜里。日本人有一种习惯，初到一个新环境，就是向周围的同事做自我介绍，然后说：“初次见面，请多多关照！”表示了一种希望得到信任和帮助的愿望。其实我们都希望这样，但作为单位的一个新人，我们不能坐等别人来关心我们，而是应主动地从小事做起，尽己所能地去帮助别人，这样才会得到人们的信任和帮助。人都需要别人的关怀和帮助，人字的结构就是相互支撑，尤其是在人困难的时候，你若能雪中送炭，他更会对你感激备至。

● 善于赞美。“崇人之德，扬人之美，非谄谀也。”林肯说：“每个人都喜欢赞美。”人类本质里最深远的动力就是希望自己的价值得到肯定，自己的言行受到赞美。赞美之所以受人欢迎，一是在于“美”，表明被赞美者有卓尔不凡之处，二是在于“赞”，表明赞美者友好热情的待人态度。恰到好处的赞美，表现的是你的善良，也是你的一种能力。

● 富有幽默。人人都喜欢和机智风趣、谈吐幽默的人交往，而不愿意同语言乏味、死板教条的人打交道。幽默可以说是一块磁铁，以此吸引着人们；幽默也可以说是一种润滑剂，使人和人之间化尴尬为融洽。

● 宽容大度。人与人频繁接触，难免互相磕磕碰碰，在这种情况下，学会大度和宽容，会使你赢得一个绿色的人际环境。不要对别人的错误耿耿于怀、念念不忘。生活的路，因为有了大度和宽容，才会越走越宽，而心胸狭窄，则会把自己逼进死胡同。

● 勇于道歉。有时候一不小心，可能会碰碎别人心爱的花瓶；自己欠考虑，可能会误解别人的好意；自己一句失当的话，可能会伤害了别人的自尊心……这时，我们就应该真诚地道歉。这不仅可以弥补过失、化解矛盾，还能促进双方心理上的沟通，增进彼此的理解。切不可把道歉当耻辱，相反这是勇敢者的姿态。

● 亲密适度。朋友之间的关系，不是越亲密越好，相识相聚并不意味着亲密，分离分别不意味着疏远。人与人之间的距离是以心与心之间的距离来计算的。“好朋友，心里有，事上见。”这是我的一位朋友爱说的一句话，虽然我们很少在一起吃吃喝喝，但心里很近，有事真心实意地互相帮助。而过于亲密会遭到别人的嫉妒，还会因“人熟不讲礼”而产生摩擦。

193. 哪些人应该远离?

学生：与人交往要有选择性，那么我们应该远离哪些人呢?

赵老师：要远离八种人：

● 不守信用。这种人往往信口开河，说话不负责任，将说谎当成家常便饭，发过的誓许过的愿转眼就忘得一干二净。往往对新认识的人开口借钱，说好还钱的日期，到时不还，你提醒他，他还不高兴。

● 传播是非。这种人对别人的事情，既爱打听又爱传播，以此显示自己的价值，在传播中又好添枝加叶，无中生有。

● 无所事事。这种人有的是时间，会不厌其烦地出现在你面前，令你不能正常地学习和工作，而将宝贵的时间浪费在毫无意义的闲扯和应酬中，闲人往往也是是非人，处之既久，怨恨便生。

● 酒后无德。这种人往往借酒发疯，或出口骂人或动手打人或调戏妇女或砸碎物品，做出种种丑陋不堪的行径，令人难以忍受、耻于为伍。酒后并非什么都不知道，很多人是借酒装醉、寻衅滋事。

● 虚伪吹牛。这种人言不由衷，喜欢当面吹捧你、吹嘘自己，但你仔细观察就会发现，他对别人常常是阳奉阴违，这就不难想象他对你是如何得了。

● 心胸狭窄。这种人小肚鸡肠，遇事吹毛求疵，你并没有把他怎么样，他已经怨气横生了。

● 喜怒无常。这种人以自我为中心，热起来像一团火，冷起来像一块冰，全然不考虑你的感受，爱与恨都由他来操纵。

● 庸俗势利。这种人心中没有朋友，没有正义，只有利益。当你具有使用价值时，他会踢破你的门槛；当你无职无权时，他会疏远冷落你，甚至还会落井下石。

194. 如何与难对付的人相处？

学生：在与人交往中，有些人是能远离的，而有些人虽然令人反感，可我们却无法回避，怎么办呢？

赵老师：迎难而上吧，我再给你支几招：

● 对待尖酸刻薄的人。这种人的特征是善挖别人的隐私，对别人冷嘲热讽不留情面。我们一不要动怒，二不要与他正面交锋，三不要被他表面的气势所吓住，四要在私下心平气和地告诉他，那一次他对你不恭，你不高兴，请他以后注意。他之所以能形成此毛病，正是大家都不愿理他，不愿惹他，不敢管他。我们在不伤害他自尊心的前提下，维护自己的尊严，不论他口头上是否承认，他在心里都会感到理亏的。几次下来，他对你会恭敬许多。

● 对待背后议论的人。这种人往往是志大才疏比不过你，于是就在背后有意无意地贬损你，添油加醋地议论你的短处。当你听到他在背后议论你时，你千万不能找人与他对证。如果偶尔为之，你则不必与他计较。如果愈演愈烈，你就直接找到他，非常诚恳地向他征求意见："你对我有什么不满意吗？请当面告诉我。"他就知道你已听到他的背后议论，知道你对他不满意，他就会收敛许多。如果再遇此情况，你还如此这般，直到他彻底闭上嘴。如果他在你面前议论别人，你若不便制止他，千万不要随着他说，否则没准第二天别人就知道你的议论了。

● 对待看不起你的人。这种人的特点是能力强肚量小，他虽然不会对你说出太尖刻的话，但会对你表示出明显的轻视。这样的人不难对付，“打倒不如躺倒”。你不要和他争强，而是要向他示弱。他越看不起你，你越真诚地向他讨教。把他抬得高高的，他就受不了了。反过来就要向你讨饶了：“别，别这样，我也懂得不多，还是互相学习吧！”

● 对待溜须拍马的人。这种人是有上进心无上进力，或者不愿踏踏实实地出力气，总想走捷径。如果他拍的是上司，你不必理他，上司自有道理。如果他拍你，你一般不动声色地笑一笑，也就够了。如果他是对你有所求，不违反原则你又力所能及的事，不妨助他一臂之力。如果违反原则，你千万要保持头脑清醒，不要让他的几句好话或小恩小惠给弄晕了，你的前途比他的这点甜头重要得多。阿谀奉承是一种伪币，虚荣使它得以流通。

● 对待固执己见的人。这种人的表现常常是，你有千般妙计我有一定之规。如果你遇到一定需和他沟通才能合作的事，一时又达不成一致，可以缓一缓再谈，也可以换一个角度再谈，还可以有所让步地满足他的一些要求，再让他有所改变。不要着急，找出双方的共同点，更有助于化解不同点。既要有“竹影扫阶尘不动”的定力，又要有“月穿潭底水无痕”的策略，最高的境界是让他在不知不觉中改变。

● 对待挑拨离间的人。这种人成事不足败事有余。你要谨言慎行，不要让他抓住把柄，和他保持一定距离。你要通过自己的人格魅力取得上下级的信任，和同事们建立起比较牢固的关系，他就没有市场了。如果他使某人对你不满，你不要计较，照常对某人善而待之，时间一长，某人自然就被你感化了，他的挑拨就又一次失败了。几番过来，他就被孤立了。如果他有所改正，我们还要团结他。如果他一意孤行，如果你有权，那就辞退他。

● 对待性骚扰的人。要在他面前表现出凛然的正气，使他不敢对你有非分之想。要避免单独和他在一起，如果他是你的上司，以谈话为由单独叫你，你要注意不让他把门锁上。他若对你动手动脚，你要不卑不亢地警告他，然后不轻不重地跺他一脚，拂袖而去。不要怕得罪他，大不了走人。一些人就是抓住了女下司怕丢掉工作的弱点，一而再、再而三地欺负人。如果他敢当众对你出口不逊，你可对他说：“我到法院告你，有这么多人为我作证，你休想抵赖！”还有的人在劳动合同中，加入了避免性骚扰的条款，对防止性骚扰也起了一定的作用。如他们规定：职工互相之间要尊重，不得开可能引起对方反感的玩笑；不要在封闭的场所单独与异性职工相处，确因工作需要时，两人之间要保持一米以上距离，注意着装整齐。违者将受到批评、罚款等处罚。当然，如果男人遇到性骚扰，上述办法也基本适用。

195. 遭别人嫉妒怎么办?

学生：我从小到大对自己要求都比较严格，可以说各方面都比较优秀，受到了不少好评，进入工作单位后，领导交给我的工作我完成得也比较好，领导说要求我达到一百分，而我常能达到一百二十分。可是有朋友劝我不要太好强，说有的同事已经开始嫉妒我了，我该怎么办?

赵老师：如果我们遭人嫉妒了那是幸运的。不被人嫉妒，也就没有人羡慕。所谓嫉妒是指由于别人在某些方面优越于自己，而自己又不甘心所产生的反感。有人嫉妒你就意味着你优于他。如果你取得了骄人的业绩，你应坦然地享受这一成功带来的欢乐，不必为个别人的嫉妒所动容。你还要有心理准备，你的成就和你收到的赞誉与诋毁都是成正比的，树有多高影子就有多长。对这样的人应该怎么办呢?

● 不要计较他。让他这一“拳”打空，觉得没趣，从而淡化他的嫉妒心。如果我们终日闷闷不乐，不仅会影响我们的身心健康和学习事业，还会使嫉妒我们的人，因他的行为见效而使嫉妒更加升级。如果他讽刺你，你蔑视他，以冷对冷，纠缠不休，不但浪费了自己很多生命资源，影响了自己的进步，降低了大家对你的评价，还会使你降低为和他一样的层次。

● 不要否定他。不要因人家嫉妒我们，而将人家全盘否定。勇于向对手学习，这是我们更快进步的一个捷径。从他的讥讽中，我们可以汲取那些有益的东西。有些刺耳的话，仔细分析起来，你会发现恰是言中了我们的弱点、缺点，若能引以为戒，我们将会大大地前进一步。这也是利用他的头脑替我们思考，何乐而不为? 可见只要我们心中有方向，哪儿来的风都是顺风。导演张艺谋就具备这个优点，对来自各方的批评不论多么尖刻，甚至是一些恶意的攻击，他都认真地分析，从中找出自己的差距。

● 不要歧视他。嫉妒我们的人，其实是唯恐我们瞧不起他的人。我们若能心胸开阔不计前嫌，真诚地赞扬他的优点，承认自己的不足，虚心向他讨教，并在他需要帮助之时，伸出你的双手，用亲切的魅力面对嫉妒，以我们的热情去融化他心头嫉妒的冰凌，这对消除他的嫉妒心理，无疑是非常积极的办法。

● 不要露锋芒。高调做事，低调做人。要露才华，不要露锋芒。当我们取得成就时，不要沾沾自喜，更不要恃才傲物，要以平常心待己待人。日本三鬼阳之助先生的著作《政治力》中写了一位水泥公司的总经理，他工作勤勤恳恳，从不吹牛。当有成绩时，他总是喜欢谈论别人的好处，平时也常常对不如意的人给予关心。因此，他虽然一帆风顺地连连被提升，从营业部经理、董事直到常务董事，不但没有遭到嫉妒，反而受到拥护，最后在大家的拥戴下，出任了总经理。即使我们做得像他一样好，也不一定就能完全化解嫉妒。但只要我们有勇气有毅力，坚持下去，我们的处境就一定会大为改善。我们还要记住："明智的艺术就是清醒地知道该忽略什么的艺术。"不论别人对你如何，不要过多地被其打扰，要忽略他的存在。

● 要继续进步。英国哲学家休谟指出：产生嫉妒的原因，不是自己与他人之间的远远不成比例，反而是二者水平的相互接近。继续提高自己，拉大你们之间的差距，使他有一种仰上感，这对冲淡别人对你的嫉妒心理是最有效的。你比他强一点，他会嫉妒你；你再比他强一点，他会羡慕你；你再比他强一点，他就会敬佩你依靠你。所以当有人嫉妒你时，最好的办法就是，继续全力以赴向前走，以更大的进步来战胜他。

战胜了他你还会发现，又有新的对手在更高的层次上嫉妒你，所以要彻底消除嫉妒是不可能的，也是没有必要的。永远有人嫉妒，证明我们永远在进步，这是值得庆幸的事。

196. 自己嫉妒别人怎么办?

学生：我是一个好强的人，学习工作一直很努力，可是我有一个同学，我怎么努力也比不上她，好像上天特别眷顾她，学习、工作、生活都很顺利，我心里常常很不是滋味，真盼她能摔个跟头。我知道这种心理不健康，可是怎样才能驱逐我的嫉妒心呢?

赵老师：嫉妒别人是无能的，如果你嫉妒别人了，我要告诉你从以下几个方面去调整心态：

● 宽容：嫉妒会使你对他人产生敌意，而敌意不仅是恶化人际关系的"酵母"，也是损害身心健康的腐蚀剂。敌意激发身体释放大量的肾上腺素，使人呼吸急促，血管收缩，心跳加快，冠状动脉急剧收缩，心肌耗氧量增加，血液黏滞性增高，血小板凝聚功能增强，使心脏难以获得充足的供氧。嫉妒不但会伤害别人的感情，也会降低自己的人格，损人不利己。学会宽容，善于理解，要容得了别人比你强，使自己的心境始终处于平和、稳定的状态，这样对别人对自己都有益处。

● 客观：人各有所长也各有所短，我们要客观地认识自己和别人的长处与不足，做到自知之明和知人之明。对自己既不妄自菲薄也不盲目自大。看到自己的优势，我们就不会为别人的成功而自卑。“梅花输雪三分白，雪欠梅花一段香。”看到自己的短处，我们就会心悦诚服。敢于承认自己的不足，是强者的胸怀。有一位青年和一位长者下棋，长者先赢，青年由衷赞叹，并虚心讨教，后转败为胜。长者送青年一副对联：尔赢吾输，吾佩尔棋艺；我胜你负，我敬你棋德。他们二人勇于互相尊敬，互相学习的精神赢得了人们的赞扬。

● 共荣：别人的成功也是你的成功，他的创造也会造福于你的生活。他的进步也会对你有所启发和促进。她的穿着打扮入时漂亮，不但为她增添了光彩，也为你带来了观赏价值，美化了你的生存环境。大家都是一条船上的水手，别人的技艺高，我们不是就能更快地到达彼岸了吗？如果我们嫉妒别人，打击别人，使其作用不能正常发挥，致使船速减慢，甚至触礁搁浅，不是也损害了我们的利益吗？正如明朝的吕坤在《呻吟语》中说的：“称人之善，我有一善，又何妒焉。”

● 全面：当我们看到别人的成绩时，还要看到别人付出的辛勤劳动。不但要看到别人胸前的鲜花，更要看到别人背后的汗水。“台上一分钟，台下几年功。”“千滴汗水一行字，万般心血一首诗。”“宝剑锋从磨砺出，梅花香自苦寒来。”这都是说明成功总是与艰苦为伴的。当我们看到这一切时，就会为自己的嫉妒感到惭愧了。

● 提高：最积极的办法还是“见贤思齐”，勇于迎头赶上才是最佳的选择。与其坐在那里贬低别人，不如站起来提高自己。当我们全力以赴地投身到事业中，千方百计地为攻克事业上的堡垒下苦功用气力时，嫉妒情绪就会被健康而充实的感觉所取代，成功也就为期不远了。

197. 遭遇小人怎么办？

学生：与人相处最怕遇到小人，小人者损人利己也，他们为了自己获得更大的利益，打击贬低甚至造谣中伤好人。我虽然现在还没有遇到，但是想起来心里就发憷，怎么办呢？

赵老师： 如果你遭遇小人，首先要感谢他。因为他告诉你，你的能力和业绩超过了他，这是对你从另一个角度的肯定。因为有了他的存在，你就不敢偷闲，要加倍努力，用更加有说服力的成绩来证明你的价值。没有天敌的较量，物种就不能强大，这在自然界和人类社会都是一样的，所以，遭遇小人能让你更快更高更强！

● 不必理睬。如果小人背后造你的谣言，你听到之后千万要冷静，不要生气，你一生气正好称了他的心，我们为什么要听他的指挥呢？你也不要到处忙着去辟谣，无形当中你反而成了扩散者。用事实来说话，谣言会不攻自破。但如是比较严重的人身攻击，我们可以拿起法律的武器进行自卫。而一般情况下，我们不必理睬他，鲁迅先生说的好："最大的轻蔑是无言，甚至连眼珠也不转过去。"

● 不与交手。同小人玩儿卑鄙，我们玩儿不过他，这一点我们不要不服气。曾经有一位朋友受了小人之害，振臂高呼："我要做小人！"我说：小人做小人那是"本色演员"的勾当，君子做小人则要的是"性格演员"的本事。你先得不讲良心，后得不要脸皮，别的手段暂且不论，单就这两条你要修炼到家，没有十年二十年，你是拿不下来的。朋友听罢点点头。就算我们能很快做到"以其人之道，还治其人之身"，和小人打得如火如荼，那还有精力干正经事吗？小人反正不靠真本事吃饭，我们能行吗？更大的损失是，别人已无法把你和小人区别开来。

● 不必见怪。古今中外小人得志都概莫能外，每一个小人后面往往都有一个"大人"做后台。因为人总是有弱点的，小人正是迎合了"大人"的弱点，在"大人"面前伶牙俐齿，摇尾乞怜，假的说成真的，黑的说成白的，死的说成活的。做一回狗总会捞到几根骨头的，这有什么可奇怪的？你别看他得到了一些，其实他损失得更多。不是吗？为什么你不会像他那样去做呢？还不是觉得为了一时的利益丢了人格不值吗？

● 专注事业。小人最怕的是我们事业上的成功，而我们得以安身立命的还是事业的成就。塌下心来把我们手头的事情做好，这是最重要的。社会还是更需要有真才实学的人，这个需要就是我们存在的条件。而且随着社会的发展，会越来越有利于我们。

● 顶天立地。要用我们的人格和智慧，最大限度地取得上司和群众的信任，这就是对小人最有力的孤立和反击。如果我们是一个既正直又宽容的人，是一个深得人心的人，小人在侵犯你时，他也就犯了众怒，不打自倒。这就是“不战而胜为上策”。这就是以静制动、以守为攻。我的那位朋友，最后以自己的科研成果被评为教授，以自己的人品受到了上司和群众的好评，和她作对的小人，最后在机构改革的时候下了岗。

● 以逸待劳。小人之间自然会有争斗，不是我们成心坐山观虎斗，而是小人往往比君子更容不得小人，他们常会在我们的耐心还没有用完时，就跳将出来对小人发起进攻，还劳我们亲自动手吗？我在杂志上还看到一个真实的故事，说的是一位君子后来和小人“交换了场地”，做了小人的上司。他真想报原来那“一箭之仇”，可是总想不出妥当的办法，日子就这样一天一天地过去了。有一天，小人却等不及了，他找到君子说：“你打算怎么处置我？请快动手吧，不要这么无期限地拖着，这样的日子实在太难过了！”君子此时明白了：原来这不惩罚的惩罚更厉害！

● 惩恶扬善。当你成为小人上司的时候，你就占据了有利的地形。这时你要注意主持公道，对小人进行惩处，要有理有礼有节，不要“量刑过重”，不要利用职权泄私愤。否则你就会失去得之不易的人心，失去你的君子风范。

● 淡而化之。不要过于憎恨他，小人虽然可憎，但他毕竟不是敌人，多年的人生经历告诉我，就像没有十全十美的人一样，也没有一无是处的人。所以，我们不要对小人彻底否定。你如果想在人群中彻底否定他，你就会发现这样反而会让他得到同情。再者如果我们心中对他充满了仇恨，这种情绪也不利于我们的健康，而且他有那么厉害吗？值得我们那么恨他吗？太恨他不太抬举他了吗？

198. 在办公室如何做一个受欢迎的人？

学生：我在一个公司上班一个多月啦，从一开始我就是一个不受大家欢迎的人，每次向其他部门查询资料，他们都会显得很不耐烦的样子，并将结果告诉我的另一同事而不是我。这令我的工作进行很不顺利也很苦恼，怎么办呢？

赵老师：凡是在职场工作的人都想成为所在办公室乃至全公司最受欢迎的人，那么我们又应如何去做呢？根据我在办公室工作的多年经验，宗旨是尊重自己也尊重他人，具体说来：

◆ 提前五分钟进办公室，从容地开始一天的工作，给人以信任感；

◆ 主动打扫办公室，也不必形成你“承包”的状态；

◆ 与人交谈目光专注、面带微笑，表示自信与友好；
◆ 不轻易逾越安全的距离，谈话最好距离一米；
◆ 分内工作认真准时完成，并真诚协助同事的工作；
◆ 愿意提供给同事资讯、情报及想法，共同分享经验；
◆ 接听同事电话要记录并及时转达；
◆ 掌控自己的情绪，做情绪的主人，遇到烦恼不迁怒与人；
◆ 懂得鼓励他人，用赞美代替批评；
◆ 随时让同事知道你对他的感激；
◆ 尊重个人隐私，不打听不传播；
◆ 少用公司电话办私事，更不在上班时间“煲电话粥”；
◆ 不在办公室干私活、吃零食、化妆、剪指甲；
◆ 在乎别人的感受，不因为自己污染室内空气；
◆ 衣着不要过于休闲、性感。

199. 与人开玩笑应注意哪些问题?

学生：很羡慕那些幽默风趣的人，可是我却不具备这方面的素质，有时开个玩笑反而惹得人家生气，不知怎样才能掌握好开玩笑的要领?

赵老师：玩笑是十分讲究的一种交际方式，要有情：与人为善，热忱与人交际，以此增进彼此的感情；要有趣：真正的幽默不是轻浮草率，油腔滑调，是智慧和语言表达能力的体现；要有味：能耐得住咀嚼回味。最讲智慧、分寸、技巧，最忌过分、粗俗、浅薄。应获得对方的好感，不要引起对方的反感，双方都应产生美感。不能只顾自己嘴上痛快，不管他人心里难受。

玩笑应根据交往对象的熟悉程度、文化修养、性格差异、男女有别等不同特点，掌握好开玩笑的场合、时机、内容、语气，方能收到画龙点睛、锦上添花、增进友谊的目的。

● 有智慧。幽默机智的人肯定有敏锐的洞察力，只有迅速地捕捉事物的本质，以诙谐的语言，表达出内心的感受，才能化解尴尬烦恼，增加轻松快乐。歌德曾路遇一人，那人不愿让路，还说：“我从来不给傻瓜让路。”歌德微微一笑说：“我恰恰相反。”一名年轻人一面查看自己那辆崭新摩托车被撞后的残骸，一面对周围的人说：“唉，我以前总说，有一天能有一辆摩托车就好了。现在我真有了一辆车，而且真的只有一天”。周围的人哈哈大笑起来。

对这个年轻人来说，车被撞已无可挽回，但他并没有看得很重，而是利用幽默的力量，既减轻了自身的痛苦和不愉快，又给围观的人带来了一片欢乐。

● 有分寸。开玩笑的分寸就是度，应根据自己和他人熟悉的程度、感情的深度、他人接受的程度来进行。如在酒宴上初次见面，为了尽快活跃气氛，可由浅入深从见面的感觉切入："一见面怎么就有一种似曾相识感？噢，你像某某大明星吧？"如果相处熟了也不要过度，有人说："咱俩好得不是夫妻胜似夫妻！"还将此类玩笑发在短信里，就易引起别人的误会。有一位先生出差，夫人打来电话，不巧他正在洗澡，和他同住的朋友接听他电话时开玩笑地说："你丈夫出去了，被小姐叫走了！"结果该夫人信以为真，事后无论她丈夫还是同住的朋友怎样解释都不行，最后导致夫妻离婚了，这个玩笑就开得太过分了！

● 有技巧。幽默感是可以培养、学习的，这要求我们别太拿自己当回事，释放心情，开阔胸襟，让自己成为豁达的人。多听多看一些幽默的故事，耳濡目染自然就会领悟和掌握技巧，一般来说人们常用的技巧是：

夸张：如："你长得真漂亮，你一出现，六宫粉黛无颜色了！"这里要注意不要从反面夸张："看见你的模样，我晚上要做噩梦了！"

自嘲：如美国总统林肯，才能出众相貌不佳，有人攻击他两面派，他说："如果我还有另外一张面孔，我怎么会带着这么一副模样来见大家？"

矛盾：一位先生把鹦鹉送给了朋友，第二天他问朋友："我给你的那只鸟在哪儿？"朋友说："我把它吃了。"这位先生说："哎呀，那可是一只会说话的鸟呀！"朋友说："那它当时为什么不说话？"

200. 做人如何刚柔相济？

学生：人活着真是挺难的，每天都要面对困难，难在事上还好办，可难在人上我常常左右为难，既怕得罪人又怕人得罪，都说要刚柔相济，具体怎么把握呢？

赵老师：雄浑是山之魂，清秀是水之魂，真诚是人之魂。"刚"是做人之本，是做人的脊梁。做人最基本和最重要的就是要正直、善良、诚信。古今中外最有魅力、最受欢迎、最受尊敬的人，无一不具有"刚"的品质。那些没有"刚"之脊梁，有悖于社会伦理道德的人，是无法取信于人的，是没有人愿意与其交往的。诚实正直的为人品质，无论在哪个阶层，都是为人称道的，即使是心术不正的人，也会在心底对你肃然起敬。林肯说："你能在所有时候欺骗某些人，也能在某些时候欺骗所有的人，但你不能在所有时候欺骗所有的人。"

但我们如果仅仅具有"刚"的品质，只凭"正直"二字就想包打天下，那又未免太天真了。因为越是不弯曲的钢刀，越是容易折断。"金以刚折，水以柔全。"有一位大学毕业生，刚走上工作岗位时，意气风发、激进放达，最终却因个性所致，在单位的一次影响较大的集资纠纷中成为"出头鸟"，而被辞退，后来他奔波多年但一直无所建树，最后在一家合资企业当了一名技术员。朋友再见到他时，他已一反常态，表情谦恭中又带着几分木然，感觉颇为沉重。宁折不弯，不失为一种豪迈，但若"折"之不当，便会得不偿失。

你见过锤柄是竹篾的锤头吗？我也没见过，但我听说过，开始我也不解，那软软的两三根青青竹篾做柄的锤头能砸得动石头吗？但民工兄弟说："正因为铁锤的锤头是硬的，如果用硬木做柄，硬碰硬手就会受伤，而竹篾做的软柄，能在锤头与石头两硬相碰时有个缓冲，才能保护自己的手。"

所以，面对当今复杂的社会环境，我们不可丧失做人的基本原则，但也不能不承认有时须"戴着镣铐跳舞"，把针藏在棉中。要具有"柔"的包容和灵活，掌握与人交往的技巧，因时因事因地因人而异，采取恰当的方法。不但要挥舞"勇于前进"这把利剑去开天辟地，还应当操起"善于退却"这把钝斧来征服世界。"大器需钝力"，在社会生活中，我们需要的更多的是百折不挠、迂回包抄的韧性。

如果你处的环境，丑陋为大多数人所欣赏拥戴，而我们自身的力量与面临的困难反差过大，则不要以卵击石，不妨容忍一时，待我们拥有一定的权力和人心后，再去为美丽争得应有的地位。如果你的设想，一时不能被上司和同事所理解，也不要操之过急，待通过一定的实践，大家的认识有所转变的时候，再设法将你的理想变为现实。

新华社副社长张浚生为范徐丽泰写的人生座右铭就是："忍一时，则诸事易处；退一步，反万里可行。"古人云："日月之明，众下仰之；乾坤之广，万物顺之。"遇事要顺势造势，因势利导。有时最漫长迂回的道路，常常又是达到目的的最短捷径。最柔软的，常常是最坚硬的。而急于求成，不但不能取胜，不能前进，反而会退得更远。

可见柔韧不是懦弱，而是审时度势的明智之举，是力的积蓄；柔韧不是胆怯，而是更长远的追求。水是柔韧的，九曲回肠，却能汇入大海；小草是柔韧的，随风摇摆，却能绵延万里。过于刚直，可让我们失去不该失去的东西，适度柔韧，却能让我们得到意想不到的东西。老子早就告诉我们做人要“大巧若拙，大辩若讷。大音希声，大象无形。”

太刚则折，太柔则卷。清代《格言联璧·持躬》中有言：“聪明者戒太察，刚强者戒太暴，温良者戒无断。”法国作家雨果说：“聪明人的格言是：做任何事情都不要过分。”总之，关键就是一个“度”。我们应像庖丁解牛一样自然娴熟地运用好“度”，柔中寓刚，刚柔相济，最终达到“从心所欲不逾矩”的人生最高境界。

后 记

作为主编，每当一本著作完卷之时，难免要发表一些感悟，以释情怀。此刻的我同样有诸多的感悟，权且用“三感”来形容：一是幸福感，二是释负感，三是未尽感。幸福感来自统稿过程，不仅作者们如沐春风般的文字让我“养眼”，其解人论事的境界更令我“养心”。释负感来自对读者群的预测：相信能有更多的大学生通过这本书走出迷惘，迈向阳光。未尽感来自于对学生的一种牵挂：200 个问题都有了答案，但学生的问题肯定不止这些，何况在大学生的生活中，问题还有太多的变数。此刻我的心又回到了谈心室……

此刻最让我感动和感谢的是所有参与本书编写的作者，特别是赵民、杨权斌、隆玲三位学者，正是在他们的鼎力支持下，使本书得以如期保质地完成。

第一部分：步入大学。由隆玲主编，撰稿人：隆玲、罗琳、鲍日新、李志鹏、王红丽、赵民。

第二部分：学习成才。由鲍日新主编，撰稿人：鲍日新、崔玉娈、董慧、罗琳、张宏斌、王红丽、陈春宝、张益明、赵敏、齐颖、赵民、丁以中、隆玲、李洁。

第三部分：人际交往。由杨权斌主编，撰稿人：杨权斌、杨大刚、杨睿、赵民、鲍日新、隆玲、李希平、陈佳儿、谢小玉、卢鑫荣。

第四部分：全面打造。由隆玲主编，撰稿人：隆玲、赵民、王红丽、王佩敏.

第五部分：干部工作。由杨权斌主编，撰稿人：杨权斌、杨大刚、杨睿、陈莉、唐晓婷、鲍日新、隆玲、朱玉华。

第六部分：爱情探秘。由赵民主编，撰稿人：赵民、李志鹏。

第七部分：涉世之初。由赵民主编，撰稿人：赵民、鲍日新、谢小玉。

鲍日新总体设计提纲、例文风格，统稿总其成。

本研究得到了上海海事大学副校长孔凡邨教授的亲力指导，文理学院和学生处领导给予了大力支持，学生管理科长赵睿博士为调研付出了自己的智慧和辛勤的劳动，中国书籍出版社给予厚爱出版发行，在此一并表示衷心的感谢！

鲍日新